HISTOIRE

DES

THÉATRES DU HAVRE

HISTOIRE
DES
THÉATRES DU HAVRE
1717 à 1872

COMPRENANT :

L'Historique des anciennes et des nouvelles Salles de spectacle
de cette ville

Le Répertoire des Pièces jouées jusqu'à ce jour

Les Représentations par les Célébrités dramatiques et lyriques

Les Débuts et incidents s'y rattachant

Épisodes — Anecdotes — Biographies, etc.

Par Ch. VESQUE

DEUXIÈME PARTIE
1836 — 1850

HAVRE

IMPRIMERIE J. BRENIER ET C°, RUE BEAUVERGER, 2

1877

Ouvrages du même Auteur :

Notice historique sur les Fortifications du Havre ;
Etude historique sur la Ville de Montivilliers ;
L'ancien Hotel-de-Ville du Havre ;
L'ancien Collége (1579 à 1865) ;
Notices sur quelques Enfants du Havre ;
Notice sur la Citadelle du Havre ;
Ephémérides Havraises ;
Histoire des Rues du Havre (3 volumes).

Les troisième et quatrième parties de l'*Histoire des Théâtres du Havre* paraîtront à une époque qui sera ultérieurement fixée.

HISTOIRE
DES
THÉATRES DU HAVRE
1717 à 1872.

DEUXIÈME PARTIE

ANNÉE THÉATRALE 1836-1837.

En publiant le tableau de sa troupe, pour la campagne qui allait s'ouvrir, Lemerre tient à constater qu'il a fait de son entreprise une affaire d'art, plutôt que de spéculation. Il a placé le théâtre au rang des premiers de la province. Il a monté des opéras avec le plus grand luxe de décorations et de costumes, mais ce n'est pas sans de grands sacrifices. La première année, il a perdu 19,000 fr. et cette année, tout en comptant les recettes des bals et redoutes qui ont été fructueuses, plus 10,000 fr. de subvention de la ville, il perd 49,743 fr. 32. — Son orchestre lui coûte 50,000 fr. par an. L'abonnement, qui rapportait 40,000 fr. par an est tombé à 20,000 fr. L'éclairage, qui coûtait 40 fr. par représentation, reviendra par suite de la substitution du gaz à l'huile, à 58 fr. par

Olympe Barbe, en 1813, se maria à Paris, le 25 avril 1833, avec M. Marneffe. Elle est morte au Havre, retirée depuis plusieurs années de la scène et s'étant consacrée au professorat, le 20 septembre 1858.

Revenons à la soirée d'ouverture. Il y eut une très belle chambrée, beaucoup de monde étant venu pour admirer l'aspect de la salle, qui était éclairée au gaz pour la première fois. Ainsi que nous l'avons déjà dit, le foyer reçut trois petits lustres, la salle un grand lustre à 50 becs, enfin la rampe et l'avant-scène un nombre de becs suffisant. On ne put qu'adresser des félicitations à l'administration municipale. La soirée fut bonne pour tout le monde, car les artistes nouveaux firent grand plaisir dans le *Barbier*.

Le 7, la *Dame Blanche*, pour premier début de Lecerf, second de Renaut et Euzet. — Le 10, premier de Garbet, M. et Mme Firmin, Marchand, dans son nouvel emploi de laruette ; second de Mme Marneffe ; troisième et admission d'Euzet, *Chalet, Concert à la Cour*. — Le 11, second de Firmin, Garbet, Dervilliers, Marchand, Lecerf et Mme Firmin ; troisième et admission de Renaut et Mme Marneffe ; premier de Varangeot. *Nouveau Seigneur, Fra-Diavolo* ; Firmin et Dervilliers sont tracassés et ce dernier résilia ; Lagrain, violon, sortant du Conservatoire, était engagé au grand Opéra, mais Lemerre le retint à l'orchestre de notre scène pendant quelques temps ; ce soir-là il fit entendre des variations qui lui attirèrent de nombreux bravos.

Par suite du départ de Dervilliers et de l'indisposition de quelques artistes, le théâtre est forcé de faire relâche pendant deux jours successifs.

Le 17 mai, premier début de M. et Mme Fortier, dans *Antony*. Ces deux artistes, qui furent tant aimés ici, obtinrent dès ce premier début la sympathie du public. Fortier, notre futur directeur, a laissé parmi nos concitoyens un souvenir qui sera peut-être éternel.

Mme Fortier était la fille de Lagardère, du Théâtre-Français, et avait appartenu elle-même à cette scène en 1823 ; elle était venue la même année en représentations au Havre, ainsi que nous l'avons rapporté. Voici comment s'exprimait la *Biographie dramatique*, à l'occasion de ses débuts : « Il n'y a qu'une voix sur sa figure et son intelligence. C'est une jolie brune de 20 à 22 ans. Elle a reçu des vers, des applaudissements, des couronnes. Admise en 1823 au Théâtre de la rue Richelieu, y brillera-t-elle longtemps ? Nous en doutons... Elle a contre elle deux ennemis puissants : sa beauté et son talent. » Mme Fortier est morte à Ste-Adresse en 1868, retirée du théâtre depuis 1842.

Le 18, premiers débuts de Eugène Meunier et de Mme Dorsan ; second de Mme Valière ; troisième et admission de M. et Mme Firmin et Marchand, dans la *Lettre de Change* et *Adolphe et Clara*. Le lendemain la direction, ne pouvant composer de spectacle pour ses débutants, joue la *Dame Blanche* ; Mme Morin Lebrun est engagée comme second soprano. — Le 20, second d'Eugène Meunier et de Mme Meyronnet dans la *Demoiselle à marier*. Legrain se fait applaudir dans un concerto de Beriot.

Le 21, premier début d'un nouveau baryton, Courdheuil ; second de Varangeot ; troisième de Garbet, le *Rossignol* et le *Nouveau Seigneur*. Exercices des hercules Fleury et Rozet. Le premier, les pieds en l'air, les bras pendants, enlève un cheval, l'autre, couché à terre, soulève un banc sur lequel sont placés 6 ou 7 hommes. Debout, comme incliné, il porte un homme tantôt sur les reins, tantôt sur ses épaules, etc. Salle garnie, succès. — Le 23, second de Jourpuil dans le *Barbier* ; seconde soirée des hercules Fleury et Rozet.

Sur observations du public, M. Folz, flûte à l'orchestre, consent à se faire remplacer par son fils, qui viendra en août, lors de la fin de son

engagement avec le Jardin Turc. En attenda[nt]
il fera tous ses efforts pour tenir sa place[, de]
façon à plaire au public.

Le 25, troisième début de Mlle Valière, dugazo[n,]
dans *Robin des Bois*. Pendant la durée [de]
l'opéra, lutte entre les deux partis. Un billet [est]
jeté sur la scène, mais le régisseur déclare q[ue]
le règlement de police, en défend la lecture.
C'est usé ! c'est mauvais ! s'écrie le publi[c,]
inventez autre chose ! Le tapage continuant, [la]
direction prend le parti d'annoncer qu'elle re[m]placera Mlle Valière. Le lendemain, Jourdhe[uil]
est admis dans le *Maître de Chapelle*, ma[is]
Lecerf, qui tentait sa dernière épreuve, dans [le]
Bouffe et le Tailleur, est obligé d'annoncer lu[i]
même sa résiliation.

Le 27, concert par Lanza, chanteur italien [et]
Alard, violoniste du grand Opéra. Ce même so[ir,]
deuxième début de M. et Mme Fortier, dans [les]
Enfants d'Edouard, Meunier y est reçu.

Le 2 juin, second de Mme Dorsan, dans [la]
Fiancée et une *Demoiselle à marier*. — Le
troisième de Fortier, de Mme Meyronnet et [de]
Varangeot, le *Tartuffe* et *Madame Grégoire*.
Le 6, Mme Morin Lebrun, effectue son prem[ier]
dans le *Pré aux Clercs*.

Le 16, Valgalier, que nous avions déjà possé[dé]
en 1834, fait son premier dans la reprise [de]
Robert. La salle était comble, Euzet abord[ait]
pour la première fois le rôle de Bertram ; il [fut]
superbe. Mme Marneffe (Isabelle), Morin Lebr[un]
(Alice), furent chaleureusement applaudies. C[ette]
reprise avait été bonne, et sur la demande [des]
abonnés, on dut rejouer cet opéra le surlen[de]main.

On apprend que Raguenot, le ténor qui a[vait]
eu avec Lemerre les difficultés que nous av[ons]
publiées, vient de débuter avec succès au Gra[nd]
Opéra. — Cet artiste, que nous retrouverons [à]
Rouen vers 1862, perdit peu après sa voix

devint professeur de chant et décéda en septembre 1874.

Le 16 juin, premier début dans le *Nouveau Seigneur*, de Schelmezer, troisième ténor que nous avions déjà possédé en 1834. — *Victorine*, drame en 7 tableaux. Le 20, premier début de Harmann, jeune premier ; second de Schelmezer. *Un Duel sous Richelieu*, et dans la première de : *Le Gamin de Paris*, vaudeville en deux actes, de Bayard et Vanderbuch. — Le 21, un nouveau trial, en remplacement de Lecerf, débute dans la *Dame blanche*, c'était Jannin, le mari de celle qui fut tant aimée ici. — Sur la liste des artistes du Théâtre-des-Arts, en 1816, nous trouvons un Jannin dans l'emploi des seconds rôles. — Second de Harmann dans la *Chanoinesse*.

Le 22, Mme Jannin, troisième soprano, débute dans le *Bouffe, Jean de Paris*, Georgette, vaudeville en un acte. — Troisième de Jannin, dans *Fra-Diavolo*. Mme Morin Lebrun et Harmann sont reçus. — Le 27, second de Valgalier et troisième de Schelmezer, dans la *Muette*.

Le 30, admission de Mme Fortier, dans le *Misanthrope*. Première du vaudeville, *Monsieur Galochard*.

Le 6 juillet, Mme Jannin, deuxième début dans *Marie*, opéra. — Le 9, le gymnase enfantin que nous connaissions déjà, nous donne une nouvelle soirée par le *Pot au Lait*. On fêta la petite Caroline, qui âgée de 7 ans, récita sa fable avec beaucoup d'intelligence.

Le 12, première de *Actéon*, opéra en un acte, chanté par Euzet et Mme Marneffe. Malgré le talent déployé par ces deux artistes, cet opéra tout en étant de Scribe et d'Aubert, n'en fut pas moins sifflé. — Première de la *Fiole de Cagliostro*, vaudeville de Dumanoir, Anicet Bourgeois et Brisebarre ; il fut également sifflé. Heureusement que le public fut remis de meilleure humeur par la façon remarquable dont Fortier et Marchand jouèrent l'*Auberge des Adrets*,

Fortier égala, s'il ne surpassa Frédéric Lemaître, dans le rôle de Robert Macaire, et Marchand fit de Bertrand un type peut-être plus parfait que celui rêvé par l'auteur. Précisément Frédérick Lemaître, un des auteurs de ce drame, était au Havre, mais il ne lui fut pas possible de donner une représentation. Il ne put qu'adresser des félicitations à Fortier, sur son succès dans cette pièce.

Le 13 Juillet, le Gymnase enfantin joue le *Gamin de dix ans*, les *Gitanos*, *Ba Be Bi Bo Bu*, féerie en trois actes. — Le 19, on donne la première de *Chut*, vaudeville de Scribe. Le 21, Mme Jannin est reçue avec enthousiasme dans le *Pré aux Clercs*. Valgalier est également admis le 25 dans le *Philtre*. Le 28, *En attendant*, vaudeville en deux actes.

Le 1er Août, première soirée donnée par Derivis, ex-basse du Grand-Opéra, dans *Robert*; seulement Mme Marneffe étant malade, on ne put chanter que les premier, troisième et cinquième actes de cet opéra. Derivis parut ensuite le 3, dans le *Barbier*; le 5, le *Maître de Chapelle*, le *Chalet* et le premier acte du *Comte Ory*; le 7, *Masaniello*; le 8, la *Pie Voleuse*; le 11, *Robert*; le 14, le *Rossignol*; le *Chalet*; le 16, les *Visitandines*; le *Philtre*; le 18, premier acte du *Chalet* et *Robert*.

Derivis avait débuté à l'Opéra en 1803 et avait pris sa retraite en 1828.

La *Liste des Notables*, vaudeville en deux actes. Le 12, Mlle Céleste Brun, rôle de convenance, fait son premier début dans les *Gants jaunes*.

Le 15, la *Cocarde Tricolore*, vaudeville en trois actes, de Coignard frères, si bien joué par Marchand, Coanet et Fortier; qui se ne souvient encore aujourd'hui de Chauvin et Dumanet. Le 19, la *Marquise de Prétentailles*, vaudeville de Dumanoir et Bayard.

Le 22, *Héloïse et Abeilard*, drame en cinq actes, par Anicet Bourgeois et Francis. — L'orchestre exécuta pour la première la magnifique ouverture de *Guillaume Tell*. Depuis longtemps déjà le théâtre avait mis à l'étude l'opéra de Rossini, mais Lemerre n'eut pas la satisfaction de pouvoir le représenter ; c'est à Fortier que revint cet honneur onze mois plus tard. Mme Céleste Brun, fait son second début le 23 dans la *Marraine*. — Le 29, *Renaudin de Caen* vaudeville de Duvert et Lausanne.

Mlle Annette Lebrun, de l'Opéra-Comique, nous donne une première soirée le 30 dans la *Pie Voleuse*. Cette chanteuse, qui était en proie à une grande timidité, parut ensuite le 1er septembre dans le *Barbier* et le 2 dans le *Cheval de Bronze*.

L'administration préparant la *Juive* fait trois jours de relâche pour les répétitions générales de cet opéra.

La première de la *Juive* eut lieu le 8 septembre. Rappelons qu'elle avait été représentée au Grand-Opéra, le 23 février 1835, par Nourrit, Levasseur, Prevost, Derivis, Massol, Dorbatie ; Mmes Falcon et Dorus-Gras. — Le succès fut des plus satisfaisant sur notre scène. On se culbuta aux portes d'entrée et un grand nombre de personnes fut refusé. Valgalier (Eléazar); Euzet (le Cardinal) ; Firmin (Léopold) ; Mmes Marneffe (Rachel) ; Morin-Lebrun (Eudoxie), y obtinrent un véritable triomphe. — Le ballet fut dansé par Toussaint et Mélanie. On joua la *Juive* dix jours pour ainsi dire sans interruption, mais les décors ayant été prêtés ou plutôt loués par le théâtre de Rouen, et celui-ci les ayant réclamés, Lemerre se vit alors contraint de ne plus jouer que les deuxième et quatrième actes, ce qui n'empêcha pas la salle d'être comble chaque soir. — Le 6 octobre, les décors de la *Juive* partirent pour Rouen, sur un bateau à vapeur, en présence d'une foule immense de curieux.

Encore un début, celui de M. Berger (le 18 septembre), rôles de convenances, dans *Changée en Nourrice*, vaudeville en 2 actes ; *Philippe*.

Le 20, les ducs d'Aumale et de Montpensier, fils du Roi et alors agés l'un de 14 ans et l'autre de 12 ans, se promenant au Havre, assistèrent au spectacle. On joua par ordre le *Pré aux Clers*. Les princes se rendirent dans la loge du Maire à 7 heures 3/4 et y restèrent jusqu'à 8 heures 1/4.

Le 21, la *Duchesse de Lavaubalière*, drame en cinq actes. — Le 23, premier début de Mme Berger, jeune première, en remplacement de Mme Meyronnet, dans les *Deux Ménages*, — la *Lectrice*. — Le 27, *Prosper et Vincent*, vaudeville en deux actes.

Le 10 octobre, *Sarah*, opéra en deux actes de Grisar. — Le 13, représentation par le sieur Graffina, équilibriste. Les *Déjeuners Chinois* ; il mangeait la tête en bas. Il donna quatre soirées, puis continua ses exercices sur le théâtre d'Ingouville. Dans une loge, près cette dernière salle, on put voir, pendant la durée de la foire, Mlle Leloiska, âgée de 15 ans et mesurant 32 pouces de hauteur.

Grand concert donné le 23, par le célèbre violoniste Erns (mort en octobre 1866), avec le concours des artistes lyriques de notre scène. Il en donna trois autres. Le 26, l'orchestre, M. Erns et les artistes vinrent à l'Hôtel de la Paix donner une sérénade au général Bertrand, le fidèle compagnon de Napoléon à Ste-Hélène, alors en séjour au Havre. — Le 31, un *Procès Criminel*, drame en trois actes, par Rosier.

Le 3 novembre, *On ne Passe Pas*, vaudeville en un acte ; reprise du *Siège de Corinthe*.

Le 11, *Christine, reine de Suède*, drame en cinq actes, d'Alex. Dumas. — Magnifique décor peint par Voizel, une salle du Château de Fontainebleau.

Ouverture le 14 novembre, dans la salle Bertrand, rue Caroline, 6, du théâtre de physique de la famille Courtois, qui resta longtemps et porta préjudice à la recette de notre grande scène.— A cette époque, Manuel Huertas, l'excellente flûte, faisait déjà partie de l'orchestre du théâtre du Havre.

Lemerre ayant avisé l'administration municipale qu'il renonçait à l'exploitation du théâtre, celle-ci agréa les propositions de Fortier. Cartigny, ex-directeur à Lille, annonça que son ami Léon Buquet, le poëte havrais et lui-même, étaient disposés à prendre la direction de la scène havraise, s'il se formait en cette ville une Société par actions. Leur combinaison, qui pourtant réussit plus tard sous Fortier, ne trouva aucun écho dans le public.

Le 17 novembre, la *Tirelire*, vaudeville en un acte, de Cogniard, puis encore des exercices d'équilibre par le jeune Vaillant. Le public commençait à en avoir assez de ces dislocations, aussi se mit-il à siffler de tout cœur, lorsque Vaillant annonça qu'il donnerait une nouvelle soirée.

Le 24, première de *Kean*, un des triomphes de Fortier. Depuis, lorsqu'on jouait ce drame, un bruit semblable à celui causé par une grande nouvelle se répandait en ville et chacun se répétait ces paroles passées à l'état de légende : « Fortier joue *Kean*, ce soir. » Et le soir la salle était comble.

Le 29, l'*Aumônier du Régiment*, vaudeville de Saint-Georges et de Leuven, — une *Position Délicate*, vaudeville en un acte.

Georges Hainl, notre ex-chef d'orchestre et depuis chef à l'Opéra (voir l'ouverture de la campagne 1834 à 1835), devait donner un concert avec le concours de Buziau, cor d'harmonie, Valgalier, Jourd'heuil et Mme Marneffe. Le public était placé, quand on vint annoncer que Mme

Marneffe étant malade, le concert ne pouvait avoir lieu et qu'on allait rendre l'argent. — Cette Soirée musicale eut lieu le 2 décembre, et Georges Hainl s'y fit applaudir en exécutant des airs russes et écossais et un concerto de Bériot.

Le 6 décembre, la *Haine d'une Femme*, vaudeville en un acte. — Le 9, représentation au bénéfice des pauvres, par *Kean* et le *Comte Ory*; la recette atteignit 2,000 fr., dont les frais prélevés il resta 1,700 fr. pour les indigents. — Le 15, la *Belle Écaillère*, drame-vaudeville en trois actes, de Théaulon. — Le 16, reprise du *Voyage à Dieppe*. — Le 22, *Changement d'Uniforme*, vaudeville en un acte.

A partir du 23, nous eûmes, dans les représentations d'opéra, un corps de ballet composé de deux danseurs, deux danseuses et 4 figurants. — Cette troupe espagnole donna huit soirées avec le concours de Toussaint et Mélanie, attachés à notre troupe.

Lemerre, dont la ruine était prochaine, n'en lutte pas moins avec un courage digne d'un meilleur sort contre le mauvais résultat financier de son entreprise. L'année 1837 comptera aussi parmi les plus riches de sa direction, pour la variété du répertoire et les nombreuses nouveautés qu'il fit représenter pendant les derniers mois de la campagne. — Le 9, l'*Enfant du Faubourg*, drame populaire en trois actes. — Le 13, *Quinze Jours de Sagesse*, vaudeville. — Le 17, *Faublas*, vaudeville. — Le 27, *Arriver à Propos*, vaudeville.

Le 9 février, le *Pirate*, drame lyrique en trois actes, de Bellini; belle et bonne soirée, succès pour Mmes Marneffe, Morin-Lebrun, MM. Valgalier et Euzet. — Le 14, un *Bal du Grand Monde*, vaudeville de Desvergers. Mlle Dupré, de passage en cet ville, joue la *Fille de Dominique*. — Le 20, le *Vagabond*, vaudeville. — Le 23, encore une bonne soirée, par la première de le *Postil-*

lon de Longjumeau, le charmant opéra d'Adam, bien chanté par Valgalier, Marchand, Euzet et Mme Marneffe. Le même soir, M. Paff se fait entendre sur un instrument nouveau, le Cornetto de Bassetto. — Cet instrument avait été entendu à Rouen pour la première fois, au théâtre des Arts, en août 1792 ; c'est le citoyen Rethaller le jeune, musicien de talent, qui l'avait joué.

A propos du *Postillon de Longjumeau*, les journaux de théâtre ont rapporté récemment un épisode assez curieux, que nous analyserons en quelques lignes. « Le village de Longjumeau (Seine-et-Oise) possède une auberge, sur la façade de laquelle se trouvait une enseigne représentant le postillon Chapelou, dans son costume de noce, tel qu'on le voit au premier acte de l'opéra d'Adam.

Pendant la guerre de 1870-71, les Prussiens envahirent le village et enlevèrent la fameuse enseigne, qui, actuellement est déposée dans le magasin de décors d'un théâtre allemand. Il paraît même que chaque fois que l'on joue le *Postillon*, elle est adaptée au décor du premier acte.

Il y a quelques mois, le bruit s'étant répandu que les Allemands avaient rendu à l'aubergiste, son enseigne, M. Albert de Lasalle, le chroniqueur lyrique du *Monde Illustré*, désirant éclairer le fait avancé par la presse, a écrit à l'aubergiste, qui lui a fait la réponse suivante.

« Le postillon nous a été pris par les Allemands. Nous nous sommes plaints aux Prussiens, et au bout de quelque temps, ils nous ont envoyé une petite somme pour le remplacer.

» Je vous salue,
» Veuve BOUETTE. »

La fameuse enseigne est donc encore et sera sans doute à tout jamais la propriété des Allemands, qui semblent y tenir énormément. Il paraît même que là-bas on doutait de l'existence du village de Longjumeau, et que c'est un chirurgien-major qui chargea un certain caporal de pénétrer dans l'auberge et de lui en rapporter une preuve, un souvenir quelconque. Celui-ci, on l'a vu, s'acquitta parfaitement de la commission.

Le 6 mars, *Léon*, drame en six actes. — Le 8, les *Deux Manières*, vaudeville en deux actes. — Le 9, le *Mari de la Dame de Chœur*, vaudeville de Bayard et Duvert. — Le 16, représentation donnée par les dix Arabes, premiers sujets grotesques de la cour du Roi du Maroc : jeux élastiques et gymnastiques. Ils donnèrent trois soirées, mais n'obtinrent qu'un succès médiocre. — Le 20, un *Mari charmant*, vaudeville. La direction fit relâche pendant trois jours pour répétitions générale des *Huguenots*. — Le 27, elle donna *Pierre le Rouge*, drame en trois actes, de Rougemont et Dupaty. — Le 28, le *Muet d'Ingouville*, vaudeville en deux actes, de Bayard, Bouffé et Devienne ; un *Aveu*, vaudeville.

Le 3 avril, concert par les chanteurs tyroliens. — Le 7 a lieu la première des *Huguenots*. Ce magnifique opéra, pour lequel Lemerre avait fait encore de grandes dépenses, afin que les décors et les costumes soient dignes de l'œuvre, obtint un grand succès : Valgalier, Euzet, Mmes Marneffe et Firmin y recueillirent de nombreux bravos. La salle était bondée de spectateurs ; on applaudit aussi les décors dus à Voizel, et surtout celui représentant le Vieux Louvre au clair de lune.

Le 17, la *Camaraderie*, comédie en cinq actes, de Scribe.

Le 19, première du ravissant opéra d'Auber, l'*Ambassadrice*, qui fut encore un succès pour Mme Marneffe. Le même soir, *Coquelico*, vaudeville, une bonne création de Marchand.

Au moment où allait se terminer la campagne, Lemerre, en adressant ses adieux au public, rappelle les sacrifices énormes qu'il a faits pendant sa gestion. Il ajoute qu'il est ruiné, et prie le public d'assister aux trois dernières soirées de sa direction, soirées qui seront exclusivement données à son bénéfice. La première eut lieu le 28, par la reprise de *Robert le Diable*, et il y eut une bonne recette.

Le 30, clôture de l'année théâtrale et bénéfice de Lemerre, par les 3e, 4e et 5e actes des *Huguenots*, l'*Ambassadrice* et le vaudeville *Quinze Jours de Sagesse*. Valgalier, Euzet et Mme Marneffe sont écrasés de fleurs. Ces deux artistes qui nous quittaient furent rappelés. — Marchand, dans *Quinze Jours de Sagesse*, une de ses meilleures pièces, le fut également ; Fortier est demandé aussi sur la scène, il pria d'excuser sa femme qui, étant malade, n'était pas présente. Enfin, le directeur Lemerre dût se présenter sur le théâtre pour recevoir les remerciments du public (il y eut cependant quelques sifflets), en reconnaissance d'avoir fait du théâtre du Havre, une des plus riches scènes de province. Cette ovation pouvait flatter l'amour propre de l'artiste, mais Lemerre était complétement ruiné, et peu de mois après, le tribunal de commerce le déclarait en faillitte.

ANNÉE THÉATRALE 1837-1838.

Direction Charles Fortier

Fortier avait été agréé par l'Administration municipale, le 16 décembre 1836, et nommé directeur par arrêt éministériel du 28 février 1837. Fortier était né à Rouen, le 12 octobre 1804 ; son père, fabricant en cette ville, avait été tué par un officier de la Garde Royale, à la suite d'une discussion politique, dans un café. Ch. Fortier, après avoir été gendarme, nous assure-t-on, se livra à la carrière dramatique. Il entreprit successivement les directions des scènes de Dieppe, Poitiers et Grenoble, puis vint au Havre jouer les premiers rôles. Il venait de signer son engagement pour Rouen, lorsqu'il prit la gestion de la scène du Havre, et dut même payer un dédit pour rompre son engagement.

En publiant le tableau de sa troupe, il annonça qu'il réunissait les deux emplois de forte chanteuse et de dugazon. Les chefs d'emploi deviennent rares et il est presque impossible de les remplacer. Il a augmenté le nombre des choristes et promet d'apporter tous ses soins à la mise en scène.

Voici les noms de ces artistes :

MM. Bertrand............	Régisseur général parlant au public
Mordant............	Régisseur.
Duchesne..........	Contrôleur, chef.
Prestat............	Rég. des chœurs.
Henri Lecouvreur....	Caissier.
Bouché............	Machiniste chef.
Hippolyte Lagardère..	Souffleur.
Chevalier père.......	Bibliothécaire.
Voizel.............	Peintre.

Opéra.

MM. Marquilly..........	Premier ténor venant de Paris.
Chatelet............	Deuxième ténor, venant de Brest.
Deldebat..........	Troisième ténor, venant de Douai.
Phillipot..........	Jeune ténor, venant de Bayonne.
Bouchy............	Première basse, venant de Liège.
Breton............	Deuxième basse, venant de Nantes
Bertrand..........	Troisième basse venant du Havre.
Alfred............	Troisième basse venant de Lille.
Gessium...........	Baryton, venant de Bordeaux.
Marchand..........	Ténor grime, venant du Havre.

Jannin............ Ténor grime, venant du Havre.
Frédérick Brondelle.. Trial.
Mordant........... Grande utilité.
Prestat............ Grand coryphée.
Guise............. Idem.
Saunier........... Idem.
Joubert........... Idem.
Julia Hirn......... Première chanteuse, venant de Nismes
Férand........... Deuxième chanteuse, venant de Bordeaux.
Jannin............ Troisième chanteuse, venant du Havre.
Moncassin......... Soprano, rôles accessoires, venant du Havre.
Verteuil........... Duègne.
Breton............ Idem.
Marcou........... Rôles de convenances
Prestat............ Idem.
Mlle Marcou.......... Idem.

Orchestre.

Semeladis.......... Premier chef.
Chevalier.......... Deuxième chef.
Maurice Jay........ Troisième chef.
28 Musiciens.

Chœurs.

4 premiers ténors.
5 deuxième ténors.
7 premiers dessus.
5 deuxième.

21 Choristes.

Drame, Comédie et Vaudeville.

Fortier............ Premier rôle.
Harmant........... Jeune premier.
Chatelet........... Second jeune premier.
Deldebat........... Second jeune premier.

MM. Mordant	Deuxième rôle.
Marchand	Premier comiqu[e]
Jannin	Premier et deuxi[è]me comique.
Phillipot	Premier et deuxi[è]me comique.
Breton	Financier.
Bertrand	Père noble.
Alfred	Second père nobl[e]
Guise	Amoureux.
Raymond	Utilité.
Saulnier	dito
Joubert	dito
Mmes Fortier	Premier rôle.
Marcou	Jeune première.
Moncassin	dito
Angélina	Amoureuse.
Prestat	dito
Marcou	dito
Jannin	Soubrette.
Verteuil	Duègne.
Breton	dito.

L'ouverture de l'année théâtrale se fit le 4 ma[i] par une représentation sans débuts, et qui se composa de *Riche et Pauvre*, drame en cinq actes, de Souvestre. — Fortier, Harmant, Mm[e] Verteuil, furent très acclamés. — Mlle Moncassin, absente depuis deux ans, reçut plusieurs salves de bravos. — Décor neuf de Voizel, un joli salon.

Le 11, premiers débuts de Marquilly, Bouchy Chatelet, Mmes Julia Hirn et Ferrand, dans la reprise de *Robert le Diable*. Dès le lever du rideau, Marquilly, pris d'enrouement, fait demander que cette soirée ne lui compte pas comme début ; bien que son indisposition soit visible aux yeux de tous, il fut chuté et sifflé sans pitié. — Dès le lendemain, il résilia. Les autres artistes, Mmes Férand (Alice), J. Hirn, âgée tout au plus de 18 ans, dans Isabelle, Chatelet (Rimbaud), Bouchy (Bertram), firent assez plaisir.

Le 13, premier de Gessium, baryton, qui cha[nta] fort bien le rôle de Max du *Châlet*, rôle qui [a] été confié depuis aux basses; il y obtint un[e] succès. — Dans ce même opéra, Deldebat fit aussi son premier, et Mme Marcou, dans *Pierre le Rouge*. Cette dame faisait, quatorze ans plus tôt, fureur à Plombières, et l'auteur des *Biographies dramatiques* disait qu'elle était jolie, comme la plus belle des artistes de la capitale, chantait juste et avait un organe enchanteur. Elle sut plaire aux habitués de notre scène. Elle fit son second le 15, soirée où eurent lieu les rentrées de Marchand et de Bertrand, qui furent très fêtés. On jouait l'*Héritière*, la *Lectrice*, le *Confident des Dames* et l'*Espionne russe*.

Mme Taglioni, la célèbre danseuse, donnait alors des représentations à Rouen. Fortier la demanda pour ouvrir la campagne, mais il ne put l'obtenir et reçut la réponse suivante, qui mérite prendre place dans les annales de notre théâtre.

« Il m'est impossible de me rendre à votre invitation ; je dois me trouver à Londres le premier mai et je quitte Rouen, demain samedi, pour m'embarquer à Calais. Votre demande eût peut-être mieux trouvé son temps au commencement du mois d'août, époque à laquelle il serait possible que j'eusse quelques jours à vous consacrer.

» Agréez, Monsieur, mes regrets et mes compliments empressés.   « Marie Taglioni. »

Marie Taglioni, née à Stockholm en 1804, fille d'un maître de ballet du théâtre, dansa à l'Opéra de 1827 à 1832 ; se maria à cette époque au comte de Voisœurs ; parcourut les capitales de l'Europe. Elle quitta la scène en 1847. Nous n'eûmes pas le plaisir de l'applaudir au Havre.

Mme Fortier fit sa rentrée le 18 dans les *Enfants d'Edouard*, où, il va sans dire, elle fut accueillie avec enthousiasme. Le même soir, premier début de Mlle Angelina. On jouait aussi la *Pensionnaire mariée* et la *Marraine*. — Le 20, premier de Phillipot, dans *Kettly*, le *Gamin de Paris* et *Pierre le Rouge*.

Un nouveau ténor, remplaçant Marquilly, débute dans la *Muette* le 3. Il s'appelait Masson, chantait bien, mais avait la voix un peu couverte, il fit assez plaisir.

Mlle Angelina accomplissait, le 24, sa deuxième épreuve dans *Valérie*. A peine paraît elle, que les opposants la sifflent. L'émotion lui retire la parole et elle ne peut que pleurer. On l'emmène hors de la scène et la toile est baissée. Quelques instants après, on reprend la pièce et Angélina continue son rôle sans recevoir de marques de désapprobation.

Masson fait, le 25, son second dans la *Dame Blanche*, qui servait également de seconds à Mmes Hirn et Férand. Masson fit moins plaisir ce soir-là que lors de son premier début, il fut plus chuté qu'applaudi.

La direction annonce que Mlle Angelina, ayant été reconnue trop faible pour jouer les jeunes premières, passera forte deuxième amoureuse.

Le 27, premier de Breton, second de Gessium et troisième de Julia Hirn, dans le *Barbier*.

A cette époque, c'est-à-dire en 1837, fut imprimé chez J. Morlent un vaudeville en deux actes, le *Petit Cagliostro*, par MM. ***. Cette pièce du crû n'a pas été représentée sur notre scène et les journaux de l'époque n'en font pas mention. Le canevas se compose d'une double intrigue se terminant par deux mariages, grâce au savoir-faire du *Petit Cagliostro*, qui n'est autre que le Crispin de la vieille comédie française. En somme, ce vaudeville n'est dénué, ni d'intérêt, ni d'esprit, et les couplets sont bien tournés.

Le Havre littéraire comporte un assez grand nombre de pièces de théâtre qui furent imprimées et non jouées. Nous avons déjà parlé de *Fatalité*, auquel un mauvais plaisant substitua sur l'affiche, au véritable titre, celui de *Le Fat Alité* Nous citerons encore, parmi les productions qui ne virent pas le feu de la rampe, la *Cor-*

vette *l'Espérance*, tableau vaudeville en un acte, pour l'inauguration de la salle, le 24 Août 1823, dédié aux habitants, par J.-B. Camel, artiste (imprimerie Lepicquier). — Le *14 Mars* 1814 (imprimerie Lepetit, à Ingouville). Enfin, on n'a pas oublié *Tigresse Culottin ou l'Exagération de la Vertu*, par V. Caumont, imprimé chez Lamy, en 1814, et dont le préfet de Rouen défendit la représentation, ce qui donna à l'auteur l'occasion de publier, en tête de son œuvre, une lettre qui eut presqu'autant de célébrité que celle dont Victor Hugo a fait précéder son *Roi s'amuse*.

Le 1ᵉʳ juin, troisièmes débuts de Mmes Ferrand et Angelina ; seconds de Bouchy et de Chatelet ; rentrée de Mme Jannin ; *Kettly, Masaniello*. Châtelet est sifflé et se retire ; Bouchy est également tracassé. — Mme Ferrand est reçue avec enthousiasme ; Mme Jannin est très fêtée. Masson, qui jouait sans débuts, reçut quelques applaudissements. Pendant le spectacle, on annonce qu'un violent incendie vient de se déclarer aux chantiers Marette, à Ingouville, et la plus grande partie des spectateurs quittent la salle pour se rendre sur le lieu du sinistre.

Sur la demande des abonnés, Chatelet consent à résilier comme ténor et à rester comme amoureux, emploi où il était parfait. Sa femme chantera les secondes dugazons.

Le ténor Masson est reçu le 3, dans *Robert*, bien qu'il ait beaucoup d'opposants. La soirée ne fut pas bonne au surplus ; Deldebat est sifflé ; Julia Hirn l'est également, quoiqu'elle ait été régulièrement reçue, ainsi que nous l'avons constaté. Deux jours après, c'était la rentrée de Frédéric Brondelle, qui avait déjà fait partie de la troupe trois ans plutôt ; il croyait pouvoir se dispenser de débuts, mais le public exigea le contraire. Bouchy faisait son troisième dans le même opéra, c'est-à-dire dans la *Dame Blanche*, et, bien que cet artiste ait été couvert de fleurs lors de son départ de Liége, il ne fut pas accepté.

Le régisseur demanda, mais en vain, que Bouchy puisse faire un quatrième début. Frédéric se fit applaudir dans *Prosper et Vincent*, aussi bien que dans Dickson, de la *Dame Blanche*. — Le 6, on donne *Riquiqui*, et le 8, la *Savonnette impériale*, vaudeville en un acte.

Le 9, encore une soirée orageuse ; on jouait le *Tartuffe*, pour le second de Breton, et *Jean de Paris*, pour le troisième de Gessium. Dès le lever du rideau, pour l'opéra, les deux partis s'injurient et en viennent aux voies de fait ; la pièce continue, mais on n'entend pas les artistes. La police met en arrestation trois ou quatre combattants. Le régisseur appelé ne peut se faire entendre et fait baisser le rideau. Quelques instants après, on le relève pour donner place au régisseur, mais il ne peut encore prendre la parole. Les artistes reviennent sur la scène, on les bombarde avec des pommes, des bouts de cigares, des gros sous, tout ce qui tombe sous la main. Devant cette attitude du public, les artistes se sauvent dans les coulisses et la toile retombe. La majorité était en faveur du baryton ; on demande que l'autorité se prononce, mais elle n'était pas présente. Une partie des spectateurs enjambe parquet et orchestre et gagne la scène pour aller interpeller la direction. Dès le lendemain, Fortier publia une lettre par laquelle, vu l'indécision sur la réception de Gessium, il proposait que cet artiste fasse un quatrième début, ce qui n'eut pas lieu. Il ajoutait qu'il se tenait à la disposition des spectateurs qui auraient des observations à lui présenter, à son cabinet.

Dans le premier trimestre de cette campagne,
les recettes s'élevèrent à...... 39,270 Fr.30
Abonnements et subvention .. 18.117 » —

Total 57,387 Fr.30
Les dépenses générales à..... 48,822 » 40

Soit un bonni de............ 8,564 Fr.90
pour 3 mois.

Mme Marcou est reçue sans opposition, le 10 juin, dans *Mistress Sidonis*, vaudeville en un

— Breton et Frédéric font leur second, le 8, dans le *Pré aux Clercs*. — Deldebat est reçu le 15, dans le *Concert à la Cour*. — Le 16, le *Muet de Saint-Malo*. — Une *Femme qu'on n'aime plus*, vaudeville.

Comme grande attraction, on eut, le 22, les exercices d'un sieur Fiutaux, acrobate, mais les spectateurs en avaient plus que suffisamment assez et sifflèrent l'infortuné artiste. Le régisseur annonça que la direction éviterait à l'avenir de donner de pareils spectacles.

Un nouveau second ténor, Leconte, remplaçant Chatelet, débute le 23, dans l'*Eclair*.

Le 26, Alphonse Perrault, né au Havre et se destinant à l'art dramatique, désirant faire sa première apparition à la scène, sur celle d'ici, joue avec assez de talent le rôle du père dans *Estelle*. Il fut moins heureux dans Chevreuse, d'un *Duel sous Richelieu*, ce rôle ne lui étant pas favorable. Il n'y avait que très peu de monde pour applaudir notre concitoyen, qui ne donna que cette seule représentation.

Le 27, premier début de Pouillez, basse, remplaçant Bouchy, et second de Leconte, dans *Robert*. — On siffle encore Julia Hirn. Pouillez et son second, le 29, dans le *Châlet*. Le même soir, *Marie ou les Trois Époques*, comédie en trois actes, par Mme Ancelot, une des dernières créations de Mlle Mars.

Le 30, troisième début et réception de Leconte, dans *Fra-Diavolo*.

Le 1er juillet, la *Marquise*, opéra en un acte, musique d'Adam.

Le 3, premier début d'Emile, nouveau baryton, qui fait plaisir dans le *Nouveau Seigneur*.

Le 6, Pouillez faisait son troisième début dans le *Barbier*, qui servait aussi au deuxième d'Emile, baryton. La lutte, pour et contre l'admission de Pouillez, dure pendant la durée de l'opéra, dont on n'entendit pas une note ;

elle se continua après le baisser du rideau, jusqu'au moment où le régisseur vint déclarer, qu'en présence de l'opposition persistante qui l'avait accueilli, la basse Pouillez résiliait, et que l'autorité défendait un quatrième début, qui avait été demandé par les partisans de cet artiste.

Le 10, la *Tour de Nesle*, dans laquelle le rôle de Marguerite de Bourgogne est rempli par Mlle Charton, ex-artiste du Théâtre-Français. — Le 11, Emile est reçu, sans opposition, dans le *Petit Chaperon*.

Le 13, la *Chambre ardente*, drame en cinq actes, de Bayard et Mélesville.

Le 14, nouvelle représentation donnée par Odry : le *Chevreuil*, la *Carmagnole*. — Le même soir, Julia Hirn est accablée de sifflets dans *Jean de Paris*. Le régisseur déclare que cette dame ayant été régulièrement reçue, deux mois plutôt, l'administration ne peut la remplacer. Le tapage redouble et le régisseur revient pour annoncer que Julia Hirn vient de résilier, et attendu qu'elle refuse de reparaître, l'opéra ne sera pas continué.

Concert donné le 15 par le baron Rudolphe de Fleurs, maître de Chapelle du premier corps d'armée de l'empereur de Russie. — Il exécuta sur le piano, des motifs de *Robert*. — Nos artistes lyriques prêtèrent leur concours ainsi que les solistes de l'orchestre. On applaudit surtout Manuel Huertas, qui joua sur la flûte un motif sur les *Chaperons blancs*, composé par Tulou. M. de Fleurs resta quelques temps au Havre, où il donna plusieurs autres soirées à à la salle de bals, etc.

Le 17, Odry joue les *Acteurs à l'Epreuve*, et Mlle Hess, chanteuse engagée à Brest, fait entendre le grand air de *Masaniello* et celui de Toasen, du *Cheval de Bronze*. — Le 18, *Madame d'Egmont*, vaudeville en trois actes, d'Ancelot. Odry joue le 20, la *Femme à François*, la *Servante justifiée* et *Paul et Jean*.

Le 22, soirée au bénéfice de M. et de Mme Meyronnet, ex-artistes du théâtre du Havre. Ouverture à grand orchestre, la *Cocarde tricolore*, une *Passion*. En plus, Odry joua les principales scènes de l'*Homme mélodrame*, l'*Affiche de Pontoise*, *Caligula*, tragédie en cinq actes, de A. Dumas. — Pendant les entr'actes, la musique du 43e de ligne exécuta la *Prise d'Alger*, l'ouverture des *Puritains* et les quadrilles de l'*Ambassadrice*.

Le 22, Odry dans *Croûlon, chef d'Ecole, Monsieur Mouffet*. — Le 27, dans les *Anglaises pour rire*. — Le 28, une nouvelle basse, Delacroix, débute dans le *Châlet*. Paris, trial, remplaçant Frédérick, débute aussi dans le premier acte de la *Dame Blanche* et les *Rendez vous Bourgeois*. La basse fut refusée, cela faisait trois.

Mme Damoreau Cinti vint nous redonner quelques soirées ; le 31, elle parut dans le premier acte de la *Pie* et dans le *Concert à la Cour*. Le 2 août, dans les deuxième et troisième acte du *Barbier*, dans le *Mauvais œil*, opéra nouveau en un acte. Elle chanta en plus des airs de l'*Ambassadrice*.

Après le spectacle, l'orchestre se rendit devant l'hôtel de l'Europe, où était descendue cette charmante artiste, et exécuta plusieurs ouvertures, gracieuseté qui flatta Mme Damoreau.

On se souvient que lors de sa première visite au Havre, en 1827, Mme Damoreau-Cinti avait reçu, de nos poètes havrais, plusieurs pièces de poésie, que nous avons publiées : en voici deux autres qui nous sont communiquées, et qui méritent également d'être rappelées au souvenir du lecteur :

Certaine toujours d'être aimée,
Partout d'avance on proclame tes droits,
Rosine on peut compter, lorsqu'on a ta voix,
Sur celle de la renommée.

—

Par tes sons merveilleux tu sais nous étonner ;
Nos cœurs rendent hommage à ta voix douce
et tendre.
Chaque jour on voudrait t'entendre,
Et chaque jour te couronner.

L'auteur avait caché sa poésie dans les feuillages d'une couronne.

Le 3 août, le duc d'Orleans, prince royal, accompagné de la princesse Hélène, sa femme, et de la duchesse douairière de Mecklembourg, mère de cette dernière assistèrent à la représentation, qui, par ordre, se composait du *Bouffe et du Tailleur* et du *Barbier*.

Les honorables visiteurs arrivèrent à 9 h. 3/4 et prirent place dans une loge au centre des Premières Galeries. La première pièce était jouée et on en était même à la moitié du 3e acte du *Barbier*, que l'on recommença. Mme Damoreau se remit au piano et rechanta : *Placida Campagna*, cavatine italienne ; puis, la *Sicilienne* et *Ma Belle Comtesse*, romances. Le duc d'Orléans donna le signal des applaudissements et fleurs et couronnes tombèrent aux pieds de l'artiste.

Le Prince et la Princesse quittèrent leur loge pour se rendre au grand foyer, des fenêtres duquel ils virent le feu d'artifice tiré sur la place de la Mâture, en l'honneur de leur visite au Havre. A onze heures, ils se rendirent au bal que leur offrait le Commerce, dans la salle de la rue d'Orléans. — Triste rapprochement, cinq ans plus tard, jour pour jour, les restes mortels de l'infortuné duc d'Orléans étaient transférés de Neuilly dans les caveaux funèbres du château de Dreux.

Le 5, *Clifford le voleur*, drame-vaudeville en deux actes. — Le 8, deuxième début de Paris dans *Masaniello*. — Il fut admis, le 10, dans les deux premiers actes de *Fra-Diavolo*. Ce même soir, première de *Heureuse comme une Princesse*, comédie en deux actes.— Les *Femmes d'Emprunt*, vaudeville.

Le 14. *Charles VII chez ses grands Vassaux*, tragédie en cinq actes, de Dumas.

Arnal revint nous donner quelques soirées. Il parut, le 16, dans *Renaudin de Caen*, le *Mari de la Dame de Chœur*, et le lendemain, dans *C'est encore du bonheur*, vaudeville en trois actes. — Le 24, dans *Cornet à Piston*, le *For l'Evêque*, *Gants Jaunes*. — Le 26, *Polly*, drame nouveau en trois actes, et *Cabinets particuliers*. — La soirée d'adieu eut lieu le 29, par *Madame Grégoire*, les *Cabinets* et par *Mina*.

Un arrêté du ministre de l'intérieur, en date du 19, défend au directeur du théâtre de jouer les pièces suivantes : L'*Auberge des Adrets*, *Robert Macaire*, L'*Incendiaire*, pièces qui, on se souvient, avaient obtenu un grand succès sur notre scène. L'*Incendiaire* avait déjà été interdit en novembre 1835.

Le 24, Mlle Raymond, première chanteuse, débute dans *Robert*. A peine est-elle entrée en scène, qu'une vive émotion s'empare d'elle et paralyse ses moyens. Elle ne chante plus, mais se livre à une pantomime désespérante. On la siffle et, cela n'étant pas fait pour lui redonner de l'aplomb, elle ne joue plus qu'à la muette, puis, enfin, se sauve dans les coulisses. Le tapage est à son comble, jusqu'au moment où le régisseur annonce que, Mlle Raymond ne voulant plus reparaître, on ne peut jouer *Robert* et propose, en remplacement, les *Rendez-vous bourgeois*, ce qui est accepté.

Le 31, dans la *Muette*, une danseuse, de Londres, Mlle Elisa, exécute la *Cachucha*.

Plusieurs abonnés ayant publié une lettre contre l'administration de Furlier, et surtout l'accusant d'avoir lésiné pour engager de bons artistes, ce directeur répond par la même voie de très longues réfutations, que nous ne pouvons que résumer. Il dit que, tout en mettant ses soins à contenter le public, un directeur ne doit pas se ruiner. On l'accuse d'avoir lésiné sur les appointements des acteurs, et cependant Marquilly, ténor, était engagé à 12,000 fr. par an, et pour sa seule et unique soirée de début, il a touché 1,000 fr. Masson, son successeur, est engagé à 10,000 fr. — L'Orchestre a 20,000 fr. La basse, a 7,200 fr. Mme Hirn, l'était à 8,400 et devait avoir 10,000 fr. la seconde année. — Bouchy, basse, pour ses débuts, a touché 600 fr. après son renvoi, et ses deux successeurs, Lacroix et Gessium, ainsi que Jannin, chacun 600 fr. Mlle Raymond, dans un acte de début, a reçu 900 fr. Il a offert 15,000 fr. et un mois de congé à Nourrit, qui est à Rouen, et 12,000 fr. à Mme Marneffe, qui est à Lille, soit 200 fr. par mois de plus que ne lui donnait son prédécesseur ; ils n'ont pas voulu venir. Il ne parle pas des avances et des frais de voyage. On lui reproche de donner tous ses soins au vaudeville et de négliger l'opéra, mais on oublie qu'on lui a fait tomber huit chefs d'emploi d'opéra, et on est surpris qu'il n'en monte pas. Il en prépare plusieurs, surtout *Guillaume Tell*, qui est à l'étude depuis deux mois. Tous ses instants sont consacrés à travailler à la satisfaction des habitués, dont il réclame la bienveillance.

Le 2 septembre, premier début de Mme Emile, jeune première, dans *Richard d'Arlington*.

Le 4, représentation par Lhérie, du théâtre des Variétés Il donna sept soirées, dans l'*Art de ne pas monter sa Garde*, *Folbert et Polydore*, le *Roi de Prusse et le Comédien*, *Roquelaure, ou l'Homme le plus laid de France*, *Talma ou la Révolution des Costumes*, les *Sept Péchés capitaux*, *Madame d Egmont*, la *Sonnette de Nuit*. — Les 5 et 7, variations sur piano, par Mlle Julia Ciore.

Le 12, premiers débuts de Paulvert, basse, et de Mme Belmont-Cotelle, dans les trois derniers actes du *Barbier*. Le public réclame le premier acte ; le régisseur répond que les débutants n'ayant rien à y chanter, on avait cru pouvoir le passer ; sifflets, le rideau tombe. On rejoue l'ouverture et on recommence le second acte ; Mme Belmont chante et l'incident n'a pas de suite Mme Belmont avait fait, dans les premières années de sa carrière, les délices du Vaudeville ; en 1824, elle chantait à l'Opéra-Comique, où elle était assez aimée pour son bon jeu et pour sa voix qui était assez agréable.

Le 14 ont lieu les seconds débuts de Mmes Belmont et Emile, dans le *Pré aux Clercs*. On joue aussi *Catherine ou la Croix a' r*. Le lendemain, dernière de Lhérie et à son bénéfice, *Paganini*, scènes d'imitations grotesques, *Roméo et Juliette*.

Le 18, deuxième début de Paulvert et troisième de Mme Belmont, dans *Robert*. Pour cette dernière, une lutte s'engage entre les deux partis. L'autorité, que l'on avait envoyé quérir, prononce l'admission. Aussitôt, des protestations éclatent parmi les opposants. Une pierre, lancée des hauteurs, atteint et blesse grièvement un siffleur du parterre. La police arrête l'auteur de cette action inqualifiable, et, vu que le tapage continuait, prend le parti de faire évacuer la salle.

Le 21, Mme Belmont reparaît dans le *Rossignol*. Le bruit s'étant répandu avec une certaine consistance qu'il y aurait du tapage ce soir-là l'autorité prit ses mesures en conséquence. La gendarmerie et la police gardaient les issues des couloirs, et deux compagnies d'infanterie étaient rangées en bataille, à l'extérieur de la salle. Dès que l'artiste paraît, les applaudisseurs commencent l'attaque, et, aussitôt, sifflets, cornets, tabatières à musique, cors de chasse, etc., ripostent vigoureusement, et force est de baisser la toile. Aussitôt, l'autorité déclare que, Mme Belmont ayant été reçue à une forte majorité, les perturbateurs étaient invités à cesser leur tumulte, sous peine d'être expulsés.

Ces paroles n'arrêtent pas l'orage, qui gronde plus que jamais. Alors, le commissaire de police, suivi de quelques gendarmes et agents, pénètre dans le parterre, où il essaye encore de rétablir le calme, mais inutilement. On procède à l'arrestation de quelques siffleurs, qui luttent quelque peu avec l'autorité. Des cris, des huées se font entendre, mais on respecte les représentants de la force publique ; on obéit à la loi. Le tapage a atteint un point que la plume est impuissante à dépeindre ; c'est alors que les compagnies d'infanterie pénètrent dans la salle et en cernent toutes les issues. L'effroi s'empare des spectateurs paisibles ; les dames jettent des cris et se sauvent dans les couloirs, pendant que les officiers cherchent à les rassurer. Cependant, les spectateurs évacuent la salle, au milieu d'un calme qui contrastait singulièrement avec le bruit qui régnait un instant auparavant. Des groupes nombreux, qu'on ne chercha même pas à disperser, se formèrent sur la place Louis XVI, jusqu'à une heure fort avancée.

Le lendemain la mairie prit un arrêté par lequel, elle défendait la réapparition de Mme Belmont sur la scène, et décidait que la salle serait fermée pendant *quinze jours*.

La ville permit que la salle soit réouverte pour une représentation au bénéfice des machinistes. — Le 29, on joue la *Tirelire, Catherine, Paul et Jean*. M. Pantaléoni, élève de Rubini, chanta un air italien. La soirée produisit 900 fr. La salle fut refermée jusqu'au jour fixé par l'administration.

La réouverture eut lieu le 5 octobre, par arrêté municipal ; le programme se composa de *Mazaniello* et des *Malheurs d'un joli Garçon*. La direction annonce que Mme Belmont ne reparaîtra pas, et que, vu l'impossibilité de la remplacer, cette lacune sera comblée par des artistes en représentation. Mme Belmont ouvrit une école de chant, rue de Bordeaux, n° 53. Elle venait d'être engagée pour Montpellier, mais Hurtaux, notre ex-basse, ayant renoncé à la direction, elle se trouva sans emploi. — Le 9, *Sans Nom ou Drame et Roman*, vaudeville. Le lendemain, concert par Julia Ciore, pianiste, et Margeot, violon du Grand-Opéra, qui jouèrent les principaux airs de *Guillaume Tell*, devant une salle presque vide.

Paulvert fait son troisième début, le 12, dans

le *Châlet* ; il est sifflé à la presque unanimité, et, après une demi-heure de tapage, on annonce sa résiliation. C'était la quatrième basse qui tombait, depuis le commencement de la campagne ; elle ne fut pas remplacée, pas plus que le tenor et la première chanteuse. Pantaléon chanta, ce soir-là, les grands airs de la *Muette*, du *Pirate*, et une cavatine italienne. — Le 16, le *Budget d'un jeune Ménage*, vaudeville.

Fortier, désirant exploiter, pendant la foire, le théâtre d'Ingouville, demanda à la Mairie, l'autorisation de transporter à cette salle les décors dont il aurait besoin ; ce qui lui est accordé. La troupe se dédoubla et joua le même jour sur les deux scènes, ainsi que cela eut lieu plus tard, sous Juclier.

Le 25 octobre, première de *Gaspardo le Pêcheur*, drame en cinq actes ; Fortier, dans le rôle de Gaspardo, et Harmant, dans celui de Francesco, se firent applaudir, mais les autres rôles furent faibles. — Le 26, le Gymnase-Enfantin revint nous donner huit représentations, dans lesquelles on applaudit principalement les ballets dansés par vingt-quatre petites filles, sous la direction de Castelli. — Le 3 novembre, *Judith la danseuse de l'Opéra*, vaudeville. — Le 10, le *Commis et la Grisette*, vaudeville de Paul de Kock. — Le 14, *Un Chef-d'œuvre inconnu*, drame en trois actes, de Ch. Lafont. — Le 16, *Vouloir c'est Pouvoir*, vaudeville.

Le 21, première représentation donnée par Mme Dorus-Gras, chanteuse de l'Opéra, dans le *Barbier* et dans le *Rossignol*. Elle parut ensuite, le 23, dans le *Pré aux Clercs* et dans le *Maître de Chapelle* ; le 25, dans les premier, troisième et cinquième actes de *Robert* (salle comble) ; le 28, dans la *Muette*, le *Bouffe*, où elle est rappelée ; le 1er décembre, dans le *Barbier* et les deuxième et quatrième actes de *Robert* ; grand air du *Cheval de Bronze* ; le 2, sur demande, dans le premier acte du *Comte Ory*, le *Bouffe* et le *Maître de Chapelle*. Mme Dorus-

Gras, fille d'un chef d'orchestre de Valenciennes. était née en cette ville, en 1807 ; après avoir chanté dans les concerts, elle rentra à l'Opéra, en 1830 ; elle y resta jusqu'en 1843 ; elle se retira du théâtre en 1851. — Dans la période de ses représentations sur notre scène, nous avons à signaler la première de *Bruno le Fileur*, vaudeville de Coignard, qui eut lieu le 29 novembre.

A propos de Mme Dorus-Gras, voici un épisode assez curieux. Cette charmante cantatrice, venait de donner une série de représentations sur le théâtre de Brest, en mars 1843, lorsque, à la veille de son départ, les officiers de la marine royale lui offrirent un bal, à bord du vaisseau le *Jean-Bart*, mouillé sur la rade de Brest. Cette fête eut un aspect féerique ; le vaisseau, ainsi qu'une partie de la flotte, étaient illuminés a giorno ; des canots, également brillamment éclairés, portèrent à bord du bâtiment les dames aux coquettes toilettes et la jeunesse élégante de la ville. Mme Dorus-Gras fut reçue par l'état-major du *Jean-Bart* et resta au bal une partie de la fête, qui fut on ne peut plus splendide.

Le 7 décembre, la *Double échelle*, opéra en un acte, de Planard, musique d'Ambroise Thomas est sifflé à l'unanimité et les cris : « C'est assez, baissez la toile ! » interrompent le chant des artistes. — Le 8, le *Demon de la Nuit* ; le 11, *Portier, je veux de tes Cheveux*, vaudeville, sont bien accueillis. — Le 12, un de nos concitoyens, Thomas Loredan, chante le rôle de *Mazaniello*, dans l'opéra de ce nom ; il fit assez plaisir. Sa voix était belle, mais il manquait de science. Son jeu était également imparfait.

Le 21, nouvelle représentation donnée par Lepeintre aîné, dans *l'Habit ne fait pas le Moine*, *Elle est Folle*, *Pauvre Jacques*.

Le 21, premier concert donné par Strauss, accompagné par un orchestre de vingt-cinq musiciens. Lepeintre paraissait ce même soir dans *Michel Perrin*. Le prix des places avait été augmenté : loges fermées et stalles, 5 fr.; premières, 3 fr. 50 ; scondes et baignoires, 2 fr. 75 ; parquet, 2 fr. 25 ; parterre, 1 fr. 50 ; troisièmes, 1 fr.; quatrièmes, 0 fr. 50. Le programme se composa de l'ouverture du *Serment*, d'Auber, *Philomèle* (valse de Strauss), *Bouquet*, valse (dit), la *Belle Gabrielle*, le *Galop vénitien*, le *Télégraphe* (de Strauss), les *Fusées volantes* (de Strauss). — Le lendemain, second concert, dont le programme fut à peu près le même ; l'ouverture du *Camp de Grenade*, le *Galop des Huguenots* (Strauss), les *Pélerins au bord du Rhin* et une mosaïque de valses furent joués en plus ; Lepeintre parut dans le *Grand Orateur* et dans les *Premières Amours*.

L'année 1837 fut terminée par les dernières soirées de Lepeintre ; il parut, le 25, dans *Monsieur Botte*, *Michel Perrin* ; le 28, dans la *Femme de l'Avoué*.

La direction monte toujours des ouvrages nouveaux. Le 4 janvier 1838, elle donne le *Château de ma nièce*, comédie en un acte, et le 5, l'amusant vaudeville, le *Père de la Débutante*, où se firent tout particulièrement applaudir Marchand et Mlle Angelina. — Le 8, concert imitatif des oiseaux, par Hermann. — Le 11, *Pauvre Mère*! drame en cinq actes.

Le 20, représentation au bénéfice de Querrié, musicien à l'orchestre, qui, étant malade depuis plusieurs mois, était privé de son travail. La musique du 1er léger prêta son concours à cette bonne œuvre.

Le 22, *Mademoiselle Marguerite*, vaudeville, et le 25, le *Retour d'un Croisé*, mélodrame en un acte. — Le 30, l'*Obstiné et le Breton*, vaudeville.

Le 1er Février, *Bobèche et Galimafré*, vaudeville parade.— *Clotilde*, drame en cinq actes, de F. Soulié et Bossange.— Le 8, l'*Etudiant et la grande Dame*, vaudeville de Scribe.— *Pinto*, pièce historique en cinq actes de Lemercier et Nepveu. — Le 13, la représentation au bénéfice des pauvres, produit 15,508 fr. 50.

Le 15, Frédérick Lemaître et Mme Baudoin Beauchesne jouent *Kean*, et le 19, la *Tour de Nesle* ; Mlle Louise Beaudoin, dite Atala Beauchesne, avait créé le rôle de la Reine dans *Ruy Blas*, à la Renaissance. Cette artiste qui s'est fait un nom, grâce à Frédérick Lemaître, qui la fit remarquer, est morte à Paris en mars 1874.

Le 16, représentation au bénéfice d'Eugène Canis, ex-régisseur du théâtre du Havre (1835), et alors à celui de Rouen, qu'il quittait pour prendre sa retraite. *Robert le Diable*, chanté par Mme de Livry, première chanteuse, Hermann, basse, et Adrien, ténor, tous les trois faisant partie de la troupe du Théâtre-des-Arts de Rouen. Ils furent très applaudis.

Le 1er Mars, la *Famille Beaujon* et le 11, *Suzanne*, vaudevilles. Le 15, premier de *Mandrin*, mélodrame en sept tableaux, par Arago, un des meilleurs succès de l'année pour la direction. Dès quatre heures, on se bousculait à la porte des bureaux, et à six heures, bien qu'on ne devait commencer qu'une heure plus tard, la salle étant comble, force était de refuser les retardaires. L'attente du public ne fut pas trompée et la pièce réussit, au point qu'on la donna une douzaine de fois presque consécutives. Les décors dus à Voizel étaient très beaux, surtout celui du troisième acte, figurant une caverne dans une forêt. — Le 20, *Prima Donna*, vaudeville. — Le 27, la *Comtesse du Tonneau*, vaudeville de Paul de Kock, Arago et Duverger. — Le 30, le *Bonheur ignoré*, vaudeville.

Le 4 avril, l'acrobate Klisching joue *Jocho*. — Il donna plusieurs représentations qui furent assez bien suivies.

Le 9 avril, au bénéfice d'Emile Lecomte, le deuxième ténor, on donne la première de l'*Hom-*

me à la Blouse, drame en quatre actes, par Frédéric Soulié et Emile Leroyer, baryton de notre troupe.

Le 16, représentation donnée par M. et Mme Lemenil, du Palais-Royal, *Bruno le Fileur*. — Ils attirent peu de monde le 17, dans la *Maîtresse de Langues*, vaudeville. — Le 18, M. et Mme Lemenil jouent *Bobéche et Galimafré* et la *Comtesse du Tonneau*. — Le 19, nouvelle représentation par Philippe, que nous avions applaudi en dernier lieu en 1831 ; il parut dans *Monsieur Flamet*, le *Cousin Benoist*, *Monsieur Jovial*, le *Père de la Débutante* ; le 20, dans *Casimir ou le Commis voyageur*, et le 25, dans *Santeuil ou le Chanoine au Cabaret*.

Le 26, représentation au bénéfice d'Harmant ; on joue *Renaudin de Caen*, l'ouverture de *Guillaume-Tell*, *l'Ambitieux*, vaudeville ; *Catherine ou la Croix d'Or*, dans lequel Leclerc, alors attaché au théâtre de Rouen, remplit le rôle d'Austerlitz ; les *Vieux Péchés* (Leclerc rôle de Gérard) ; deux morceaux d'harmonie joués par la musique du 1er léger ; la *Cachucha*, dansée par M. et Mme Chatelet, Marchand et Mme Jannin ; galop de *Gustave III*, par toute la troupe ; la salle était comble et on plaça du monde dans les coulisses le spectacle se termina à une heure du matin. On avait supprimé le bassin et pour la première fois, on envoya des lettres d'invitation à domicile.

Le 28, bénéfice des pauvres, on joue par ordre, *Gaspardo le Pêcheur* et la *Comtesse du Tonneau*.

Le 30, clôture de l'année théâtrale, par les *Duels*, *Casimir ou le Commis voyageur* et les deux premiers actes de la *Cocarde tricolore*. Il y avait peu de monde ; cependant, Fortier et sa femme, Harmant, Chatelet, Breton, Assenac et Mlle Jannin furent très fêtés ; Mlle Angelina, qui venait d'être engagée à Lyon, reçut une couronne et deux jolis bouquets.

ANNÉE THÉATRALE 1838-1839.

Nous donnons le chiffre des appointements annuels, non-seulement des artistes, mais aussi des musiciens, choristes, employés, etc. Nous garantissons l'exactitude des chiffres que nous avons relevés sur les livres de l'administration de l'époque, grâce à une obligeante communication :

	Par an.
Duchesne, contrôleur chef.....	1.200 fr.
Henri Lecouvreur, caissier....	1.800 »
Voizel, peintre...............	4.000 »
Bouchez, machiniste chef.....	1.200 »
Hippolyte Lagarde, souffleur..	1.000 »
Chevalier, bibliothécaire......	360 »

Opéra.

Nourrit, premier ténor......	16.000 fr.
Altairac, deuxième »	7.200 »
Xavier, troisième »	2.400 »
Herman Léon, première basse.	8.000 »
Breton, deuxième basse (y compris les appointements de sa femme)...............	5.100 »
Bertrand, troisième basse.....	3.300 »
Alfred Goupil, basse utilité....	1.500 »
Baptiste, baryton.............	7.200 »
Paris, trial	3.300 »
Marchand, ténor comique.....	3.900 »

Mmes

Marneffe, première chanteuse.	14.000 »
Caroline Gilbert, 2ᵉ et dugazon	6.000 »
Dorsan, première dugazon....	6.000 »
Jannin, deuxième »	3.000 »
Sainte-Ange, mère dugazon...	3.600 »
Verteuil, duègne.............	3.300 »
Bultos Altairac, 3ᵉ dugazon...	1.800 »

Drame, Comédie et Vaudeville.

Fortier, premier rôle	12.000 fr.
Chatelet, jeune premier (y compris sa femme)...........	5.700 »

Marchand, premier comique
Paris, » »
Xavier, amoureux ....
Guise, 3ᵉ amoureux ....
} voir à l'opéra.

Assenac, jeune comique...... 2.400 »
Breton, financier............ —
Bertrand, » .... —
Mordant, 2ᵉ rôle (y compris sa femme)...................... 3.600 »
Lechevalier, 2ᵉ rôle.......... 900 »
Baptiste, » .... —

Mmes
Fortier, premier rôle......... 7.200 »
Sainte-Ange, premier rôle...
Dorsan, première amoureuse.
Caroline Gilbert, jeune prem..
Chatelet, grande coquette....
Bultos Altairac, amoureuse..
Jannin, soubrette...........
Verteuil, duègne...........
Breton, utilité.............
Mordant, utilité............
} voir à l'opéra.

Maria, amoureuse.......... 3.600 »

Orchestre.

Robin, premier chef, 3,600 francs. — Chevalier, deuxième chef, 1,800. — Fleury, troisième chef, violon, 1,150. — Marneffe, troisième chef, violon, 1,200. — Bourle, premier violon, 1,200. — Oury, violon, 1,100. — Collignon, violon, et sa dame, 2,000. — Gauzieux et son fils, clarinette, 900. — Guérin, violoncelle, 1,000. — Baud, violon, 1,000. — Buziau, premier cor, 1,200. — Noël, premier basson, 1,000. — Mouton, basson, 900. Bleve, première clarinette et orgue, 1,200. — Didgmadi, contrebasse, 700. — Gratz, trompette, 600. — Lannau, trombonne, 1,000. — Dusseuil, hautbois, 1,440. — Michel, cimballier 400. — Huertas, flûte, 1,200. — Fabry, 720. — Kipper, 600. — Hager, 480. — Schumaker, 700. — Semeladis, 500.

Choristes et employés.

Dorsan, 1,500. — Bally, 760. — Saunier, 800. — Mellier, 600. — Lucas, 1,000. — Jules Salancon,

1,080. — Eugène Loiret, 660. — Denizot, 900. — Cramoisan fils, 800. — Alphonse Lemaitre, 460. François, 960. — François Dénizot, 300. — Bigot, 900. — Pancaglio, 1,000. — Hapdey, 840. — Monnet, 700. — Cramoisan père, concierge, 800. Victor Hains, accessoires, 480. — Lebret, balayeur, 700.

Mmes Desprès, 900. — Euphémie, 900. — Charlotte, 800. — Honorine, 900. — Constance, 1,000. — Louise, 900. — Petitot, 800. — Emilie, 600.

Par suite de quelques changements dans le personnel, tel que Charles qui remplaça Xavier, comme ténor, et reçut 1,440 francs, nous trouvons qu'en totalité la troupe coûtait, pour cette année, (1838 à 1839) :

Artistes............... 134,340 Fr.
Musique .... 26,590 »
Choristes et employés . 26,440 »
                        ———————
                        187,370 Fr.

Il y avait en plus à payer 3,600 fr. pour chauffage de la salle, 500 fr. pour loyer d'un magasin pour déposer le matériel appartenant au directeur, le gaz, la garde, les ouvreuses, etc. Nous publierons plus loin le chiffre des recettes pour le premier trimestre et nous constaterons qu'il était bien au-dessous des dépenses.

L'ouverture de la campagne, qui se trouva retardée, par suite d'une indisposition de Nourrit, eut lieu le 12 mai, par *Robert le Diable*. La salle était très garnie. Dans leurs premiers débuts, les artistes firent plaisir. Auguste Nourrit, frère du célèbre Adolphe, fut très applaudi, quoiqu'il soit encore souffrant. Hermann Léon, âgé alors de vingt-cinq ans, possédait une superbe voix ; Caroline Gilbert (Alice) très intimidée ; Mme Marneffe, triple salve de bravos pour sa rentrée ; Altairac (Raimbault), petit succès. Tous sont rappelés.

Le 14, deuxième d'Hermann Léon, Altairac,

Caroline Gilbert ; premier de Xavier. Rentrée des artistes aimés. La *Chanoinesse*, les *Deux Divorces*, le *Châlet* ; Altairac est très fêté.

Le 15, troisième et admission d'Hermann Léon ; premier de Baptiste ; deuxième de Mme Marneffe, dans le *Barbier*. Baptiste, très timide ; Mme Marneffe reçoit un bouquet. — Le 16, premier de Mme Saint-Ange ; second de Baptiste ; troisième et réception, sans opposition, de Caroline Gilbert ; second de Xavier. Continuation des rentrées ; *Monsieur et Madame Galochard*, le *Nouveau Seigneur*, *A Trente ans une Femme raisonnable*.

Jusqu'alors, les débuts avaient eu lieu sans bruit ; c'est le 18 que le premier orage éclata. Altairac, Mme Marneffe et Xavier accomplissaient leurs derniers débuts et Mme Saint-Ange, son second. Dans l'*Etudiant et la Grande Dame*, Xavier jouait le rôle de Ferdinand. A peine paraît-il, que la lutte pour et contre commence ; le régisseur appelé ne peut se faire entendre et se retire ; le rideau tombe.

On commence le *Concert à la Cour*, mais le tapage pour Xavier reprend mieux que jamais ; enfin le régisseur annonce que cet artiste, voulant faire cesser le tumulte, a proposé lui-même sa résiliation. On continue l'opéra ; Mme Marneffe est reçue sans opposition. — Altairac est également admis, mais on lui reprochait déjà ce défaut de prononciation qui lui causa tant de désagréments lorsqu'il fut engagé de nouveau sous Wermelen.

Dans *Madame Grégoire*, Fortier fait sa rentrée dans le rôle du sergent Belle-Rose, où il est fêté jusqu'à l'enthousiasme. La direction demande que Xavier continue de jouer jusqu'à ce qu'elle ait pu le remplacer.

Baptiste est reçu le 19, dans la *Pie Voleuse*, et Mme Jannin très acclamée à sa rentrée dans le *Cabaret de Lustucru*.

Nourrit et Mme Dorsan, devaient faire leurs

deuxièmes le 17, mais par suite de maladie du premier, ils ne purent avoir lieu que le 19, dans la *Dame Blanche*. — Nourrit, encore malade, fut encouragé par de nombreux bravos et Mme Dorsan très applaudie dans son rôle de Jenny.

Le 24 mai, on devait jouer sans débuts : le *Mari de la Dame de Chœur*, *Il y a seize ans*, le *Nouveau Seigneur*, mais le régisseur vint annoncer que M. Marchand, ne s'étant pas rendu à son devoir, on était obligé de supprimer l'opéra et de remplacer le vaudeville par le *Commis et la Grisette*. Le public ayant refusé cet arrangement, la direction dut rentrer d'argent. Le lendemain, Marchand publia un certificat du docteur Lecadre, constatant l'existence d'une angine. Il déclarait avoir fait prévenir la direction à neuf heures du matin. Fortier réfuta ces assertions et soutint que l'artiste était en état de jouer, et que la justice allait être saisie du différent. L'affaire s'arrangea à l'amiable entre Marchand et Fortier.

Le 25, troisièmes débuts de Nourrit et Mme Saint-Ange, qui sont reçus. Second de Mme Dorsan et premier de Mme Bultos-Altairac, qui firent plaisir dans le *Comte Ory* et le *Jeune Mari*. Mme Bultos-Altairac, le 28, dans la *Marquise de Prétentailles*, effectue son second. Elle fut reçue le lendemain, dans le *Mari de la Dame de Chœur*. M. Bourle, violon, reçut trois salves d'applaudissements, pour la bonne exécution du solo du deuxième acte du *Pré aux Clercs*. — Le 31, *Arthur ou Seize ans après*, drame en deux actes.

Notre excellente basse, Hermann Léon, ouvre une école de chant, rue de la Mailleraye, 34. Cet artiste, qui s'est fait une célébrité bien méritée à l'Opéra-Comique, est mort aux Batignolles, le 13 novembre 1858. A cette dernière époque, Morlent, qui l'avait tant connu, publia dans le *Passe-Temps* une remarquable notice, dont nous ne citerons qu'une épisode qui se passa précisément l'année même où nous sommes

arrivés dans notre récit, c'est-à-dire en 1838 :
« Hermann Léon, étant en promenade à Saint-Romain, trouva chez un fripier des Halles un morceau de superbes guipures, qu'il acquit pour quelques francs. Arrivé au Havre avec ces dépouilles ecclésiastiques, il fit don à Déjazet, alors en représentation, d'un lambeau de devant d'autel. Le surplus du tissu précieux se frangea au bas de l'aube du cardinal de la *Juive*. Mais le jour de la représentation de cet opéra, le cheval qui portait son Eminence fit un faux p s et fit tomber Hermann sur la scène. Des cris d'effroi partent du parquet ; aussitôt, Hermann se relève, enjambe l'orchestre, passant au parquet et s'adressant à sa femme, à moitié évanouie, lui prouve que son accident est sans gravité, après quoi il remonte sur la scène, puis sur son cheval, mais en enjambant l'orchestre, il avait laissé une partie de la guipure, aux clefs de la contrebasse. »

Hermann Léon était né à Lyon en 1813, et s'était adonné avec passion à la peinture. Il dessinait tous ses costumes qui étaient d'une exactitude toute artistique. Il enrichit son album des paysages de nos environs et le *Havre et son arrondissement*, dû à Morent, possède quelques vues remarquables dues à son crayon.

Le 4 Juin, nouvelle représentation donnée par Bouffé. Il parut dans Grandet, de la *Fille de l'Avare*, Clermont ou *une Femme d'artiste* ; le 7, dans les *Vieux Péchés* ; le 9, dans le *Commis Voyageur*, *Michel Perrin* ; le 12, dans *Pauvre Jacques* ; le 14, *César ou le Chien du Château*, ou il remplit parfaitement le rôle du domestique chargé de remplacer le chien du château qui vient de mourir, — *Premières Amours* ; le 16, il joua à son bénéfice le *Chimiste ou le Rêve d'un Savant*, la *Marquise de Prétentailles* et *Maison en Loterie*. Pour sa soirée d'adieu, il parut dans *Ce Bon Monsieur Blandin*, et dans la seconde de *César*. — Pendant cette série de représentations, Charles, troisième ténor, remplaçant Xavier, débute dans la *Muette* et le *Nouveau Seigneur*, et est reçu le 15, dans *Masaniello*.

Le 19, reprise de l'*Ambassadrice*, avec décor nouveau au troisième acte ; on reprend également *Mandrin*, *Thérèse l'Orpheline de Genève*. — Le 25, *Ma Femme et mon Parapluie*. — Le 28, l'*Elève de Saint-Cyr ou la Prise de Tarragone*, drame militaire en cinq actes, par Francis et De Flers ; Xavier y reparaît dans un rôle secondaire, mais le public le force à quitter la scène.

Le 5 juillet, première représentation de *Guillaume Tell*, le chef-d'œuvre lyrique que Rossini avait composé à l'âge de 39 ans. On se souvient que cet opéra avait été étudié sur notre scène, sous la direction Lemerre qui avait croulé avant de pouvoir le représenter ; il était resté à l'étude depuis cette époque et avec le peu de ressources que présentait alors notre théâtre, cela parut un véritable tour de force que d'oser le représenter. Rien ne manqua pourtant, Fortier y apporta le plus grand soin ; les décors de *Guillaume* et de *Zampa* coûtèrent 6,000 fr. — Le soir de la première, la salle était bondée de spectateurs, mais la plupart venus avec la pensée qu'ils allaient assister à une déroute. Enfin, à l'heure précise, l'orchestre attaque l'ouverture, et, à la surprise de tous, détaille parfaitement toutes les ravissantes mélodies dont elle est composée ; alors les bravos éclatent de tous côtés avec enthousiasme et des félicitations sont adressées au chef d'orchestre Robin et à ses excellents collaborateurs. Le succès était alors presque certain. L'opéra commence et fait plaisir par sa bonne interprétation. Les chœurs avaient été renforcés par tous les artistes de drame, comédie, etc. Auguste Nourrit, dans Arnold, fut splendide et digne de son frère Adolphe ; il se tira avec le plus grand succès du *Suivez-moi* ; Baptiste (Guillaume), Hermann-Léon ; Mmes Marneffe et Dorsan furent rappelés avec Nourrit, et le public se sépara en félicitant la direction.

Le 11, *Monsieur et Madame Pinchon*, vaudeville de Bayard et Dumanoir. — Le 12, reprise de *Zampa*. — Le 16, premier début d'Aubertin, jeune premier, dans *Un Duel sous Richelieu*, *A bas les Hommes*, vaudeville en trois actes. — Le 17, *Toujours ou l'Avenir d'un Fils*, vaudeville.

Le Cirque Franconi s'établit sur les fossés comblés, près la Porte d'Ingouville, et fait une rude concurence au Théâtre, qui lutte avec énergie en donnant des nouveautés le plus qu'il lui est possible.

Le 20 juillet a lieu la représentation au bénéfice d'un musicien de l'orchestre, Guérin, un violon de mérite, justement apprécié depuis de longues années. On joua la *Folie Baujon* ; *Louise de Lignerolles*, drame en cinq actes, par Dumanoir et Legouvé, dans lequel Mme Fortier, qui faisait sa rentrée, fut très applaudie. — Dans les entr'actes, la musique du 1er léger fit entendre plusieurs morceaux d'harmonie.

Le 23, deuxième début d'Aubertin dans *Il y a Seize Ans*. — Le 26, *Mathias l'Invalide*, vaudeville.

Le 27, Déjazet, venue en 1833 (voir), reparaît dans la *Comtesse du Tonneau*, *Voltaire en Vacances*. — Elle joua, le 27, la *Maîtresse de Langues* ; le 31, *Suzanne la Muette*, *Mademoiselle d'Angeville* ; le 1er août, *Vert-Vert*, *Marquise de Prétintailles* ; le 3, *Sous Clé* et dansa la *Cachucha*, avec Marchand ; le 6, les *Deux Pigeons*. Ce même soir, admission d'Aubertin, dans la *Tour de Nesle*. — Le 8, Déjazet reparait dans *Un Scandale* ; le 9, elle chante *Malheur à Toi*, la *Cantinière d'Afrique*, *Il Carnavalo* ; le 11, *Impressions de Voyage*, vaudeville en deux actes, *Frétillon*, vaudeville en cinq actes ; le 13, à son bénéfice, les *Impressions*, le premier acte de *Frétillon*, la *Fiole de Cagliostro*, la *Fille de Dominique* et une ouverture à grand orchestre.

Des doutes s'étant élevés sur l'âge de Déjazet, des recherches furent faites à ce sujet, et le

Figaro publia l'acte de naissance de la célèbre artiste. Nous croyons que nos lecteurs liront ce document avec intérêt :

« Le 15 fructidor an VI — cette date répond au 1er septembre 1797 — acte de naissance de Pauline-Virginie, née d'avant-hier (30 août), à 4 heures du matin, rue André-des-Arts, n° 115, division du Théâtre-Français, fille de Jean Déjazet, tailleur, âgé de 53 ans, natif de Villefranche, département de Rhône-et-Loire, et de Charlotte-Aldegonde Le Conte, âgée de 40 ans, native de Royon, département du Pas-de-Calais, mariés à Paris, paroisse ci-devant Joseph, en l'année 1777. »

Fortier adresse à la Mairie le résultat de son exploitation pendant le trimestre qui vient de s'écouler. Les recettes, pour les représentations de l'opéra, se chiffraient ainsi qu'il suit :

MOIS DE MAI

Robert	F. 1409	90
Barbier	911	50
La Pie	525	50
Dame Blanche	914	—
Comte Ory	564	50
Pré aux Clercs	274	50
Total	F. 4599	90

MOIS DE JUIN

Robert	F. 1033	50
Muette	417	50
Dame Blanche	417	40
Philtre	319	—
Masaniello	266	75
Ambassadrice	377	25
Barbier	321	25
Robert	874	—
Ambassadrice	367	40
Total........	F. 4394	05

MOIS DE JUILLET

Le Postillon........ F.	302	—
Guillaume (1ʳᵉ)	937	15
dito (2ᵐᵉ)	780	—
dito (3ᵐᵉ)....	603	25
Zampa.............	389	65
Guillaume (4ᵐᵉ)....	237	—
Comte Ory	196	—
Robert...	400	50
Guillaume (5ᵐᵉ)....	326	—
Total .... F.	4171	55

Soit 13,162 fr. 50 pour les trois mois.

Fortier accusait, entre ses dépenses (frais de personnel et d'exploitation compris) et ses recettes, un déficit de 18,310 fr. ; aussi ne tarda-t-il pas à donner sa démission, ainsi que nous allons bientôt le voir.

Le 16 août, représentation donnée par Arnal, que nous connaissions, et par Lepeintre jeune, des Variétés ; ce dernier, dont nous avions déjà applaudi le frère, était né en 1788 ; du Vaudeville, il rentra aux Variétés, où il resta jusqu'à sa mort qui eut lieu d'une façon tragique : il était devenu très puissant, et, le 24 janvier 1847, en descendant un escalier, il y fit une chute qui le conduisit à la tombe.

Arnal et Lepeintre jouèrent *Le For-l'Evêque*, la *Famille de l'Apothicaire* ; le 18, *Mina, Impressions de Voyage* ; le 21, *l'Ours et le Pacha, Madame Grégoire* ; le 23, *Mathias l'Invalible* ; le 24, les *Deux Divorces*, le *Cabaret de Lustucru*, *Renaudin de Caen*, le *Bal d'Ouvriers*.

Le 25, première du *Domino Noir*, opéra d'Auber, dont l'interprétation fut très bonne. C'est un des opéras qui plût le mieux à notre public et procura les plus belles recettes à la direction qui en donna une dizaine de représentations presque consécutives.

Le 1ᵉʳ septembre, reprise des *Deux Reines*, opéra de Frédéric Soulié et Arnould, musique de Monpou ; la *Petite Maison*, vaudeville. — Le 6, *Un Ange au sixième Etage*, comédie-vaudeville ; reprise du *Serment*. — Le 9, le *Conseil de Discipline*, vaudeville ; *Calas*, drame en trois actes. — Le 11, concert donné avec le concours de l'orchestre et des artistes, par G. Filippa, chevalier de l'Ordre de l'Eperon-d'Or de Rome, membre du Conservatoire de Boulogne, élève de Paganini. — Le 18, la *Marquise de Senneterres*, comédie de Melesville.

Amant, du Vaudeville, et qui en 1833 faisait partie de la troupe du Havre, joue le 19 *Michel Perrin*, *Jean Durand*. — Le 24, la *Révolte des Femmes*. — Le 25, *Léonce*. — Le 26, *Monsieur et Madame Pinchon*, Grandet de la *Fille de l'Avare*, dans lequel il fut rappelé. — Le 27, *Faute de s'entendre*. — Amant est mort, comique au Palais-Royal, en Avril 1860.

Strauss et son orchestre de 25 musiciens nous redonnent deux concerts, les 21 et 22 Septembre.

Le 2 Octobre, le *Perruquier de la Régence*, opéra en trois actes, de Planard, musique d'Ambroise Thomas ; succès pour Nourrit, Altairac, Hermann et Mme Marneffe. — Le 9, l'*Apprenti* ; le 11, la *Demoiselle Majeure* ; le 18, *Turif le Pendu*, vaudevilles. — Le 19, Concert donné par Tellier, Berlin et Guignard, professeurs de cor, attachés aux Concerts Musard. Ils en donnèrent un second le lendemain et n'attirèrent que peu de monde, bien qu'ils aient fait plaisir. — Le 30, les *Trois Dimanches*, vaudeville en trois actes, de Cogniard frères, dans lequel Paris et Assenac sont très amusants.

Fortier donne sa démission, ne trouvant pas suffisante la subvention de 20,000 fr. que lui donnait la ville. Il propose de faire souscrire 30,000 fr., divisés en 120 actions de 120 fr. Il apportera à la Société son matériel, évalué à 20,000 fr., ainsi que les 20,000 fr. de la subvention. Cette combinaison réussit, vingt souscriptaires répondirent à l'appel et se réunirent en l'étude de Me Labarbé, notaire, pour former le comité d'administration, qui fut composé de MM. Just Viel, adjoint ; Dupasseur et Ballazard, conseillers municipaux ; Labbé Desfontaines, avocat, et Victor Lacorne, courtier.

Le 5 Novembre, la *Prison d'Édimbourg*, opéra en trois actes de MM. Scribe et Planard, musique de Carafa. — Le 7, le *Bourgeois de Gand*, drame en cinq actes, joué par Fortier (comte de Verigas), Breton (duc d'Albe), Aubertin (Las Navas), Mme Dorsan (Iseult). — Le 13, les *Enfants du Délire*, vaudeville de Cogniard. — Le 15, au profit des pauvres, le *Bourgeois de Gand* et l'*Ambassadrice* ; recette : 2,500 fr.

Un nouveau troisième ténor, Constant, fait son premier début, le 17, dans *Pauline*, vaudeville en deux actes, mais alors comme second amoureux. — Il débuta, comme ténor, dans le *Comte Ory*. — Le 20, la *Liste de mes Maîtresses*, vaudeville en un acte. — Le 22, deuxième de Constant, dans la première de *Marguerite*, opéra en trois actes de Boïeldieu fils, qui avait dirigé les répétitions, assista à la représentation et fut appelé sur la scène. — Le 27, troisième de Constant dans la *Lettre de Change*.

Mais une soirée splendide, une des plus belles dont notre salle ait gardé le souvenir, eut lieu le 1er Décembre ; le célèbre ténor Duprez parut dans *Guillaume-Tell*, qui lui avait servi de début à l'Opéra, le 17 Avril 1837, et Le Havre peut se vanter d'avoir entendu cet artiste dans la plus belle phase de sa carrière et dans toute la force de son talent.

Pour cette solennité, le prix des places avait été élevé dans une proportion relativement considérable, mais qui ne devait pas surprendre, puisque Fortier paya 1,500 fr. par soirée à Duprez, tandis que Talma, puis Mlle Mars, n'avaient touché que 1,000 par représentation. On paya donc les places de loges, 10 fr. ; Stalles, 8 fr. secondes galeries, banc de devant, 6 fr. ; secondes galeries, banc de derrière, 5 fr. ; baignoires, 4 fr. ; parterre et secondes, 3 fr. ; troisièmes, 2 fr.; Quatrièmes, 1 fr. — La salle fut comble; on plaça du monde partout, même dans les coulisses. Nous n'insisterons pas sur la beauté de la soirée, ni sur les bravos décernés à Duprez, qu'il nous suffise de constater qu'il fut rappelé la première fois seul, et la seconde avec Mme Marneffe. Nos artistes et même les chœurs se piquèrent d'honneur et méritèrent, eux aussi, des applaudissements.

Le lendemain, 2 Décembre, Duprez chanta la *Muette*, mais le rôle de Mazaniello lui fut moins favorable, cependant il se vit très fêté et une couronne tomba à ses pieds. Après le spectacle, l'orchestre et les chœurs se rendirent à l'Hôtel de l'Europe, où était descendu Duprez et lui donnèrent une sérénade. Ces deux soirées furent les seules que le célèbre chanteur consacra aux Havrais, car depuis il ne revint pas se faire applaudir sur notre scène.

On remontait la *Juive*, et la première représentation de cette reprise devait avoir lieu le 11 décembre, mais à peine le public était-il placé, que le régisseur vint annoncer que Mme Marneffe étant malade, on ne pouvait jouer et que l'argent allait être rendu, ce qui eut lieu.

Le 13 eut lieu enfin la reprise de la *Juive*, mais de cette fois avec décors appartenant à notre scène et dus au pinceau de Voizel ; ce sont ceux subsistant encore de nos jours. Les armures étaient dues à Grangé. La figuration fut très belle ; cinq chevaux évoluèrent sur la scène; plus de quatre-vingts soldats figurèrent dans le cortége, qui s'assembla au magasin des décors, et, pour faciliter le défilé, on avait barré la rue Caroline avec des toiles tendues. — Nourrit, Hermann, Altairac et Mme Marneffe furent rappelés. C'est ce soir là qu'il arriva à Hermann l'incident que nous avons rapporté plus haut. La *Juive* fut jouée dix soirées presque continues.

« On se souvient qu'elle avait été jouée, en 1836, avec des décors loués au Théâtre de Rouen.

La direction termina l'année 1838 en nous faisant entendre, le 16 décembre, des chanteurs styriens, et en jouant les premières de *Mari à la Ville et Femme à la Campagne*, vaudeville joué le 27, et le *Tourlourou*, autre vaudeville joué le 30.

Le 1er janvier 1839, *C'est Monsieur qui Paie*, vaudeville. Le 7, *Casimir*, comédie en deux actes ; le 9, les *Coulisses*, vaudeville.

Mme Fortier, qu'une maladie avait momentanément éloignée de la scène, fait sa rentrée le 15 dans *Henri Hamelin*, comédie de Souvestre. Il va sans dire qu'on lui fit une rentrée digne de son talent, si bien apprécié ici. Fortier, Mordant et Chatelet coopérèrent au succès de l'œuvre. Le 17, les *Assurances conjugales*, vaudeville. Le 19, Concert donné par les quarante chanteurs béarnais, sortant d'une école qu'avait fondée, à Bagnères de Bigore, une personne à la suite d'un vœu et qui réussit si bien qu'elle fut transformée en Conservatoire. Ils redonnèrent un second Concert le 20 et pendant ces deux agréables soirées, la musique du 1er léger prêta son concours. Le 21, l'*Epée de mon Père*, vaudeville, et troisième Concert des Béarnais. Le 24, dernier Concert. Le 25, Concert donné par Mme Dabré, premier prix du Conservatoire, et Lambert, professeur au même établissement. Le 31, le *Discours de Rentrée*, vaudeville.

Le 1er février, la *Fille de l'Air*, féerie en trois actes et cinq tableaux. — Décors nouveaux, peints par Voizel ; il y avait une belle chambrée. Assenac, Breton, Bertrand, Mmes Dorsan, Jannin et Caroline Gilbert y reçurent de nombreux applaudissements.

A. Leconte, auquel on devait la musique opéras de Morlent, publie une poésie, sous le titre d'*Héloïse*, qu'il dédie à Anna Thillon, alors à la Renaissance.

Le 17, *Cadinot, Roi de Rouen*, comédie en deux actes. Le 21, le *Brasseur de Preston*, opéra d'Adam, chanté avec succès par Nourrit, Hermann et Mme Marneffe, devant une salle comble. A leur retour de Rouen, les Béarnais donnent un nouveau Concert le 23.

Le 5 Mars, les *Saltinbamques*, cet amusant et spirituel vaudeville de Dumersan. Le 13, Fortier remporte un grand succès dans le *Sonneur de Saint-Paul*, drame en cinq actes, de Bouchardy. (première représentation).

Le 18, une troupe de Singes et de Chiens savants se fait applaudir. On remarqua surtout un caniche qui, costumé en vieille femme, faisait porter la queue de sa robe par un singe vêtu en laquais. Nouvelle représentation le lendemain.

Le 26, représentation donnée par Sarah-Rachel, qui joua les rôles de Mme Neral, dans la *Marraine* et de Babet, dans le *Nouveau Seigneur du Village*. Le 31, la *Boulangère à des Ecus*, vaudeville en 2 actes, par Theaulon et Barba.

Le 2 Avril, *Dieu vous bénisse !* vaudeville en un acte. Le même soir, une troupe de danseurs espagnols, composée des six mêmes artistes que nous avions déjà applaudis sept ans plutôt, donne la première des sept représentations qu'elle nous consacra.

Le 4, au bénéfice de Chatelet, artiste, une *Conspiration de Château*, vaudeville en un acte, par deux Havrais, qui eut du succès et dont les auteurs refusèrent de dire leur nom, malgré la demande du public. Cette pièce avait été composée d'après une nouvelle de Prosper Mérimée, à laquelle les auteurs avaient ajouté quelques couplets d'une facture spirituelle. L'un des collaborateurs fit plus tard représenter sur notre scène, plusieurs vaudevilles qui obtinrent non seulement au Havre, mais sur les principaux théâtres de province et à Paris, un succès justement mérité. Une de ces pièces, l'*Une après l'Autre*, donna lieu, à Bruxelles, a un incident des plus curieux, dont nous parlerons en temps et lieu. — *Ruy-Blas*, de Victor Hugo, qui fut un nouveau triomphe pour Fortier. — Intermède par la musique du 1er léger. — Romances dues à Leconte, deuxième ténor. — Parodie de *Ruy-Blas*. — Le 10, *Lekain à Draguignan*, vaudeville. — Le 11, la *Dame d'honneur*, opéra-comique en un acte de Duport Monnier, musique de Despreaux. — Le 15, au bénéfice des pauvres, *Dieu vous bénisse!* le *Sonneur de Saint-Paul*, la *Dame d'honneur*.

Le 16, Walkener, artiste de passage, chante les airs de Ruffino, de *Masaniello*, et de Max, du *Châlet*.

Le 19, *Maurice*, comédie en deux actes. — Le 20, *Rita l'Espagnole*, drame en quatre actes.

Le 26, représentation au bénéfice de Robin, chef d'orchestre. — Ouverture de *Guillaume-Tell*. — Le 6e tableau de la *Tour de Nesle*. — Ouverture composée par Staudt, du Havre, et exécutée par lui sur le piano. *Natures espagnoles*, jouées sur la harpe, par Mlle Lydre Chondeaux. — Fragments de *Fernand Cortez* (la révolte). — *Pascal et Chambord*, vaudeville en deux actes, d'Anicet Bourgeois et Brisebarre. Pas Styrien et Galop.

La clôture de l'année théâtrale eut lieu le 30 avril par les *Impressions de Voyage*, *Dieu vous bénisse!* le premier acte du *Postillon*, les deuxième des *Enfants d'Edouard* et de *Guillaume-Tell* et le troisième acte des *Saltimbanques*. Il n'y eut aucun incident remarquable ; la salle était bien garnie et tous les artistes furent acclamés.

—

A cette époque, M. Douche, entrepreneur, se rendit acquéreur d'un terrain situé au sud du Pavillon-Chaussée, dans le but d'y faire élever une salle de spectacle pour Ingouville. Ce théâtre aurait eu cinquante pieds de façade et quatre-vingt-dix de profondeur, mais par suite de circonstances que nous ignorons, ce projet ne fut pas réalisé.

ANNÉE THÉATRALE 1839-1840

MM. Bertrand et Charles..	Régisseurs.
Duchesne..............	Contrôleur.
Voizel................	Peintre.
Ledoux...............	Machiniste.
Hypolite..............	Souffleur.
Chevalier.............	Bibliothécaire.
Barbier...............	Coiffeur.

Opéra.

MM. Auguste Nourrit.....	Premier ténor.
Altairac..............	Deuxième ténor.
Delcourt..............	Troisième ténor.
Hermann-Léon	Première basse.
Breton	Deuxième basse.
Bertrand.............	Troisième basse.
Haly..................	Baryton.
Mordant.............	Des 3mes basses.
Marchand............	Ténor grimes.
Paris.................	Trial.
Mmes Marneffe	1re chanteuse.
Lagardère............	Forte chanteuse.
Caroline Gilbert	1re dugazon.
Jannin...............	2e dugazon.
Saint-Ange,..........	Mère dugazon.
Robin................	Duègne.
Altairac Bultos.......	Duègne.
Stevens..............	Duègne.

Orchestre.

Robin................	Premier chef.
Férand...............	Deuxième chef.

Drame. — Comédie. — Vaudeville.

MM. Fortier	Premier rôle.
Daiglemont..........	Jeune premier.
Delcourt.............	Amoureux.
Ch. Lyons...........	Amoureux.
Meyronnet...........	Amoureux.
Marchand............	Premier comique.
Paris.................	Jeune comique.
Breton	Financier.
Bertrand.............	Financier.

Mmes Fortier .... Premier rôle.
Dorsan .... Amoureuse.
Sainte-Ange......... des 1ers rôles.
Caroline Gilbert...... Jeune première.
Jannin............... Soubrette.
Robin ... . Convenance.
Stevens .... Mère noble.
Allairac Bultos ...... Utilité.
Breton .... Utilité.
Mordant .... Utilité.

Quelques changements ont lieu pour les appointements. Nourrit n'est plus payé que 12,000 fr., au lieu de 16,000 ; Altairac reçoit 7,800 au lieu de 7,200 ; Delcourt, 4,500 au lieu de 2,400 donnés à Xavier ; Haly n'a que 5,400 au lieu de 7,200 donnés à son prédécesseur ; Paris, 3,600 au lieu de 3,300 ; Mme Jannin est augmentée de 300 fr., ainsi que Mme Sainte-Ange. Dans l'orchestre, il y a quelques musiciens augmentés, tels que Gauzieux et ses fils, qui sont portés de 900 à 1,020 ; Gratz, de 600 à 700 ; Semelasdis, de 500 à 800 ; Schumaker, de 700 à 800. Nous voyons Hamont engagé à 1,080 ; Angelique, à 1,200 fr.; Stewens, à 800 ; Magner, à 1,000 fr. Pour un mois, Fabry à 60 fr.; Ripert, à 50 fr.; Bousquet, chef de musique du 1er léger, à 100 fr.

Dans le drame, Fortier est diminué de 200 fr.; Daiglemont n'a que 3,300 au lieu de 5,700 que recevaient Châtelet et sa femme ; Ch. Lyons, 1,900 ; Meyronnet, 1,500. — Mme Fortier reçoit 8,000 fr. au lieu de 7,200.

Dans les Choristes et Employés, Dorsan ne reçoit plus que 900 au lieu de 1,500 ; Sallençon, 1,000 au lieu de 1,080 ; Eugène Loiret, 1,100 au lieu de 600. — Lemaître, 560 au lieu de 460. Nous voyons figurer de nouveaux employés : Helft, 900 fr.; Cramoisan fils, 800; Mauconduit, 800 ; Dubus, 1,000 ; Armand, 1,200 ; Etienne, 1,200 ; Prosper, 900 ; Lefebvre, 960 ; Louvel, 1,000 ; Henri Debouche, 1,200 ; Manigaut, 900 ; Savoyant, 900 ; Martin, 700 ; Mme Vershure, 1,000 ; Ch. Kerkoven, 800 ; Debehaigne, 1,000 ;

Férard, 1,180 ; Decomire, 300 ; Lemaî're, 500 ; Meunier, 240 ; Savenai, 1,080.

Location d'armures à Grangé, 1,080 fr.

En mai, la Direction paya :

Artistes	11.707 F.	03
Musique	2.572 »	44
Choristes, etc....	2.464 »	08
Total	16.743 F.	55

En juin, M. et Mme Chateaufort sont engagés à 636 fr. 36 ; Mme D'Artigue à 475 fr.

Une Souscription est ouverte à Paris, par les anciens élèves du collége Ste-Barbe, pour élever un monument à la mémoire d'Adolphe Nourrit, leur ex-condisciple. Les anciens élèves du même Collége qui habitaient le Havre, déposèrent leur cotisation chez MM. Th. Brunet et Paravey, qui avaient été les camarades de Nourrit au même établissement.

L'ouverture de l'année théâtrale eut lieu le 15 mai 1839 par la *Juive*, pour le premier début de Mme Lagardère. Le rôle de Rachel fut chanté par Mme Caillaud-Noiseul, du théâtre de Bruxelles, Mme Marneffe étant malade. Nourrit, Altairac, Hermann-Léon, qui faisaient leur rentrée, sont parfaitement accueillis par le public qui était très nombreux. Le lendemain, premier de Delcourt et rentrées de Fortier, Marchand, Mordant, Paris, Assenac, Mmes Fortier, Dorsan, Caroline Gilbert et Altairac, dans *Louise de Lignerolles*, *Marquise de Prétentailles* et *Premières amours*. Dans la seconde pièce, on tracasse Mme Altairac et le régisseur est obligé de rappeler que l'emploi de cette artiste n'est que tout à fait secondaire.

Le 17, premier début de Mme Stewens, second de Delcourt, la *Chanoinesse*, la *Dame Blanche*. Altairac est chuté et quelque peu sifflé ; on demande qu'il fasse trois débuts. Le commissaire déclare que la demande est injuste, puisque cet artiste avait tant plu l'année précédente. Après ces sages paroles, le public applaudit. Le lendemain, Altairac remercia, par lettre, le public de sa bonté pour lui. Le 20, Mme Lagardère fit son second dans *Robert*, où elle chanta si mal, qu'elle dut résilier.

Le 21, *Monsieur et Madame Pinchon*, *Un Chef-d'Œuvre inconnu*, le *Jeune Mari*, pour premier de Daiglemont, second de Mme Stewens, rentrées de Bertrand, Breton et Mme Saint-Ange. Cette dernière, ayant été sifflée, résilie et refuse de jouer dans la dernière pièce. On baisse le gaz, il était 8 heures 1/2 ; le public proteste, fait carillon et force est de jouer la pièce. Daiglemont, né en 1816 à Montpellier, fut d'abord soldat, puis artiste. Après avoir parcouru la province, il gagna le théâtre du Luxembourg. En 1843, il était très estimé aux Délassements-Comiques. Le 22, premier de Haly, dans *Zampa*, et de Meriel, amoureux, dans la *Marraine*.

Mme Stewens est admise le lendemain dans *Victorine*, *Mari de la Dame de Cœur*, *Monsieur et Madame Galochard*. Le 24, Delcourt est refusé par une forte opposition dans le *Pré aux Clercs*. Le 25, Concert donné par Ghys, violon solo du roi des Belges. Le 27, seconds débuts de Daiglemont et Meriel dans *Elle est Folle*, *Bobèche et Galimafré*, la *Tirelire*. Le 30, second d'Haly, dans le *Barbier* ; troisième de Daiglemont, dans *Ruy-Blas*. Cette pièce était au-dessus de ses forces. On fait baisser la toile au quatrième acte et on ne la termine pas. Quelques personnes demandèrent un quatrième début, qui n'eut pas lieu.

Le 2 juin, *Phœbus ou l'Ecrivain public*, vaudeville en deux actes, par Vernet, des Variétés, n'obtint qu'un demi succès, bien que Marchand y ait été très amusant. Le 4, troisième début d'Haly, baryton-Martin, dans Chapelou du *Postillon*, rôle créé par Chollet ; il est admis sans opposition. Mme Marneffe est très fêtée à sa rentrée dans le même opéra. Le même soir, Delcourt, qui tentait un quatrième début, se vit définitivement renvoyé.

Le 6, Mme Dartigue débute dans *Robert*, et Charles Lyons, amoureux, dans le *Jeune Mari*, le 9, soir où l'on reprit les *Saltimbanques*. Mme Dartigue accomplit son second, le 11, dans *Zampa*. Le 13, premier de Mutel, jeune premier, et de Mme Chateaufort, grande coquette, second de Ch. Lyons : *Antony, Budget d'un jeune Ménage*. Le 15, Chateaufort, remplaçant Delcourt, débute dans la *Fiancée*. Le 17, troisième de Ch. Lyons, *Elle est Folle, Trop Heureuse, Phœbus*. Le 18, troisième de Mme Dartigue dans le *Pré aux Clercs*. Le 19, le *Plastron*, vaudeville. Le 20, ballets dansés par les espagnols Manuel Campuni et demoiselle Dolorès. Le 21, l'*Avocat Loubet*, drame en deux actes. Le 26, le *Jugement dernier*, scène en un acte.

Le 28, troisième de M. Chateaufort dans *Masaniello*, première représentation de *Simplette la Chevrière*, vaudeville de Cogniard frères et Saintine. Le 1er juillet, Mme Chateaufort est reçue dans le *Jeune Mari*. Le 4, première représentation donnée par Anaïs Fargueil, du vaudeville, le *Démon de la Nuit*, qu'elle avait créé au Vaudeville ; *Estelle*. Née en 1819, Anaïs Fargueil débuta à l'Opéra-Comique ; deux ans après, elle entra au Vaudeville, dont elle est restée l'étoile. Elle joua néanmoins au Palais-Royal en 1842 et au Gymnase en 1844, mais en 1852 elle rentra au Vaudeville, où elle a eu depuis de si heureuses créations. Le 5, *Régine*, opéra comique en deux actes, musique d'Adam ; il fut mal exécuté. Le 6, Mlle Fargueil joue dans *Phœbus, La Lectrice* et *Trop Heureuse*. Le 8, premier début de M. Panseron, jeune premier de drame, et nouvelle représentation de Mlle Fargueil, le *Chef-d'Œuvre Inconnu*, la *Lectrice, Trop Heureuse*. Le 10, Mlle Fargueil, dans *Simplette la Chevrière*.

Le 11, Térésa Milanollo, âgée de 9 ans, et sa sœur Maria, âgée de 5 ans 1/2 (cette dernière est morte à Paris en octobre 1848), font entendre sur le violon des fantaisies qui obtinrent le plus grand succès. On remarqua le sérieux et l'aplomb de ces jeunes virtuoses. Ils redonnèrent un second Concert sur notre scène le 16, où ils attirèrent une salle comble, puis se firent entendre à Frascati. Térésa donna son premier Concert à Paris, le 18 avril 1841, ce fut un événement musical. On se souvient qu'elle épousa M. le colonel Parmentier, qui résida longtemps au Havre, où il se consacra à la composition de la musique pour piano, etc., et alors, le Havre qui avait applaudi aux prémices du talent de Térésa Milanollo, eut l'avantage de la compter au nombre de ses habitants et la bonne fortune de l'applaudir dans de nombreuses auditions. Un décret du 21 mai 1873 ayant appelé M. le colonel Parmentier à Lyon, sa femme Térésa Milanollo dut quitter notre ville qui aujourd'hui regrette encore son départ.

Le *Journal Musical de Turin* racontait récemment (1874) qu'on venait de découvrir un enfant de 8 ans, qui jouait avec un rare talent du violon, dans les cafés de Turin ; il ajoutait que c'était la nièce de Térésa Milanollo. Si le fait était vrai, il faudrait décidément en induire que cette famille naît avec le talent lyrique.

Le 12, Mlle Fargueil, dans la *Marraine, Marquise, Marie Raymond*, drame en trois actes, et le 15, *Joanne la grande Dame*.

Le 26, Marchand et Breton sont superbes dans la première de *Passé Minuit*, l'amusant vaudeville de Lacroix et Anicet Bourgeois.

Le 7 juillet, succès pour Mme Marneffe, Altairac et Hermann, dans la première de l'*Eau Merveilleuse*, opéra en un acte, de Grisar.

Sur la place du quai de Lille, en face le pont de la Barre, s'établit un immense panorama de Paris, qui resta assez longtemps — Dans un concert donné à la salle de bal, par Térésa Milanollo, débute avec succès une de nos concitoyennes, Caroline Adam, âgée de 10 ans et élève de Mme Bertrand.

Le 2 août, *Diane de Chivry*, drame en cinq actes, dans lequel se firent principalement applaudir Panseron et Mme Dorsan.

Le 6, première représentation donnée par Ferville, artiste du gymnase, dans *Henri Hamelin*, la *Chanoinesse*; il redonna cinq autres représentations dans *Maurice, Moiroud et Compagnie, Gamin de Paris, Fille du Militaire*.

Ferville a pris sa retraite en 1863, alors âgé de 80 ans, mais il était alors au vaudeville. Il est mort en 1864.

Le 7, Assenac, notre comique, tente de se suicider; après son dîner, il monte dans sa chambre et se tire un coup de pistolet dont la balle dévia heureusement. Il avait déjà essayé de s'empoisonner à Lyon.

Mlle Prévost-Colon, notre ex-chanteuse tant aimée ici, de 1832 à 1835 (voir), est réengagée pour remplacer Mme Dartigue; elle fit son premier début le 7, dans *Robert*, mais elle avait perdu sa voix à Rouen; elle fit son second le 16, dans la *Juive*, et dût résilier. Le 20, représentation donnée par Firmin, du Théâtre-Français, le *Chef-d'œuvre inconnu*, le *Jeune Mari*. Le 23, il parut dans *Don Juan d'Autriche*; le 25, dans *Hamlet*; le 29, dans le *Misanthrope*; le 30, dans *Tartuffe* et *Jeunesse d'Henry V*; le 5 septembre, dans la première de la *Popularité*, de Casimir Delavigne. — Né en 1787, Firmin entra aux Français en 1811, il prit sa retraite en 1845 et décéda en 1859. Pendant le cours des représentations de Firmin, première de *André le Vétérinaire*, vaudeville.

Le 10 septembre, Mle Georges, qui n'était pas venue nous visiter depuis 1826 (voir à cette date), nous donne une première représentation dans la *Tour de Nesle*. La célèbre tragédienne était accompagnée d'un de ses élèves, Eugène Grailly, de la Porte-Saint-Martin, qui remplit le rôle de Buridan. Tous deux furent bien accueillis par une salle comble. Le 12, *Vouloir et Pouvoir*, vaudeville en deux actes.

Le 13, Mlle Georges et Grailly, dans *Lucrèce Borgia*.

Le 14, *Rolando*, drame lyrique.

Le 16, Derivis, que nous avions applaudi en 1836 (voir), chante *Robert*, rôle de Bertram.

Le 17, Georges et Grailly, dans *Marie Tudor*.

Notre ténor Auguste Nourrit, obligé, par suite de sa mauvaise santé, de quitter le théâtre, nous donne sa soirée d'adieu le 18, dans les 2e et 3e actes du *Barbier* et les 2e et 3e de *Guillaume Tell*, dans lesquels il fut accompagné par Derivis. La soirée fut splendide, et Nourrit reçut du public la preuve des regrets que causait son départ. — Au mois de novembre, Nourrit fut nommé professeur-adjoint de déclamation lyrique au Conservatoire. Il décéda en 1842, âgé de 32 ans. Comme nous l'avons déjà dit, c'était le frère du célèbre Adolphe Nourrit.

Le 19, Lagarin, ex-pensionnaire de l'Opéra et alors premier violon solo du Théâtre-des-Arts de Rouen, poste qu'il avait occupé au Havre, sous la direction Lemerre, se fait applaudir dans l'exécution d'un concerto de Bériot et de plusieurs airs avec accompagnement de pianos. Dans le jour, en présence d'une nombreuse assistance, M. Daguerre avait fait, au foyer du théâtre, les expériences de l'invention qui depuis a porté le nom de Daguerréotype.

Le 20, Mlle Georges et Grailly, dans la première du *Manoir de Montlouvier*, drame en cinq actes. Le 21, Derivis, chante dans la *Juive*. Le 24, Mlle Georges et Grailly, dans le deuxième acte d'*Athalie*. Le 26, Mlle Georges donna sa dernière représentation dans Le *Manoir de Montlouvier*. La célèbre artiste faisait, par cette tournée en province, ses adieux à la scène, qu'elle quitta l'année suivante. En 1844, Mlle Georges passa l'été à Ste-Adresse chez Mme Fortier, mais elle ne parut pas sur le théâtre. Elle est morte en 1867.

Le 29, La *Nonne sanglante*, drame en cinq actes, de Anicet Bourgeois et Maillant.

Le 1er octobre, premier début de Andrieu, ténor remplaçant Nourrit, dans *Guillaume Tell*. Parmi les spectateurs, on remarqua A. Adam, l'auteur du *Postillon de Longjumeau*. Le célèbre compositeur était arrivé au Havre dans le but de s'embarquer pour la Russie, mais par suite d'un retard dans le départ du navire, il se vit obligé de séjourner. Le lendemain, 2 octobre, le théâtre donna en son honneur deux de ses meilleurs opéras : Le *Châlet* et le *Postillon*.

Le 3, l'*Article* 960, vaudeville en un acte par Ancelot, Labiche, Lefranc et Marc Michel. Le 4, Andrieux accomplit son second dans *Masaniello* et est reçu le 8 dans la *Juive*, qui servait au premier de Mme Terras, forte chanteuse, remplaçant Mlle Prevost.

Léon Buquet, le poëte havrais, consacre dans le *Courrier du Havre* du 24 décembre 1839, au théâtre et à ses artistes une revue en vers satiriques.

Après avoir jeté un coup d'œil sur l'édifice qui avait besoin de réparations urgentes, le poëte havrais ajoute :

Enfin, je te revois, trop chétif monument,
Qu'importe en quel état, et qu'importe comment?
Ce n'est pas, je le sais, l'habit qui fait le moine...
Parfois sous des haillons un riche patrimoine,
De peur d'être volé se glisse incognito,
Et peut-être un trésor est dans ton vieux manteau.

Voyons donc, c'est *Lucie*, et l'orchestre commence,
La salle est toute pleine et cette foule immense,
Avec un tel respect semble alors écouter,
Que l'on pourrait entendre une souris trotter.
Si trompettes et cors, au fond de leurs tanières,
Ne tenaient prudemment les souris prisonnières.
Mais on vient... C'est Hermann qui porte mon prénom,
C'est Hermann que déjà je connais de renom,

Hermann que les Liégeois, ces français de Belgique,
Ont écouté souvent d'un transport magique.
Ou plutôt, c'est Asthon, ambitieux, hautain,
Cruel, impitoyable, ainsi que le destin,
Qui, sur le corps tremblant de la pauvre Lucie,
Marche, et relève enfin sa splendeur obscurcie.
Furieux, il implore, il invoque l'enfer.
Ecoutez ! écoutez! c'est du bronze et du fer,
C'est un démon puissant qui chante et se démène,
Dans les inflexions de cette voix humaine ;
C'est l'ange de la mort, terrible et souverain,
Qui palpite et bondit dans ces notes d'airain,
Et pour l'artiste ému, le parterre et les loges,
Dans un heureux concert unissent leurs éloges....
Il faut encor pourtant sur ce talent nouveau,
Que passe de Paris l'inflexible niveau,
Qui fait qu'un beau talent se complète et s'élève,
En perdant son excès de chaleur et de sève.

Et maintenant qui vient ? ... A son geste ingénu,
Le naïf Altairac est bientôt reconnu.
Dans son rôle d'Arthur, qu'il semble mal à l'aise,
Mais *Lumermo r* lui fit la part la plus mauvaise.
Ma Muse, taisez-vous, gardez vos trais railleurs,
Attendons Altairac dans des rôles meilleurs.

Aussi bien, les chasseurs désertant la fontaine,
Vont s'égarer enfin dans leur course lointaine.
Et sous les arbres verts qu'ils viennent de quitter,
Quelque doux rossignol va peut-être chanter.
Tenez, voici déjà la flûte qui prélude.
Que d'amour dans ce chant et que d'inquiétude !
Comme il exprime bien cet horrible tourment,
Qui dévore à la fois Lucie et son amant,
Et comme de ces sons l'harmonie émerveille,
L'âme, qui les comprend encor plus que l'oreille !
Fauvette et rossignol, oh ! c'est bien votre voix,
Ce sont les doux concerts de ces hôtes des bois !
Mais que vois-je ? ... A ce chant harmonieux et
           tendre,
Les yeux presque fermés, afin de mieux entendre,
Je n'avais recueilli que des sons ravissants,
Où je cherchais en vain des mots et des accents.
C'était un instrument, une harpe, une lyre...
Quelle était mon erreur ! Quel était mon délire !
Ce chant, qui, dans mon cœur, doucement résonna,
S'élançait du gosier de la prima dona,
Plus brillant que le chant du rossignol lui-même,
Mais ne contenant pas un seul mot de poëme ;

Ce n'était qu'un langage, insaisissable, obscur,
Dans ces flots d'harmonie et dans ce chant si pur,
Qu'il semble renfermer, en ses suaves plaintes,
Des murmures d'amour tombés des harpes saintes...
Ne gâtez pas, Madame, un talent éminent: (1)
Vous chantez, c'est fort bien, prononcez maintenant.

Mais quel souffle a gémi dans une autre poitrine,
C'est le vent effleurant, là-bas, quelque ruine,
Où bien, c'en est l'écho... Non vraiment, car je vois
Marcher et s'agiter ce fantôme de voix ?
Du ténor Andrieu, c'est le reste, c'est l'ombre,
Qui d'Edgard Ravenwood porte le manteau sombre.
Pourquoi le ciel jaloux n'a-t-il donc pas doté
Les ténors de jeunesse et d'immortalité ?...
Car un amour, tout plein d'espérance et de crainte,
Dans les faibles débris de cette voix éteinte,
Cherche en vain de la force et de brûlants accents,
Et bientôt, il s'épuise en efforts impuissants.
Cependant, quand, parfois langoureuse et plaintive,
Comme l'eau qui murmure au bord de quelque rive,
La romance, aux motifs, lents, timides et doux,
Que ne torturent pas la haine et le courroux,
Dans une mélodie, à la fois simple et triste,
Ramène au *médium* la voix de cet artiste,
On voudrait l'applaudir, et l'on semble, à regret,
Contenir dans son cœur ces marques d'intérêt.
Le parterre est un maître assez peu magnanime ;
Du despotisme, hélas ! ce rude synonyme,
(Je l'ai pour Andrieu par moments regretté),
Toujours sous sa justice étouffe sa bonté ..

Voilà donc l'opéra ! du moins, sous notre plume,
Un quatuor de noms l'assemble et le résume :
Hermann-Léon, Marneffe, Altairac, Andrieu,
Faisant, tant bien que mal, de l'art juste-milieu.
Ce n'est pas tout, pourtant ; à ces gloires novices,
Ou qui ne rendent plus que de faibles services,
Il me faut ajouter Haly, le baryton,
Qui dédaigne parfois la mesure et le ton,
Mais dont la voix puissante et presque colossale,
A des sons vigoureux, qui font trembler la salle;
Puis, Madame Terras, à qui ses deux grands bras,
Qui semblent lui causer un terrible embarras,

---

(1) Madame Marneffe.

Allongés sur l'orchestre, avec fort peu de grâce,
Donnent l'air d'un nageur, fendant l'onde à la brasse;
Puis Madame Gilbert, charmante dugazon,
Que l'on pourrait nommer avec juste raison,
Un abîme de zèle, un fonds de répertoire;
Et puis d'autres encore, aux noms pauvres de gloire,
Que j'ai trouvét plus tard, comme ombre au tableau
Dans le *Domino Noir* et *Fra-Diavolo*.

Voilà donc l'opéra !... Maintenant, comédie,
Drame, aux ressorts de fer, à l'allure hardie,
Sous le lustre qui vient de rallumer le jour,
De toutes vos splendeurs brillez à votre tour !
Allons ! la comédie aux petits mots acerbes ;
Allons ! le mélodrame aux tirades superbes ;
Que l'on vous reconnaisse à quelques traits saillants!
Paraissez, *Navarois, Maures et Castillans*.

Mais que vois-je, et qui donc s'avance dans l'arène?
Ce sont les Bourguignons qui tiennent pour la reine ;
Ce sont les Armagnacs qui tiennent pour le roi ;
C'est Périnet Leclerc, qui nous glace d'effroi,
Quand de sa main fiévreuse il tourmente sa lame,
En jetant sur son père un regard plein de flamme ;
C'est Périnet, volant au vieillard endormi,
Les clefs qui vont livrer Paris à l'ennemi...
Quatorze cent dix-huit, si c'est toi qu'on exhume,
Quel est donc ce turban et quel est ce costume ?
On dirait, avec nous, chacun le reconnaît,
Le traître Abd-el-Kader, et non point Périnet.
Qui donc traite l'histoire avec un tel cynisme,
Et qui donc a commis ce grave anachronisme ?
C'est Panseron, l'artiste au visage chagrin,
Aux gestes indécis, à l'organe d'airain.
Dans son rôle brillant, Panseron n'a, du reste,
Rien à se reprocher que cette erreur funeste
D'avoir de ce costume, étrange, indéfini,
Bizarrement vêtu l'écolier de Cluny ;
Plus sage et réprimant la fougue qui l'entraine,
Le lion, cette fois, n'a pas rompu sa chaîne,
Et tout le monde, avec Périnet éploré,
Aux pieds de son vieux père, a souffert et pleuré.
Mais écoutez ; voici la trompette qui sonne ;
Et, précédé d'un bruit d'armure qui résonne,
L'orgueilleux Armagnac, le connétable altier,
Nous apparaît enfin sous les traits de Fortier,
L'habile directeur dont l'ardente énergie
Créa la mise en scène, avec tant de magie,

Que tout semble obéir aux lois d'un enchanteur,
Cependant a gardé quelque chose à l'acteur ;
Et l'âme du vieux roi doit céder, abattue,
Au regard d'Armagnac qui fascine et qui tue.
Le vieux roi, c'est Mordant. Toujours comme autrefois,
Le silence du peuple est la leçon des rois.
Passons, n'en parlons plus. Le peuple et la critique
Peuvent fort bien user de la même tactique.

Mais d'un pas dégagé qui donc nous vient encor,
Sous ce riche pourpoint broché de soie et d'or ?
Attendez, et bientôt vous allez reconnaître
Villers de l'Ile Adam, valet cherchant un maître.
Chatelet a jeté le charme de son jeu,
Sur ce traître éhonté, servant le diable et Dieu.
Puis au bruit des bravos, pure et brillante étoile,
Que le fier Odéon détacha de sa toile,
Dans toute sa splendeur, dans toute sa beauté,
La Reine (1) devant nous passe avec majesté.
Oh ! certes, le parterre, en ces temps de secousse,
Aurait aussi crié : Bourgogne à la rescousse.
A ce divin sourire où brûle tant d'espoir,
Au doux regard tombé de ces larges yeux noirs,
Car c'est pour elle encore le chaleureux parterre,
Qui trépignait de joie, au nom de Lagardère.
Sur une moindre scène établissant sa cour,
Elle a de ses amis, comme emporté l amour,
Et ce nouveau public, à celle qu'il encense,
Du soleil de Paris fait oublier l'absence.

Mes vers vous paraîtraient peut-être un peu railleurs
Si j'ajoutais ici, j'en passe et des meilleurs,
Vingt noms peut-être encore échappent à ma plume,
Mais il faut bien qu'enfin j'achève et me résume.

Modeste monument, oui, dans ton vieux manteau,
Le trésor de la fable existe incognito ;
De succès productif, oui, ce théâtre est riche,
Mais c'est le champ qu'il faut que toujours on défriche.
Et ce mot si profond du sage agriculteur:
Creusez, fouillez, bêchez, va droit au directeur.

Nous avons cru devoir reproduire ces pages peu connues et probablement oubliées des œuvres de Léon Buquet, qui dénotent en notre compa-

---

(1) Mme Fortier, dans Périnet Leclerc.

[...] un railleur spirituel, un critique de bon [...] sachant rester dans les limites de conve[...] qui distinguent l'écrivain de mérite.

A cette époque, la ville autorisa M. Edmond [Ab]aye à vendre dans la salle le *Carillon*, [l]e premier, croyons-nous, publia le pro[gra]mme des spectacles. M. Delahaye, qui avait [ess]ayé de quelques productions à la scène, [ét]ait employé dans une maison de banque de la [pl]ace ; il prit goût à la carrière dramatique, [dé]buta à Dieppe et devint, par la suite, un artiste [de] mérite. Etant allé en Russie, il joua au [Th]éâtre-Impérial de Saint-Pétersbourg. Il fut [re]marqué par l'empereur Nicolas, qui le nomma [p]rofesseur de ses enfants. Il décéda jeune encore [e]n 1860.

Le 11 Octobre 1839, *Elisabeth d'Angleterre*, [tra]gédie en cinq actes, d'Ancelot, le *Panier [F]leuri*, opéra comique, musique d'Ambroise [T]homas. Le 12, Mme Terras fait son second dans *[R]obert* ; elle fut reçue dans *Robin des Bois* sans [o]pposition, mais aussi sans enthousiasme. Le 22, [n]ouvelle représentation donnée par le Gymnase [I]nfantin, composé de 20 artistes de 7 à 15 ans, qui [s]e firent applaudir plusieurs soirées de suite dans *l'Enfance de Louis XII*, *Petite Loterie*, *Maître d'École*, et les *Petits Souliers*. Le 23, le *Barbier* ; c'est à partir de cette époque que l'on commença à ne plus jouer le quatrième acte de cet opéra. Le 25, le *Vaudevilliste*, comédie en un acte. Le 29, le *Lorgnon*, vaudeville. Le 30, le *Fils de la Folle*, drame en cinq actes de Frédéric Soulié ; succès pour Panseron et Mme Fortier.

Le 8 novembre, les *Trois beaux frères*, vaudeville en trois actes, par Bayard et Sauvage. Le 12, l'*Ange dans le Monde et le Diable à la Maison*, comédie en trois actes, de Dupaty et de Courcy.

Le 13, *Lucie de Lamermoor*, opéra de Donizetti, avec décors nouveaux. Ce fut un succès. Andrieu chanta Edgard, Hermann-Léon (Asthon) Blairac (Arthur), Haly (Gilbert), Mme Marneffe

(Lucie). Tous furent applaudis et rappelés et la direction dut redonner cet opéra plusieurs jours de suite. On remarquera que le rôle d'Ashton qui est chanté de nos jours par le baryton, l'était alors par la basse. Il y eut à cette occasion des discutions et on dut consulter l'auteur, qui répondit que la musique avait bien été écrite pour baryton. Seulement Boulard, basse à Rouen, ayant trouvé le rôle à son avantage, s'en était emparé et les autres théâtres de province avaient suivi cet exemple. Nous avons eu occasion de constater l'effet contraire, c'est-à-dire le rôle de Max, du *Châlet*, chanté sur notre scène par un baryton.

Le 26, un *Ménage parisien*, comédie en deux actes par Bayard, dans lequel Châtelet et Mme Fortier sont couverts de bravos.

Le 3 décembre, pour le bénéfice des pauvres, on donne le *Lorgnon*, *Maurice*, *Lucie de Lammermoor*. Le 5, concert donné par Mme Huerta, guitariste, que les Anglais appelaient : le Paganini de la guitare.

Le 6, *Périnet Leclerc*, drame historique en cinq actes, par Anicet Bourgeois et Lockroy. Ce drame est resté dans le souvenir de nos concitoyens par suite du succès qu'il obtint chaque fois qu'on le donna, ce qui eut lieu nombre de fois. La mise en scène en était des plus soignée. Les décors en étaient superbes. On remarque principalement celui de la Porte-Saint-Gervais, la vue du quai de la Mégisserie, dont les vieilles maisons à pignon étaient éclairées et dont les toits étaient dominés par les tours de Notre-Dame. La figuration était très nombreuse et les costumes des Armagnacs et des Bourguignons étaient d'une fidélité historique qui ne laissait aucune place à la critique. Panseron (Périnet), Fortier (Armagnac), et Mme Fortier (Isabelle), y obtinrent un véritable triomphe.

Le 21, l'*Amour*, vaudeville joué par Paris et Mme Stewens. Le même soir, le public interpelle le régisseur pour se plaindre que la direction jouait trop de drame et pas assez d'opéra. Dès le lendemain, Fortier répond par lettre qu'il est notoire que le drame fait seul recette. Des opéras nouveaux, pas un, à part le *Domino*, n'a rapporté même les frais qu'il a coûté à monter. Cependant, en seize représentations, il y en a dix ou l'opéra a figuré. Il a créé l'*Eau merveilleuse*, le *Domino*, *Lucie* et repris l'*Ambassadrice*, ce qui est assez remarquable pour une campagne de quelques mois. Il s'impose de grands sacrifices pour plaire au public et sa troupe lui coûte 23,000 fr. par mois.

Le 22, représentation au bénéfice de Bertrand, basse et régisseur. La salle fut comble ; on plaça du monde jusque dans les coulisses. On joua *Amandine*, vaudeville nouveau, de Rougemont et Monnier ; ouverture du *Barbier*, par la musique du 3e de ligne ; *Farinelli*, opéra de Saint-Georges et de Leuven, dans lequel Haly obtint du succès. Notre baryton chanta aussi le quatrième acte de *Guillaume Tell* et se fit rappeler dans le *Suivez-moi*, où on reconnut qu'il pourrait chanter les ténors, ce qu'il fit par la suite. La *Jota-Aragonaise*, dansée par MM. Marchand, Paris, Meyronnet, Mmes Jannin, Dorsan et Altairac. On joua aussi une pièce du cru, due à M. B..., l'un des auteurs de la *Conspiration de Château*, c'était *Nigel*, drame en trois actes, d'après Walter Scott. Cette production locale n'était pas bien écrite, il est vrai, mais elle fut mal jouée, ce qui fit qu'elle fut écrasée de sifflets qui ne permirent pas d'entendre la fin.

Le 27, soirée d'improvisation donnée par le vicomte de Drague. Le public, qui était peu nombreux, lui posa les rimes suivantes : *Télémaque*, *Maison*, *Cosaque*, *Cornichon*, sur lesquels il fit les vers que voici :

Eprit d'amour l'innocent *Télémaque*
Faisait la cour à Laure, assise en sa *Maison* ;
Mais le nigaud, au lieu d'agir à la *Cosaque*,
Regardait au plancher comme un vrai *Cornichon*.

On lui donne ensuite ces autres rimes : *Macaire, Compère, Amour, Séjour*, sur lesquelles il improvisa ces autres vers, aussi peu riches que les précédents.

Que ne suis-je aujourd'hui le vrai Robert *Macaire*
J'aurais auprès de moi quelque puissant *Compère* ;
Je rimerais alors sans penser à *l'amour*
Et pourrais vous charmer dans ce vaste *Séjour*.

Il fut loin de charmer le public, car après ce bel échantillon de son savoir-faire, sa rime par trop rebelle ne lui permit plus de répondre aux demandes des spectateurs, si bien qu'il prit le sage parti d'abréger sa séance, ce dont nul ne se plaignit. C'était une triste fin d'année pour la direction, qui prit heureusement sa revanche au commencement de 1840.

Au commencement de l'année 1840, une troupe d'amateurs donna des représentations sur le théâtre d'Ingouville. Ces artistes jouèrent une *Revue havraise de l'Année 1839*. Le Havre était représenté par une jolie femme portant une robe blanche sur laquelle se détachaient des navires ; elle était couchée sur des balles de coton, les pieds appuyés sur des caisses d'oranges et coiffée d'un pain de sucre ; sur sa poitrine, on voyait les armes de la ville. A ses côtés était placée sa sœur Ingouville, à laquelle le Havre se plaint de la négligence apportée aux améliorations qu'elle réclame. Toutes les questions à l'ordre du jour sont traitées, discutées à l'aide de couplets spirituels, de jeux de mots et de calembourgs assez bien trouvés. Les bateaux à vapeur, la question des sucres, celle de la construction d'une Bourse qui, 34 ans plus tard, ne devait pas être encore vidée, la Bourse du Canon et surtout la Presse havraise recevaient à bout portant les coups de griffe des auteurs de cette revue, qui fut jouée plusieurs fois.

Notre Grand-Théâtre inaugura ses nouveautés de l'année en donnant, le 10 janvier : *Ninon, Nanon et Maintenon*, vaudeville en trois actes, qui fut parfaitement joué, principalement par Mme Jannin.

La reprise des *Huguenots*, que la direction promettait depuis longtemps, eut lieu le 21. Mme Marneffe, que la maladie avait éloignée de la scène, y fit sa rentrée dans le rôle de Valentine, où elle fut très applaudie.

Les autres artistes furent assez convenables, surtout MM. Andrieu et Hermann. Quant à MM. Haly, Altairac, Mmes Terras et Caroline Gilbert, on ne put que leur savoir gré de leur bonne volonté. La mise en scène était très soignée. Eh ! bien, remarque triste à faire, cette opéra tant désiré par le public, dès la seconde représentation de sa reprise, n'amena pas plus d'une demi-salle.

Le 24, M. de Camillis, arrivant d'Italie, chante deux romances et le grand air de la *Juive*, accompagné à grand orchestre. Le dimanche 26, Mordant, qui avait l'habitude d'improviser des couplets de sa façon dans ses rôles, ayant chantonné l'armée dans la première représentation du *Paradis de Mahomet*, cette plaisanterie fut prise par le public comme une inconvenance

Mordant s'attira des huées et des sifflets. Il publia, deux jours après, une lettre où il déclarait aux officiers qu'ayant été soldat pendant dix ans, il ne pouvait avoir eu la pensée de porter atteinte à l'honorabilité de l'armée française. L'affaire n'eut pas de suite, mais c'était une rude leçon que recevait là l'artiste poëte.

Le 28, Mme Marneffe publie une lettre, dont les suites amenèrent un conflit regrettable avec la direction. Cette dame se plaignait qu'on la faisait jouer trop souvent. Dans la même semaine, elle a chanté deux fois les *Huguenots* et une fois *Lucie*. Si elle avait prié qu'on retardât la seconde des *Huguenots*, c'est qu'elle était non indisposée, mais malade. Au surplus, elle était en butte continuellement aux petites tracasseries de la direction.

Dès le lendemain, M. Fortier répond également par lettre. Mme Marneffe est engagée à 2,500 fr.

par mois, y compris 1,200 fr. pour son mari, qui est 3e chef d'orchestre et répétiteur ; mais celui-ci rend si peu de services que c'est bien en réalité sa femme qui touche le tout. Elle chante 9 fois sur 30 jours et reçoit 140 fr. par soirée, tandis qu'à Lyon, Bordeaux, etc, les chanteuses jouent 12 à 15 fois.

Au commencement de la campagne, Mme Marneffe, par suite d'indispositions matrimoniales, a obtenu un congé de deux mois, pendant lesquels elle a cependant été payée et la direction a dû engager Mme Cailland-Noisieul, qui a reçu 1,000 fr.

Enfin, quoique étant la perle du théâtre, cette dame ne possède pas le don d'attirer la foule.

Voici, en effet, les recettes faites par l'administration :

Rentrée de Mme Marneffe et première des *Huguenots* .... fr. 253
Première de *Régine* 255
Première de l'*Eau Merveilleuse* 404
Seconde de l'*Eau Merveilleuse* 153
Guillaume Tell 392
Muette 259
Postillon 192
Barbier 271
Juive 353
Robert 254
Dame Blanche 222
Ambassadrice 234
Huguenots (deuxième) 739
Domino Noir 384
Lucie 284
Huguenots (troisième) 690

Cette polémique mécontenta les habitués qui, à leur tour, publièrent une lettre contre M. Fortier. Ils devaient faire supporter à ce directeur les suites de leurs ressentiments.

Le 29, on donna la première des *Trois Bals*, vaudeville en trois actes, où l'on applaudit, pour ière fois, la fameuse danse des chevaux en carton, le *Philtre Champenois* et *Louise de Lignerolles*.

A son entrée dans cette dernière pièce, M. Fortier reçoit deux coups de sifflets. Est-ce à l'artiste ou au directeur que vous en avez, demande-t-il. Un spectateur répond : Ils n'osent pas le dire. C'est vrai, ajoute M. Fortier, vous n'osez pas ; puis il reprend son rôle.

Au quatrième acte, les sifflets recommencent. Voyons, dit M. Fortier, dites-le, est-ce à l'artiste ou au directeur que vous en avez ? Eh ! bien, répond-on, c'est au directeur. Alors, dit M. Fortier, l'artiste se retire et il abandonne la scène. Cependant, sur les conseils du commissaire de police, la pièce fut continuée.

Les abonnés publièrent une nouvelle lettre dans laquelle ils blâmaient la conduite de M. Fortier. Néanmoins celui-ci, tout en continuant à diriger la troupe, ne reparut plus sur la scène.

Le 3 février, reprise du *Cheval de Bronze* ; succès pour MM. Hermann, Altairac, Paris, Chateaufort, Mmes Terras, Gilbert et Jannin.

Le 8, *Les Treize*, opéra comique d'Halévy, qui n'obtint qu'un faible succès, bien qu'il eût été chanté parfaitement par Mme Marneffe, MM. Haly et Altairac. — Le 9, *Hamlet*, joué par Panseron.

Nous avons rapporté la tentative de suicide d'Assenac ; cet artiste s'était très grièvement blessé et avait été obligé d'aller se faire traiter à Paris. A son retour, la direction donna une représentation à son bénéfice, le 14 février. La salle était bondée de spectateurs ; au surplus, le programme était on ne peut plus attrayant. Il se composait de : un *Vaudevilliste*, vaudeville de Sauvage et St-Agnet ; ouverture de *Montano et Stéphane* ; la *Polichinelle* et le *Pas des Echasses*, dansés par M. Berthier et Mlle Beaucourt, du théâtre de Rouen ; la *Viennoise* et la *Cracovienne*, par M. Allard et Mlle ...court ; les *Avoués en vacance*, vaudeville en deux actes, de Bayard et Dumanoir, dans lequel Mmes Jannin, Stevens, MM. Assenac, Paris, Breton et Meyronnet se firent très applaudir. Cette même soirée, nous eûmes la première de *David Rizzio*, drame en quatre actes, de Léon Buquet, notre compatriote, le fondateur du *Courrier du Havre*. Ce drame avait obtenu un grand succès à la Gaîté, en 1838, mais lors de sa représentation au Havre, l'auteur, déjà atteint de l'affreuse maladie qui devait l'emporter quelques mois plus tard, ne put assister aux répétitions, ce qui nuisit quelque peu à sa bonne interprétation. Néanmoins l'œuvre fut très applaudie ; Mmes Fortier (Marie Stuart), Caroline Gilbert (Juliette), MM. Chatelet (David Rizzio), Panseron (Darnelay), Mordant et Mme Jannin, furent rappelés au dernier acte.

Nous l'avons dit, Léon Buquet se mourait et de sa plume chancelante s'échappaient ces vers, dernier adieu du poëte à la vie, derniers accords d'une lyre jadis si harmonieuse :

Mourir jeune, mourir avec ses passions,
Mourir le cœur avide et plein d'illusions !
Voir tomber devant soi ses parfums de jeunesse,
Dans l'âge où tout sourit, tout est joie et promesse
Quand nul orage au ciel ne souille l'horizon,
Mon Dieu ! se voir mourir dans sa belle saison.

Et pourtant, à propos de *David Rizzio*, un chroniqueur théâtral havrais froissa l'amour-propre du poëte. Une polémique s'ensuivit puis une provocation. Le rédacteur se rendit chez Buquet ; il ne trouva qu'un malade prêt à mourir et ne put que s'incliner ; il dut alors regretter sa critique amère !

Le 16 février, représentation donnée par Sainville, comique du Palais-Royal, dans Surgeon de *Dieu vous bénisse* et Mallissart des *Enfants du Délire*. Ce fut une excellente soirée pour le public, qui s'amusa de tout cœur et pour l'artiste, qui recueillit de nombreux bravos. Sainville est mort à Paris, le 31 janvier 1854.

Le 19, M. Deveria, ex-pensionnaire du Théâtre-Français, de Rouen, venant remplacer M. Fortier, accomplit avec succès son premier début dans Glocester, des *Enfants d'Edouard*. Première représentation du *Commissaire extraordinaire*, vaudeville en deux actes.

Le 20, a lieu la première des magnifiques fêtes nocturnes organisées pendant le carnaval par M. Fortier et dont nos concitoyens ont encore le souvenir présent à la mémoire. La scène, agrandie par le parterre et le parquet élevés à son niveau, n'était qu'une agglomération de tentures, tapis et fleurs. Au fond, l'orchestre était placé dans un kiosque et pour terminer la perspective, on avait placé la pagode chinoise du *Cheval de Bronze*, le tout éclairé par des flots de lumières. Tombola perpétuel au foyer. Les prix d'entrée étaient de 10 fr. pour un cavalier et sa dame et de six francs pour une seule entrée. On peut, pour donner une idée de l'empressement mis par le public pour se rendre à ces fêtes, rappeler le fait suivant. Les dames se réunissaient en comité et donnaient une prime au cavalier qui portaient le plus beau costume. Une autre fois, c'était les danseurs qui distribuaient le prix à la dame la mieux costumée. Heureux temps que le temps qui n'est plus.

Le 25, Duveria fait son deuxième début dans la *Tour de Nesle*. Il fut admis dans le *Tartuffe*, le 28, soir où Hurtaux, basse à la Renaissance et qui avait été ici en 1835, chanta les trois premiers actes de *Lucie*. Il fut fêté comme ancienne connaissance, mais écouté froidement comme chanteur.

Au théâtre d'Ingouville, la société d'amateurs joue au profit des pauvres : *La Chambre de Suzon*, folie-vaudeville en un acte, *Monsieur Jovial*, les *Frères de Lait* et les *Huguenots*, parodie.

Hurtaux donne une seconde représentation, le 5 mars, dans Bertram de *Robert*, et une dernière le 7, dans les premier et quatrième des *Huguenots* et l'*Eau Merveilleuse*.

Le 10, représentation au bénéfice d'Hermann-

Léon par les premières de les *Trois Epiciers*, vaudeville en trois actes, par Lockroy et Anicet Bourgeois, et de *Stella*, scène lyrique en un acte, par Lecomte et Bourlet de la Vallée, nos compatriotes. Dans cette dernière pièce, MM. Hermann, Altairac et Mme Marneffe reçurent de nombreux applaudissements et le nom des auteurs fut proclamé au milieu des bravos.

Le 12, Mme Treillet-Natham, du Grand-Opéra et ancienne élève de Duprez, chante la *Juive* ; le 14, les *Huguenots*, et le 21 *Robert*, dans lequel elle fut rappelée et reçut force bouquets. Cette remarquable cantatrice est morte en 1873.

Le 19, l'*Ouvrier*, drame en cinq actes, par Frédéric Soulié. MM. Deveria, dans le rôle de Lombard, Assenac, Chatelet, Paris, Mmes Stewen, Caroline Gilbert et Dorsan jouèrent parfaitement leur rôle.

Le 22, première soirée de prestidigitation donnée sur notre théâtre par Victor Delille ; elle fut suivie de plusieurs autres.

Le 3 avril, un vendredi, en dépit de la superstition, première du *Naufrage de la Méduse*, qui fut joué douze fois sans interruption, si bien que les abonnés finirent par le siffler, afin de forcer la direction à en suspendre les représentations. Ce drame avait été monté avec un soin tout particulier.

L'acte du radeau était d'un si grand réalisme que Caroline Gilbert avait, pendant tout le temps que durait le balancement sur les vagues, le vrai mal de mer et était emportée dans les coulisses, en proie à de violents vomissements. C'était chaque soir, on s'en souvient encore, une ample moisson de bravos pour MM. Deveria, Chatelet, Paris, Marchand, Assenac, Mmes Jannin, Gilbert et Stewens. Les marins du côtre de l'État le *Rôdeur* venaient figurer chaque fois qu'on donnait cette pièce.

Le préfet refuse, par arrêté du 4 avril, de laisser jouer une pièce due à M. Farcis, du

Havre, et ayant pour titre : *La question du déclassement du Havre*, les épigrammes contre la ville et surtout contre le génie militaire y étant trop accentuées. On ne pouvait permettre que les administrations de l'État soient plaisantées, dit l'arrêté que nous avons lu aux archives municipales.

Le 15, *Marguerite d'Anjou*, opéra en trois actes, de Meyerbeer ; les *Trois Beaux-Frères*, vaudeville ; les *Premières Armes de Richelieu*, reprise bien jouée par Mmes Caroline Gilbert (Richelieu), Jannin (Baronne de Bellechasse), M. Chatelet (Chevalier de Matignon).

Le 23. le *Tremblement de terre de la Martinique*, drame en cinq actes de Lafon et Desnoyers. Ce drame, malgré le talent de Mme Fortier et le jeu remarquable de M. Panseron, dans le rôle du Nègre, reçut quelques sifflets à la chute du rideau. Et pourtant à la Gaîté, en treize représentations, il avait rapporté 36,500 fr. à la caisse.

Le 26, les *Enfants de Troupe*, le spirituel vaudeville de Bayard, fut un succès pour nos artistes, surtout pour M. Marchand, superbe dans le rôle du tambour-major, et M. Assenac, charmant dans celui de Trim.

On donnait le 28, une représentation au profit des pauvres, *Passé Minuit* ; les 2º et 3º actes du *Barbier* et les *Trois Bals*. Dans ce vaudeville, Mme Caroline Gilbert fait un faux pas et tombe par une trappe dans le premier dessous de la scène. Dans cette chute, d'une hauteur d'environ 3 mètres, cette artiste se fit des blessures assez graves pour nécessiter son transport chez elle. Après avoir rassuré les spectateurs, le régisseur annonça qu'on allait remplacer les *Trois Bals* par les *Saltimbanques*.

Le 30 avril, clôture de l'année théâtrale et de la direction de M. Fortier, par le premier acte de *Lucie*, les *Enfants du Délire* et le quatrième acte des *Huguenots*.

Il y avait peu de monde. Dans les *Enfants*, Mme Chateaufort, prise soudain de faiblesse, tombe inanimée sur la scène aux pieds de M. Paris ; on l'emporta et elle ne put reparaître. La pièce est terminée en faisant des coupures. A la fin de la soirée, on appela sur la scène Mmes Marnefle, Jannin, MM. Hermann-Léon, Altairac, Paris, Breton, Marchand, Assenac, Haly, Chatelet et le chef d'orchestre Robin. Mme Caroline Gilbert, qui, ainsi que nous le disons plus haut, gardait la chambre, fut néanmoins appelée et son nom fut couvert de bravos.

DIRECTION MANGIN

Année théâtrale 1840-1841

Le nouveau directeur, M. Mangin, était un ancien artiste du Théâtre-Français. Il prenait notre scène dans un bien mauvais moment. D'un côté, on était menacé d'une guerre avec l'Angleterre et de l'autre, le pays était porté entièrement aux spéculations de bourse, principalement sur les actions des chemins de fer. Son théâtre fut donc peu fréquenté, et en moins de dix mois, M. Mangin se vit complétement ruiné.

Dans le programme qu'il publia, M. Mangin ne se dissimulait pas les difficultés qu'il avait à vaincre, d'abord par suite des exigences du public, puis par les prétentions de plus en plus excessives des artistes d'opéra, l'augmentation des frais d'orchestre et de la mise en scène et décors des ouvrages à grand spectacle. Lui seul, dit-il, est responsable et n'a point d'associés, comme le bruit en a couru. Il reclame la bienveillance du public et il promet de compléter les vides qui existe dans sa troupe et dans l'orchestre.

En effet, sa troupe était très incomplète, puis la mise en scène ne fut pas assez soignée, ce qui forma un grand contraste avec celle de Forter. Certains ouvrages lyriques furent plûtot parodiés que joués.

Nous donnons ci-dessous le tableau de la troupe avec les appointements de chaque artiste par mois.

		par mois
MM. Ch. Mangin...	directeur.........	500 —
Saint-Paul....	régisseur	175 —
Duchesne.....	contrôleur.......	100 —
H. Lecouvreur.	caissier..........	150 —

Opéra

Lecor.........	premier ténor....	833 33
Lowendal.....	deuxième........	600 —
Chateaufort...	troisième........	400 —
Garbet.......	première basse...	666 66
Bertrand......	troisième........	250 —
Breton........	deuxième.......	425 —
(y compris sa femme).		
Marchand.....	ténor grime......	325 —
Mordant......	troisième basse...	300 —
(y compris sa femme).		
Paris.........	trial............	300 —
Charles.......	ténor utilité......	160 —
Haly.........	baryton.........	450 —
Mmes Marneffe	1re chanteuse.....	1166 66
Panien........	forte chanteuse...	583 33
Caroline Gilbert	première dugazon	500 —
Jannin	deuxième........	275 —
Richard Mutée.	jeune mère dugazon	400 —
Chatelet	2e dugazon (Voir plus loin	
Vauclain......	troisième........	125 —

Comédie, Drame et Vaudeville.

MM. Jourdain......	premier rôle.....	416 8
Dorsay........	jeune premier ...	300 —
Charles.......	amoureux	— —
Chatelet.......	id.	550 —
(y compris sa femme).		
Chateaufort....	amoureux	— —
Eugène	id.	— —
Marchand	premier comique.	— —
Paris.........	id.	— —

Breton	financier	— —
Assenac	jeune comique	200 —
Mordant	deuxième rôle	— —
Haly	id	— —
Meyronnet	convenance	125 —
Mmes Elise Halley	premier rôle	416 66
Richard Mutée	jeune première de comédie, grande coquette	— —
Valmont	jeune première	300 —
Caroline Gilbert	amoureuse	— —
Panien	grande coquette	— —
Jannin	soubrette	— —
Chatelet	amoureuse	— —
Vauclain	id.	125 —
Stewens	duègne	300 —
Robin	amoureuse	133 33
Mordant	utilité	— —
Breton	id.	— —

Musique.

Robin, premier chef, 300 fr.— Ferard, deuxième, 150 fr. — Laurent, musicien, 150 fr. — Fleury, dito, 95 fr. à 83.— Marneffe, dito, 100 fr. — Bourle, dito, 100 fr. — Colignon et sa demoiselle, dito, 100 fr. — Angélique, dito, 100 fr.— Stewens, dito, 66 fr. 60. — Genthion, dito, 90 fr. — Chevillon, dito, 83 fr. 33.— Shumaker, dito, 66 fr. 66. — Bagnères, dito, 190 fr. — Michel, dito, 33 fr. 33. — Hamond, dito, 100 fr. — Semeladis, dito, 66 fr. 66. — Gauzieu, dito, 100 fr.— Buziau, dito, 100 fr.— Noël, dito, 75 fr. — Gratz, dito, 60 fr. — Lanneau, dito, 100 fr. — Blève, dito, 108 fr. 32. — Rousseau, dito, 91 fr. 60. — Ripper, dito, 75 fr.— Olivier, dito, 50 fr.

Choristes et Employés.

Duchâteau aîné, 91 fr. 66. — Rouzan, 100 fr. — Glaise, 91 fr. 66. — Duchâteau et sa dame, 160 fr.— Etienne fils, 100 fr.— Eugène Loiret, 125 fr.— Savina et sa dame, 160 fr. — Bally, 70 fr.— Mauconduit, 66 fr. 66. — Barillie, 100 fr.— Debouche, 83 fr.83.— Hapdey, 83 fr.83. — Lecat, 70 fr. — Rabot, 75 fr. — Ballet, 75

fr. — Barbier, 83 fr. 83. — Cramoisan, 66 fr.
fr. 66. — H. Lagarde, 91 fr. 66. — Chevalier
père, 30 fr. — Victor Hain, 40 fr. — Lebret, 58
fr. 33. — Martin, 58 fr. 33. — Dubus, 83 fr. 33. —
Prosper, 85 fr. — Lefebvre, 80 fr. — Pierre, 67
fr. 50. — Baptiste, 67 fr. 50. — Mme Euphémie,
83 fr. 33. — Constance, 83 fr. 33. — Charlotte,
58 fr. 32. — Vencelot, 100 fr. — Honorine, 75
fr. — Ernestine, 80 fr. — Ferard, 90 fr.

En totalité, la Direction avait à verser par mois :

Aux Artistes............	11.426 fr.	63
A l'Orchestre...........	2.462 »	45
Aux Choristes et Employés.	2.783 »	26
Plus, pour chauffage de la salle................	250 »	—
	16.922 fr.	34

En 1835, Lemaire avait à payer 15,701 fr. 27 par mois. — En 1837, Fortier dépensait déjà un peu plus. — En 1839 enfin, le chiffre s'élevait déjà à 16,743 fr., dont il s'ensuit que les dépenses augmentaient au lieu de diminuer et les recettes baissaient.

La direction Mangin garantissait à ses abonnés vingt représentations par mois.

Le dimanche 3 mai, la nouvelle direction donna une représentation d'ouverture provisoire, sans débuts ni rentrées. L'ouverture de la campagne eut lieu définitivement le 5, par l'opéra la *Muette*.

Cette soirée fut assez favorable. Le ténor Lecor, qui accomplissait son premier début, sut se faire applaudir et les artistes rentrant très fêtés. — Le lendemain, premiers de Dorsay et de Mlle Valmont et continuation de rentrées dans *Chanoinesse*, *Prosper et Vincent*, *Rendez-vous Bourgeois* et *Savonnette Impériale*.

Le 7, second de Mlle Valmont, *Trois Beaux-Frères*, *Premières Amours*, *Mari de la Dame de Cœur*. — Le 8, le *Domino Noir*, pour premier début de Lowendal ; *Maîtresse de Langues*. Mme Chatelet, qui faisait sa rentrée, reçoit quelques coups de sifflets.

Le 9, la troupe joue sur le théâtre d'Ingouville, au bénéfice de M. et Mme Gauthier, directeurs des Amateurs : *Le Commis et la Grisette*, le *Maître de Chapelle*, les *Trois Epiciers* et les *Rendez-vous Bourgeois*.

Le 10, Nicolas Dimetriff, violon russe, âgé de 17 ans, joue un concerto de Bériot ; première de l'*Homme Heureux*, vaudeville en deux actes, qui n'eut pas de succès, malgré Marchand et Mme Stewens.

Le 12, premiers débuts de Jourdain et de Mme Elisa Halley, dans le *Chef-d'Œuvre Inconnu* et *Louise de Lignerolles*.

Le 13, le public eut sa première querelle avec le nouveau directeur, à propos des exercices de M. Carter et de ses animaux. D'abord, les places avaient subi une augmentation, ce qui déjà avait mécontenté les spectateurs. Cependant tout alla bien d'abord ; M. Carter entra dans la cage des tigres, lions et panthères qui le caressèrent, posa sa tête dans la gueule du lion pendant que ses bras et ses jambes étaient au pouvoir des tigres et panthères, puis enfin termina la séance par le repas des animaux. Il était à peine neuf heures et le spectacle était déjà fini, car on n'avait donné, pour lever de rideau, que les *Trois Epiciers*. Déjà on éteignait les lumières, quand le public appela le régisseur pour protester ; celui-ci déclara que la direction avait cru que les exercices dureraient plus longtemps. Donnez un vaudeville quelconque ? Nous ne pouvons trouver d'artistes. Après un certain temps, Marchand et Mme Jannin vinrent danser la *Cachucha* et le public se sépara. M. Carter redonna deux autres soirées, mais il eut soin d'augmenter ses exercices. Il fit lutter le tigre et le lion pour s'emparer d'un morceau de viande et les sépara au moment le plus acharné du combat.

Le 15, *Indiana et Charlemagne*, vaudeville de Bayard et Dumanoir ; succès pour Paris et Mme Jannin. Le 16, Lecor accomplit son second début dans le premier acte du *Barbier* et dans les premier et quatrième acte de *Guillaume-Tell*.

Le 18, seconds de Jourdain, Mmes Halley et Dorsay ; troisième et admission d'Irma Valmont ; rentrée de Caroline Gilbert qui est bien accueillie. On jouait les *Enfants d'Edouard*. Le 19, second de Lowendal et premier de Garbet ; le *Châlet*. Le 20, admission de Jourdain et de Mme Halley ; *Antony*. Le 22, premier de Mme Richard Mutée dans *A trente Ans, une Femme raisonnable*, comédie en 3 actes. Le 25, Mme Mutée accomplit sa deuxième épreuve dans *Arthur*, drame-vaudeville en deux actes ; première de *Sous une Porte cochère*, joué par Assenac et Mme Stevens.

Le 27, Lecor et Lowendal faisaient leur troisième dans la *Juive*, qui servait également au deuxième de Garbet. Pendant le second acte, Lovendal est sifflé avec une telle persistance, qu'il résilie. Lecor, qui avait eu du succès à Dunkerque et avait fait plaisir ici dans l'origine, est également sifflé, mais il fait demander à continuer l'opéra. Au 4e acte, dès son entrée en scène, les sifflets retentissent, mais ils sont combattus par les applaudissements. La lutte est acharnée et dure jusqu'au moment où le régisseur vient annoncer la résiliation de Lecor. Au surplus, le public avait été porté au mécontentement par suite d'une trop grande négligence dans la mise en scène de la *Juive*, qui avait été plutôt parodiée que jouée.

Le 29, la *Famille du Fumiste*, vaudeville en deux actes, bien joué par Mordant, Chauteaufort et Marchand.

Sur la chaussée, ouverture du théâtre des Illusions militaires. On y représentait la *Machine infernale de Fieschi*, en trois parties. Grande parade à la porte tous les soirs, à sept heures.

C'était aussi l'époque où faisait courir tout le Havre les parades de Dandinet, père Cassandre et Jacqueline, au théâtre de la *Prise de Constantine*, dans la grande loge, sise chaussée d'Ingouville, à l'angle de la rue du Lycée. On peut le dire, ce dernier spectacle faisait de meilleures recettes que la salle de la place Louis XVI.

Le 3 juin, la *Marquise*, opéra comique en un acte dans lequel Mme Panien fait son premier début dans le rôle de Paquita. Mme Richard Mutée est admise le 6, dans le *Démon de la Nuit*.

Le 8, troisième et admission de Garbet, second de Mme Panien et premiers de Petit Delamare, premier ténor et de Philibert Bizot, ténor léger, ce dernier frère de Léon Bizot, baryton, tant aimé ici en 1829 (voir). Ces épreuves avaient lieu dans *Robert*. Les ténors chantèrent si mal, qu'on appela le régisseur pour lui annoncer qu'on refusait de les entendre à nouveau. Eugène, qui remplissait le rôle du Prince de Grenade, se présenta dans un costume si débraillé que les spectateurs protestèrent. Il les fixa alors d'un air si insolent, que le régisseur fut appelé de rechef pour demander l'expulsion hors la scène d'Eugène, ce qui eut lieu. Le lendemain, ce dernier publia une lettre d'excuse et de repentir.

Le 9, l'*Héritière et la Grisette*, comédie en deux actes, d'Ancelot, dont les scènes principales se passent au Havre ; on y voit des boutiques de modistes en cette ville, et l'intrigue repose sur une grisette qui devient riche et grande dame. — Caroline Gilbert, Châtelet, Paris, Mordant et Mme Châtelet s'y firent applaudir.

Mlle Vauclain abandonne la scène du Havre, et part pour Buenos-Ayres. — Le 10, Laluye, danseur du théâtre du Palais-Royal, dans *Jean-Jean*, pantomime, et le *Ségovien*, ballet. Il donna plusieurs représentations.

Le 15, l'*Abbaye de Castro*, drame en cinq

actes, par Lemoine et Dumanoir ; succès pour Jourdain, Dorsay, Breton, Mmes Halley et Valmont. Le régisseur est appelé : Assez d'*Abbaye de Castro*, comme cela, donnez-nous plutôt les deux ténors qui manquent pour chanter l'opéra. — Le représentant de la direction promet que les débuts vont avoir lieu incessamment.

Le 18, dans les entr'actes du *Postillon de Longjumeau*, ballets et pas dansés par l'Américain Godet. — Ce soir là, notre célèbre tragédienne Rachel assistait à la représentation, dans une loge des premières. Elle venait de se faire applaudir à Rouen ; des démarches furent faites, assure-t-on, près d'elle pour obtenir une unique représentation sur notre scène, et on ajoute que Rachel posa des conditions inaccessibles, tels que 1,500 fr. par soirée (ce que l'on avait payé Duprez, tandis que Mars et Talma n'avaient été payés que 1,000), plus 100 fr. par jour pour frais de séjour. Toujours est-il que la représentation n'eut point lieu et que ce n'est que dix ans plus tard que nous pûmes applaudir Rachel.

Le 20, au théâtre d'Ingouville, au bénéfice de M. Marillac père, *l'Héritière, et Grisette* les *Saltimbanques* et le *Nouveau Seigneur du Village*.

Le 22, *Vouloir c'est Pouvoir*, vaudeville. — Le 23, *Mademoiselle de Belle-Isle*, comédie en cinq actes, d'Alexandre Dumas, qui fut parfaitement interprétée par Jourdain (Richelieu), Dorsay (D'Aubigny), Mme Mutée (Marquise de Prie), et Irma Valmont (Mlle de Belle-Isle).

Le 25, Labruyère, ténor léger, fait son premier début dans *Fra-Diavolo* ; il fit son second, le 29, dans le *Pré aux Clercs* (Mergy), dans lequel Mme Panien est admise ; enfin, il est reçu le 30, dans *Robert* (Raimbaut). Dans ce dernier opéra, Hyacinthe, premier ténor, sortant du Conservatoire, accomplissait sa première épreuve et commençait sa carrière lyrique. Malgré l'émotion qui paralysa ses moyens, il fit plaisir. Au troisième acte, Garbet tombe dans la trappe des nonnes, mais ne se fit aucune blessure et put continuer son rôle. Cette basse était estimée ici, mais malheureusement il se fatiguait vite, et souvent,au milieu de son rôle,sa voix disparaissait presque complétement.

Encore des danseurs, Victor et Albertine Laclef, âgés de onze ans, qui donnèrent leur première soirée le 30 juin ; elle fut suivie de deux autres.

Le 2 juillet, concert par Perez, qui d'après l'affiche, était le premier guitariste de Madrid ; ce fut une véritable déception et l'artiste ne recueillit que des sifflets.— Le *Plastron*, vaudeville. — *Marie ou les trois Epoques*, de Mme Ancelot. Caroline Gilbert jouait un rôle trop jeune pour son âge ; il y eut quelques murmures auxquels Caroline répondit par des sourires inconvenants. C'est à la suite de la première de *Marie*, qu'Ancelot adressa à sa femme les vers suivants :

Les femmes peuvent donc, par nos mœurs secondées,
Moissonner librement dans le champ des idées ;
Nous ne leur fermons plus les glorieux chemins,
Et le sceptre des arts est permis à leurs mains.

Le 3, au bénéfice de Victor et Albertine Laclef, le *Barbier*, — *Indiana et Charlemagne*, — danses. — Fortier, sa femme et Mme Chateaufort sont engagés à Amsterdam. — Mme Taglioni arrive au Havre, venant d'Amsterdam, mais malgré sa promesse, elle ne parut pas sur notre scène (voir 1836).

Le 6, *Matheo*, comédie-drame en cinq actes, est sifflée ; on la rejoua cependant. — Le 7, Berthier, Mirante et Mlle Segaloux, danseurs ; ils donnèrent quatre soirées.

Le 8, deuxième début de Hyacinthe dans la *Juive*. — Ce ténor, que le mauvais état de santé força bientôt à quitter le Havre, fut admis le 16, dans les *Huguenots*. Ce soir-là, le célèbre critique dont la littérature déplore de nos jours la mort (1874), Jules Janin, assistait à la représentation. Il resta plusieurs jours au Havre et occupa ses loisirs à écrire une *Promenade en Normandie*, que le *Journal du Havre* publia quelques jours après.

Dans cette période, reprise de *Guillaume-Tell* et du *Cheval de Bronze*.

C'était l'époque où Poultier venait d'être engagé pour quatre ans à l'Opéra, dont la première année devait être consacrée à son éducation musicale. Quelques personnes donnèrent le conseil de pousser dans une même voie un jeune homme, employé de l'enlèvement des boues, qui faisait entendre pendant son travail dans nos rues une voix de ténor léger d'un timbre très pur. On essaya, paraît-il, de développer ce talent natif, mais par suite de trop grandes difficultés on dut abandonner le projet.

Toujours à la même période, nous possédions aussi notre fameux marchand de braise, dont on n'a pas oublié non plus les succès lyriques dans nos rues :

> Venez gentilles ménagères,
> M'achetez ma braise,
> Pour chauffer vos pieds et vos genoux,
> En voulez-vous, En voulez-vous.

Le marchand de braise eut les honneurs du dessin ; son portrait fut lithographié et vendu à une masse considérable d'exemplaires. Un soir même, à l'occasion du bénéfice d'un artiste, le marchand de braise et sa brouette légendaire parurent sur la scène du Havre et le public entendit les romances improvisées par ce populaire ténor des rues. Ajoutons cependant qu'il n'obtint pas de succès.

Nous reprenons la marche du répertoire.

Le 18 juillet, Achard, le comique du Palais-Royal, nous donne sa première représentation. Il nous en consacra 14 dans les principales pièces de son répertoire : *Titi le Talocheur*, *Fleur des Champs*, *Mon petit Pierre*, romances, *Commis* et *Grisette*, *Savonnette Impériale*, *Balochard*, la *Prora*, opéra-bouffe, l'*Aumonier du Régiment*, *Marquise de Prétintailles*, *Pascal et Chambort*, etc. Achard est mort en 1866, laissant deux fils, dont l'un est le charmant ténor d'opéra comique que nous avons applaudi récemment, et l'autre, qui tint le même emploi au Havre il y a quelques années

Le 31, représentation au bénéfice de Mordant : les *Garçons de Recette*, drame en cinq actes, par Elie Berthet et Dennery ; les *Pêcheurs*, barcarole, par Bourlet de la Vallée et Leconte, du Havre, chantée par Mme Marneffe ; solo de flûte exécuté par M. Bagnière ; le troisième acte de *Lucie* ; le *Jugement de Salomon*, vaudeville en un acte, qui fut sifflé. En outre, Achard, chanta *Alcindor à la Chaumière* et la *Bague de ma Mère*. Mordant cultivait quelque peu la poésie, et pour son bénéfice, il intercala sur le programme qu'il fit distribuer en ville quelques vers spirituels à l'adresse des dames du Havre. La salle fut comble.

Le 10, représentation au bénéfice d'Achard, qui parut dans les *Visitandines*, *Famille du Fumiste*, *Stradella*, *Robinson*, *Indiana* et *Charlemagne*.

Le 11, la *Grand'mère ou les trois Amours*, comédie de Scribe, qui avait été écrite pour Mmes Doze et Mars ; nos artistes, Breton, Meyronnel, Mme Mulée et Valmont s'y firent un succès.

Le 13, Léontine Fay et son mari, M. Volnys déjà venus, nous donnent la première des cinq soirées qu'ils nous consacrèrent. Un *Duel sous Richelieu*, *Chanoinesse*. Ils parurent successivement dans *Estelle*, *Marquise de Senneterre*, *Mathilde*, *Marraine*, *Clémence*, *Valérie* etc.

En 1868, Léontine Fay jouait sur le théâtre de St-Pétersbourg. Le 18 février, elle donna sa soirée d'adieu en présence de l'empereur et de l'impératrice de Russie ; elle fut comblée de bouquets, couronnes et cadeaux, et LL. MM.

la firent appeler dans leur loge pour la complimenter.

Le 15, l'*Apprentie ou l'Art de se faire une Maîtresse*, vaudeville en un acte, reprise de l'*Espionne Russe*.

Mme Marneffe étant malade, la direction fit venir Anna Lebrun, du Grand-Opéra, qui parut le 25 août dans les *Huguenots*. Cette artiste, qui avait fait ses premiers débuts sur notre scène, joua en outre, le 29, la *Juive* qui, par parenthèse, fut mal chantée même par Anna Lebrun qui se trouvait indisposée. Le 26, concert par MM. Louis Lacombe, pianiste, et Hermann, violon ; la *Meunière de Marly*, vaudeville ; succès pour Paris et Mme Chatelet. Le 28, second concert de Lacombe et Hermann. Le 31, le *Proscrit*, drame de Frédéric Soulié, dans lequel se firent applaudir MM. Dorsay, Jourdain et Mme Halley.

Le 2 septembre, Mme Marneffe fait sa rentrée dans le *Pré aux Clers*. Le 4, Anna Lebrun, dans le *Barbier* et le *Maître de Chapelle*. Le 11, elle parut dans la *Pie Voleuse*.

Lebourgeois dit Nécache, connu dans notre ville par les actes de dévouement et de courage qu'il avait accomplis en arrachant à une mort certaine des personnes tombées à l'eau, meurt victime d'un terrible accident. Travaillant à bord du vapeur la *Seine*, une voiture, qu'il aidait à embarquer, glissa sur le plan du bateau, et l'écrasa contre la lisse du navire (31 août). Une souscription, ouverte pour sa veuve, produisit 3,000 fr. La direction du théâtre donna à son tour une représentation au bénéfice de la veuve Nécache le 5 septembre ; elle se composait de : les *Garçons de Recette*, le *Père de la Débutante*. Voici quel en fut le résultat :

Recette .... fr.	574 50
Frais	300 —
Fr.	274 50
Bassin	142 50
Total	417 00

Le 8, Annette Lebrun et Couderc, ténor de l'Opéra-Comique, jouent dans le *Domino Noir*. Annette Lebrun chanta en plus le quatrième acte des *Huguenots*, où elle fut rappelée. Le 15, le *Chevalier de St Georges*, comédie en trois actes ; Chatelet, dans le rôle du chevalier, Mordant et Carolide Gilbert y obtinrent du succès.

Le 16, concert au bénéfice des pauvres, avec le concours de Garbet, de Coninx, flûte honoraire du roi, qui exécuta une fantaisie sur *Norma*. Hyacinthe, Mme Marneffe, Dusseuil, cor à l'orchestre, Couderc et Annette Lebrun, qui chanta les romances suivantes : *Tristesse à moi*, l'*Incendie*, les *Deux Chagrins* et l'air de la *Folle de Ste-Hélène*, de Nourrit. Malgré la variété du programme, il y eut de grands vides dans la salle. Le 18, Couderc chante l'*Ambassadrice*, avec Mme Panien et Marneffe, et le *Châlet*, avec Caroline Gilbert et Garbet. Le 21, l'*Eclair*, joué par Couderc (Georges), Labruyère (Lionnel) et Mme Marneffe..

Couderc, né à Toulouse en 1810, débuta à l'Opéra-Comique en 1834, où il se fit un nom ; il y resta jusqu'en 1842, époque où il se rendit en Belgique et en Angleterre. En 1850, il rentra à l'Opéra-Comique par le rôle de Shakspeare, du *Songe*. Depuis, ses principales créations furent : les *Noces de Jeannette*, l'*Avocat Pathelin*.

Une triste maladie brisa la carrière de ce charmant chanteur. Couderc dut rentrer dans une maison de santé. Il est mort le 14 avril 1875.

Le 24, belle et brillante soirée pour le bénéfice de Caroline Gilbert : premières représentations de la *Fille du Régiment*, le charmant opéra de Donizetti ; de l'*Eclat de Rire*, drame d'Arago et Martin ; de *Miel et Vinaigre*, vaudeville en un acte, de Léonce et Petit, et enfin de *Young*, scène lyrique due à notre compatriote Staud.

Staud Adrien, né au Havre (où son père était tailleur, rue de Paris, 5) vers la moitié du XVIIIe siècle, devint membre du Conservatoire, puis pianiste des concerts de la cour de Russie et maître de chapelle à St-Pétersbourg. On lui doit plusieurs compositions, entre autres un trio pour piano, basse et violon, qu'il dédia à Boïeldieu. *Young*, dont nous nous occupons ci-dessus, est une œuvre complétement oubliée de nos jours, bien qu'elle ait été imprimée. La scène se passait dans un cimetière près d'un saule ; sur un tertre on apercevait la fosse destinée à recevoir les reste de Narcisa, la fille de Young, restes qui reposent près de là, dans un linceul ; le tout éclairé par la lune. Ce n'était pas très gai. Le poëme était digne de la mise en scène ; l'auteur, dont la vie n'avait été qu'une suite de désillusions, laissait aller sa plume tout à son aise dans le mépris des grandeurs et de la fortune, témoin ce passage, lorsque Young contemple la fosse de sa fille :

. . . .
Là, Dieu connaît le juste et pèse en sa sagesse
L'homme qui ment à tous... L'homme qui fut de bien ;
Il dit à l'un : Maudit... à l'autre, ne crains rien !
Là, tu n'es plus flattée, insolente fortune,
Là nous sommes égaux, la naissance n'est qu'une ;
Oui la tombe a du moins quelque chose d'humain
Elle est pour tous la nuit, la nuit sans lendemain,
De l'esclave et des rois la poussière est la même !

La musique était approprié à la gaîté de l'œuvre ; en somme, le succès obtenu par cette scène lyrique ne dépassa pas celui que l'on octroye aux œuvres d'un compatriote.

Staud est mort à la fin de 1844. Un sieur Lautermann vint au Havre organiser un concert qui devait avoir lieu à la salle de bal, le 12 janvier 1845, et dont le produit serait destiné à concourir à élever un monument à la mémoire de Staud ; projet qui ne fut pas réalisé.

Le 29, nouvelle représentation donnée par Anaïs Fargueil, *Valérie*. Elle joua successivement dans *Mademoiselle de Belle-Isle* et *Estelle*.

Le 6 octobre, le *Fin Mot*, comédie-vaudeville

en trois actes, de Paul d'André, qui n'était que le pseudonyme de Lefranc et Marc Michel.

Le 9, Anaïs Fargueil, dans le *Démon de la Nuit*. Nous étions en préparatifs de guerre avec l'Angleterre et on ne rêvait que conquêtes et victoires. Au moment où commençait le *Barbier de Séville*, le public, imitant l'exemple des Rouennais, demanda que M. Haly chante la *Marseillaise*. Le régisseur répond que cet artiste ne peut exécuter l'hymne national en étant revêtu de son costume de Figaro, et que l'on veuille bien attendre la fin de l'opéra.

En effet, à la chute de la toile, l'orchestre exécute l'air et aussitôt le rideau est relevé ; Haly paraît en uniforme de garde national et chante la *Marseillaise*, qui est répétée en chœur par la salle entière. Plusieurs soirées de suite, on fit la même demande, jusqu'au jour où les affaires politiques étant arrangées, on oublia et la guerre et les projets de victoires.

Le 10, reprise du *Naufrage de la Méduse*.

Le 12, concert donné par les Chasseurs bavarois : ils étaient neuf musiciens qui, sur des instruments de cuivre, jouaient parfaitement des ouvertures d'opéras, celle de *Fra-Diavolo*, entre autres, ce qui paraissait surprenant à cette époque. Les progrès faits depuis par nos fanfares rendraient de nos jours ce spectacle très ordinaire, mais il parut si étrange que les Chasseurs bavarois durent redonner deux autres concerts.

Le 13, représentation au bénéfice d'Anaïs Fargueil : le *Nouveau Seigneur*, *Mathilde*, *André*, *Trop Heureuse*. Il y eut peu de monde.

Le 14, Mme Caremoli, élève de la Malibran, chante le rondo de *Furioso* et le *Saule d'Othello*. Le 15, Klisching, mime de la Porte-St-Martin, déjà venu en 1838, joue *Jocko*. La scène de la *Grenouille*, où il se désarticula en tous les sens, marchant sur la tête, etc., fit grand plaisir. Il donna deux représentations. Le 29, Mme Caremoli chante le quatrième acte des *Huguenots* et le grand air de *Roméo et Juliette*.

Le 29, représentation au bénéfice de Breton ; premières de : les *Dîners à trente-deux Sous*, vaudeville de Coignard ; de *Marion Delorme*, drame en 5 actes, de Victor Hugo, et de la *Reine d'un Jour*, opéra comique en trois actes, de Scribe, musique d'Adam. Beaucoup de monde et succès pour les ouvrages et les artistes.

Hyacinthe étant parti par suite de maladie, son remplaçant, Sambet, fit son premier début le 2 novembre, dans *Guillaume-Tell* ; son second le 6, dans la *Muette*. Il fut reçu le 17 dans *Robert*. Le 12, le cirque Roba et Treuter donne, sur notre théâtre, *Julie et Frédéric*, grande pantomime équestre ; ce fut un succès et le public s'y porta en foule. On remarqua Mordant, dans le rôle d'un général en chef, et Mme Jannin en amazone. Il y eut défilé d'une compagnie d'infanterie et d'un piquet de cavalerie ; dix chevaux évoluèrent sur la scène (qu'on avait, il est vrai, agrandie avec le parquet et le parterre) le tout accompagné de coups de fusils et de pistolets, de coups de sabres et d'épées. La pantomime fut terminée, cela va sans dire, par la *Marseillaise*. A la demande générale, nouvelle représentation le lendemain.

Le 13, Franz Bozen, violoniste de Berlin, exécute deux airs variés. Le 19, le *Hochet d'une Coquette*, comédie en un acte, de Laya, jouée par Irma Valmont, Chatelet et Dorsay ; *Bocquet Père et Fils*, vaudeville de Labiche, Marc Michel et Laurençon, joué par Assenac, Marchand, Mmes Stewen et Caroline Gilbert.

Le 23, poses académiques de Fleury frères, de Lyon : imitation de groupes de marbre, avec femmes et enfants ; enlèvement des Sabines ; travaux d'Hercules ; le groupe final, où les frères Fleury, femmes et enfants, les yeux fixés vers le ciel et les mains jointes, semblaient implorer Dieu, était superbe et reçut de nombreux bravos. Le 30, une représentation eut lieu à leur bénéfice et le petit Roussel, le fameux lutteur, dont on a conservé la mémoire ici, y exécuta quelques-uns de ses plus forts exercices athlétiques.

La direction faisait des efforts constants pour lutter avec les baraques de la foire et celles de la chaussée. A cet effet, elle faisait jouer ses artistes au théâtre d'Ingouville ; c'est ainsi que le 22 novembre, on y donna un spectacle assez corsé : les *Deux Divorces, Sous une Porte cochère*, le *Mari de la Dame de Cœur*.

Le 7 décembre, nouvelle représentation donnée par l'Hérie, des Variétés, dans l'*Art de ne pas monter sa Garde* ; il adressa aux dames la charade suivante :

> Nous sommes tous dans mon premier,
> Au bal, au spectacle, à table,
> Sans mon dernier il n'est rien d'agréable,
> Et je ne connais rien de mieux que mon entier.

Le 9 décembre, représentation au bénéfice de Robin, chef d'orchestre. L'Hérie prêta son concours en jouant l'*Art de ne pas monter sa Garde* ; l'orchestre exécuta la grande marche triomphale de Riès. On donna la première de l'*Interdiction*, drame en deux actes, qui fut bien interprété par Jourdain, Breton et Mordant, et la première de *Don Juan d'Autriche*, opéra en 4 actes, de Mozart, dont l'interprétation ne fut pas bonne : Haly (Don Juan), Garbet (Sgnarelle), Mmes Marneffe, Panien, Caroline Gilbert et le ténor léger Labruyère ne furent que très médiocres. Le 10, l'Hérie joua dans *Sourd et Muet, Roquelaure* ; le 15, dans la *Chanteuse universelle*, les *Sept Péchés Capitaux, Sonnette de Nuit*.

Le 18, *Frascati ou le Secret*, comédie en 3 actes, de Desforges et Dinaux, qui fut sifflée, malgré le bon jeu de Mme Valmont et Stevens et de Chatelet, Paris et Mordant.

Le 19, L'Hérie joue *Fulbert et Polydore*, la *Belle Ecaillière*. Le 22, à son bénéfice, *Bocquet Père et Fils* et la première de *Barille ou une Malice de Figaro, Scènes contemporaines*, suivis d'une tombola.

Le 24, reprise du *Comte Ory*, chanté par Sambet, Haly, Garbet et Mme Marneffe. On reprend aussi le *Panier Fleuri*, *Zampa*, la *Muette*.

Le 28, au bénéfice des pauvres, le *Fin Mot*, *Boquet*, *Lucie de Lammermoor*.

Le 1er janvier 1841, *Cocorico ou la Poule à ma Tante*, vaudeville en 3 actes, de Michel Masson, Decade et de Villeneuve, bien joué surtout par Mmes Valmont et Jannin. — Bal au théâtre d'Ingouville, organisé par la direction Mangin. Prix d'entrée : 50 centimes, plus 15 centimes par contredanse, mais les dames ne payaient pas.

Le 9, fête de nuit au Grand-Théâtre. A onze heures, dans le courant des danses, Victor de Lille fit son entrée revêtu d'un magnifique costume de physicien et amusa l'assistance par ses tours de prestidigitation.

Le 13, le Conseil municipal rejeta la demande faite par le directeur Mangin, tendant à ce que la subvention donnée par la ville soit portée, pour la prochaine campagne, de 20 à 40,000 fr., et qu'en plus la ville se charge des frais d'éclairage de la salle. Le Conseil accepta la démission de M. Mangin et décida qu'elle supprimerait la subvention en laissant au nouveau directeur la liberté de jouer tel genre qu'il lui conviendrait. Si cependant un directeur se présentait pour jouer le grand opéra, la subvention de 20,000 fr. lui serait versée. Mangin adressa à la ville, le 5 février, une nouvelle proposition. Il se contentera des 20,000 francs, si la ville veut se charger de l'éclairage. Cette proposition fut également repoussée.

Le 14, représentation au bénéfice de Bertran : *La Mansarde du Crime*, vaudeville de Rosier ; reprise de *Napoléon à Schœnbrunn*, avec un joli décor de Voizel : l'intérieur des Invalides. Salle bondée de spectateurs.

Le 27, Sambet aborde pour la première fois l'opéra comique, dans *Masaniello*. Son dialogue n'était pas très correct, mais il fit cependant plaisir. Rentrée de Mme Halley dans le *Proscrit*, où elle est parfaite. Il n'en fut pas de même le lendemain, dans la *Tour de Nesle*, où elle fut très faible, ainsi que Jourdain. La *Fille de Jacqueline*, vaudeville joué par Caroline Gilbert et Mordant. Ce dernier, comme nous l'avons déjà dit, était quelque peu poëte ; il ajouta à la pièce le couplet suivant que chanta Caroline Gilbert :

> Je suis fantasque et j'ai mauvaise tête,
> Mais j'ai bon cœur, vous avez pu le voir ;
> De mon hymen, quand la fête s'apprête,
> Vous inviter est premier devoir.
> A mon bonheur, s'il vous prenait l'envie,
> A mon banquet venez tous vous asseoir.
> Si d'applaudir il vous prenait l'envie,
> Ici, Messieurs, venez tous les soirs ;
> Pour satisfaire à cette fantaisie,
> De mon blason détachez les battoirs.

Le 1er février, le *Retour de Ste-Hélène*. On applaudit le décor principal, reproduisant le tableau d'Horace Vernet : Napoléon sortant de son tombeau et recevant tous ses maréchaux. Les cendres de l'Empereur, qui venaient d'être rendues à la France, donnaient de l'à-propos à ces sortes de pièces.

Mlle Belloni, élève d'Albert, dansa les 2 et 3 février la *Cachucha*, la *Tarentelle* et la *Cracovienne*.

Le 3, fête de nuit au théâtre d'Ingouville ; l'orchestre était conduit par Manuel Huertas.

Le 8, représentation donnée par Serda, basse du Grand-Opéra (mort en 1863), dans *Robert*. Il parut ensuite, le 12, dans la *Juive* et le *Barbier* ; le 15, dans les *Huguenots*, et le 17, dans *Robert*. Il avait débuté à l'Opéra le 2 mai 1827, dans les *Mystères d'Isis*, rôle du grand prêtre.

Le 9, au bénéfice de Paris, on donna les premières de *Lazare le Pâtre*, drame en cinq actes, de Bouchardy, dont le rôle de Lazare fut joué par Jourdain, de *Si nos Femmes le savaient*, vaudeville de E. Gonzalès et Labiche, et du *Fla-*

grant Délit, vaudeville de Duport et Roger de Beauvoir.

Le 21, les *Rendez-Vous Bourgeois travestis* : Dugravier, (Mme Châtelet) ; Bertrand, Mme (Jannin) ; Charles, (Mme Caroline Gilbert) ; César, (Mme Panien) ; la soubrette, (M. Marchand). L'orchestre, en costume de femmes, conduit par le chef Robin, en costume Pompadour. Le public s'amusa de cette plaisanterie d'à-propos, vu qu'on était à l'époque du carnaval, et on dut la redonner à l'ouverture du bal, le jour du Mardi-Gras.

Le 26, le *Protégé*, vaudeville.

Le 5 mars, la direction Mangin qui, depuis longtemps, luttait en vain contre le mauvais sort qui la poursuivait, suspend ses payements et les artistes refusent de jouer. Ils envoyèrent une députation à la mairie pour s'enquérir s'il restait encore une partie de la subvention à toucher ; mais il leur fut répondu que tout était versé, alors ils se formèrent en société et nommèrent pour administrateurs : MM. Châtelet, Dorsay, Paris et Breton. Voici quelles furent les principales conditions de la Société : Tous les appointements, à partir de 100 fr., étaient pensionnaires ; sur les recettes, on prélèverait d'abord les frais du jour et les appointements des pensionnaires. Le surplus, 100 fr., remis à chaque artiste, puis l'excédant partagé au prorata des appointements.

LES ARTISTES SOCIÉTAIRES

La Société des artistes fit de bonnes recettes ; elle déploya une grande activité. En plus des nouveautés dont nous allons donner la liste, elle reprit : *Le Domino*, *La Juive*, *L'Ambassadrice*, etc., etc.

La première représentation de l'association eut lieu le 8 mars, par la première du *Chevalier du Guet*, vaudeville en deux actes, par Lockroft et Rosier ; le *Fin Mot* ; la *Fille du Régiment*, opéra comique.

Fortier est appelé de Paris, par les artistes sociétaires, mais une défection eut lieu parmi eux. Sambet les quitta sous le prétexte qu'on lui devait deux mois d'appointements, tandis qu'on n'en devait qu'un à ses camarades. Il publia à ce sujet une lettre explicative.

Le 16 mars, à l'occasion du bénéfice de Mme Halley, deux surprises agréables nous étaient ménagées. D'abord on joua la *Juive*, et vu le départ de Sambet, le rôle d'Eléazar fut chanté par Haly, le baryton qui, à partir de cette époque, prit les ténors. Cette brusque transition d'un genre tout à fait opposé à l'autre lui fut assez favorable, et Haly sut se faire applaudir dans les morceaux les plus importants. — La seconde surprise c'est que l'on donna l'acte de la prison de la *Tour de Nesle*, avec Marchand, le comique Marchand, dans le rôle de Buridan. Les spectateurs présumaient qu'il s'agissait d'une de ces plaisanteries permises dans une soirée à bénéfice, et au lever du rideau s'apprêtaient à rire. Mais à la grande surprise de tous, Marchand débita avec un jeu parfait et une diction pure la fameuse tirade du cachot, alors les applaudissements éclatèrent de toutes parts et se continuèrent pendant tout l'acte. Il va sans dire que Marchand fut rappelé.

Le 18, bal de la Mi-Carême ; le théâtre donne la scène des Nonnes travesties du 3ᵉ acte de *Robert*, la *Mère Camus*, folie en un acte, de Rougemont, et l'orchestre en costume féminin, une grande symphonie, exécutée à l'aide de mirlitons.

Le 19, première représentation de *A la Grâce de Dieu*, le drame devenu si populaire. Les rôles furent ainsi distribués : Marie (Caroline Gilbert) ; Pierrot (Paris) ; Chonchon (Mme Jannin) ; André (Dorsay) ; Le Commandeur (Marchand). Tous firent plaisir.

Le 20, *l'Abbé Galant*, vaudeville en deux actes, joué par Assenac (l'Abbé) ; Chatelet, Mmes Panien et Valmont. — Le 23, *Toby le Sorcier*, vaudeville en un acte.

Le 26, au bénéfice d'Assenac, Fortier fait sa rentrée et est accueilli avec enthousiasme dans *Kean*. — Exercices par le petit Rousset. — Le *Valet de Chambre*, opéra-comique en un acte, de Scribe, musique de Carafa. — Mlle Borès, sœur de Mme Marneffe, et qui n'avait jamais paru sur un théâtre, chanta dans cet opéra le rôle de Denise. Sa voix était très jolie et charma l'auditoire ; on remarqua une grande ressemblance de traits avec sa sœur Mme Marneffe. Elle débuta ici en 1847 et fut refusée.

Le 31, Le *Juif-Errant*, drame fantastique en quatre actes, avec prologue, par Merville et Mellian. — Décors de Voizel, changements à vue, costumes parfaits. Tous les tableaux, le *Palais du Diable* ; la *Passion* ; les *Catacombes* ; les *Albigeois* firent plaisir. — Le *Parc au Cerf*, fut également remarqué ainsi que l'épilogue en trois tableaux : le *Chaos* ; le *Jugement Dernier* et le *Séjour des Elus*. — Nos artistes furent applaudis : le Juif (Jourdain) ; Satan (Marchand) ; l'Archange (Mme Halley). On joua cette pièce trois jours de suite.

Le 6 avril, le *Lierre et l'Ormeau*, vaudeville en un acte, de Monnier, Lefranc et Labiche, dans lequel Mordant adressa au public un couplet final de sa composition :

>Le lierre s'attache à l'ormeau
>Grâce à son appui tutélaire,
>On voit autour de l'arbrisseau
>Grimper la plante heureuse et fière.
>Nous sommes dans le même cas,
>Votre appui nous est nécessaire ;
>Nous ne pouvons faire un seul pas
>Si vous ne nous soutenez pas ;
>Vous êtes l'ormeau, nous sommes le lierre.

Le 12, Chollet revint parmi nous avec Mlle
que nous connaissions également, tou

deux de l'Opéra-Comique. Ils chantèrent ce soir là le *Postillon* ; Chollet, dans le rôle de Chapelou, qu'il avait créé à Paris, fut très applaudi. — Il donnèrent aussi le *Maître de Chapelle*. — Le 14, ils parurent dans le *Brasseur*, le 16, dans l'*Eclair*, le 18, ils rejouèrent le *Brasseur*. — Le 20, *Fra-Diavolo*, et le 26, la *Fiancée*. Dans l'intervalle, le 15, *Un Monsieur et une Dame*, vaudeville en un acte, par Duvert, Lausanne et Saintinne, les *Travestissements*, opéra de Grisar, chanté par Chollet et Mlle Prevost.

Le 19, la *Salamandre*, drame en quatre actes, de Lévry, Leuven et Desforges, d'après le roman de Eugène Sue, qui, lui-même l'avait composé sur l'épisode du *Naufrage de la Méduse* ; Garbet dans Pierre Huet, et Assenac dans Melon, firent plaisir.

Le 21, les *Vieilles Amours*, vaudeville en un acte, de Averset d'Avrecourt. Le rôle de Chamounet fut joué par un amateur, qui prouva, par le talent dont il fit preuve, qu'il n'en était pas à ses débuts ; il fut rappelé par la salle entière. Ce n'était pas le seul attrait de la soirée, qui se termina par la première représentation de *Norma*, le chef-d'œuvre de Bellini, ce célèbre compositeur, enlevé au monde lyrique en 1835, âgé à peine de 33 ans. Jouée à Milan en 1822, où elle avait eu pour interprètes, Donnizetti (Pollion), La Pasta (Norma), Grisi (Adalgise) ; ce fut seulement 13 ans plus tard, l'année même de la mort de Bellini, que la *Norma* fut jouée en France. Au Havre, elle obtint aussi un grand succès, Mme Marneffe (Norma), et Haly (Pollion), surent s'y faire applaudir et rappeler.

Le 23, Mme Marneffe qui allait quitter le Havre, offrit pour son bénéfice, la deuxième de *Norma*, où elle reçut couronnes et bouquets, et le *Sonneur de Saint-Paul*, un des succès de Fortier.

Le 27, au bénéfice de Mme Chateaufort, *Marguerite*, drame en trois actes, de Mme Ancelot. — Les *Vieilles Amours*, *Monsieur et Madame*

Galochard, et la première de la *Perruche*, opéra en un acte, de Clapisson, chanté par Chollet et Mlle Prévost.

Le 28, au bénéfice des pauvres, le *Chevalier du Guet*, la *Pie Voleuse*, *Un Monsieur et une Dame*.

Chollet et Mlle Prevost donnèrent leur dernière représentation le 29, dans *Lestocq*.

Le 30 eut lieu la clôture de l'année théâtrale, par *Trop Heureuse*, vaudeville en un acte, le *Chalet*, le deuxième acte de *Louise de Lignerolles*, le troisième des *Trois Bals*, et la première représentation du *Maître d'Ecole*, vaudeville très amusant, de Lockroy et Anicet Bourgeois, et les deuxième et troisième actes de *Norma*. Le public fut très nombreux et décerna à la Société des artistes la juste récompense de l'intelligence avec laquelle elle avait conduit les représentations, tant pour les reprises que pour les nouveautés, pendant le mois de sa gestion.

Les artistes avaient su relever le théâtre de la triste position où Mangin l'avait laissé, et fait reprendre aux habitués la route de la salle.

Le lendemain 1er mai et fête du Roi, les artistes sociétaires donnèrent une soirée d'adieu et les spectateurs furent encore plus nombreux, et les applaudissements et rappels plus fréquents.

DIRECTION-ASSOCIATION

Aimable BOIGE dit MUTÉE

Commissaires associés : BERTRAN, MARCHAND et MARTIN, coiffeur du Théâtre.

Année théâtrale 1841 - 1842

La troupe était ainsi composée :

MM Mutée......... directeur.
     oussigue ..... régisseur général, peut-être le même qui était ténor en 1827.

MM. Charles........ deuxième régisseur.
Duchesne....... contrôleur.
H. Lecouvreur.. caissier.
Chevalier....... souffleur.
H. Lagardère... bibliothécaire.
Barre.......... machiniste.
Barbier........ costumier.

Opéra

MM. Sambet........ premier ténor.
Cœuriot........ deuxième ténor.
Cifolelly....... deuxième ténor.
Estor.......... première basse.
Breton......... deuxième basse.
Bertran........ troisième basse.
Mordant .... troisième basse.
Alexandre...... baryton.
Marchand...... ténor grime.
Lefebvre fils.... trial.
Perron......... trial.
Charles........ ténor utilité.
Eugène .... ténor utilité.
Mmes Elisa Cundel... 1re chanteuse. ⎱ en partage.
Hélène Cundel.. 1re chanteuse. ⎰
Stéphen .... première dugazon.
Jannin .... deuxième dugazon.
Delamare ...... deuxième dugazon.
Richard Mutée.. mère dugazon.
Verteuil....... duègne.

Orchestre

MM. Robin......... premier chef.
Férard........ deuxième chef.
Bourle .... premier violon.
30 musiciens, 30 choristes

Drame, Comédie, Vaudeville

MM. Fortier .... premier rôle.
Delys .... jeune premier.
Berger .... premier amoureux.
Cifolelly....... deuxième amoureux.
Dussaule...... deuxième amoureux.
Charles........ troisième amoureux.
Eugène........ troisième amoureux.

MM. Marchand...... premier comique.
Lefebvre fils ... premier comique.
Perron .... premier comique.
Meyronnet..... deuxième comique.
Savart......... troisième comique.
Breton......... financier.
Bertran........ financier.
Mordant....... deuxième rôle.
Lefebvre fils... utilité.
Mmes Elisa Halley... premier rôle.
Richard Mutée . dit de Vaudeville, grande coquette.
Stéphen .... jeune première.
Berger........ première amoureuse.
Delamare ...... deuxième amoureuse.
Collignon...... troisième amoureuse.
Jannin .... soubrette.
Verteuil .... duègne.
Breton .... deuxième duègne.
Mordant....... utilité.

Par suite de l'indisposition de plusieurs artistes, l'ouverture de la campagne se trouva retardée de quelques jours. Elle eut lieu le 13 mai 1841, par la *Juive*, pour les premiers débuts d'Estor, Cœuriot, Elisa Cundel (Eudoxie) et Hélène Cundel (Rachel) Sambet, qui faisait sa rentrée dans le rôle d'Eléazar, se vit bien accueillie; Estor et Cœuriot furent faibles comme chanteurs. La salle était bien garnie.

Le 15, les anciens artistes aimés, Breton, Marchand, Mme Jannin, etc., accomplissent leur rentrée. Estor, pour son second début, chanta si mal le *Châlet*, qu'on fit venir le régisseur pour lui déclarer qu'il était inutile que Estor fasse un troisième début, vu qu'on exigeait sa résiliation immédiate, ce qui eut lieu. Premier début de Perron, *Indiana*. Le 17, premier début de Ch. Delys et Dusaule; rentrées de Fortier et de Mme Halley, dans la *Tour de Nesle*.

Après le *Philtre Champenois*, au moment où Fortier (Buridan) entre en scène, quelques sifflets persistants répondent aux bravos. Des querelles suivies d'échanges de coups, ont lieu entre les deux partis. Le lendemain, Fortier publia une lettre pour remercier ceux qui l'avaient applaudi. Il rappelait qu'à la suite de l'incident du 29 janvier 1840, il s'était retiré comme directeur et n'avait pas eu la pensée d'insulter le public. Les opposants répondirent que si on avait su que Fortier devait faire partie de la troupe, les siffleurs auraient été plus nombreux ; mais on avait cru qu'il ne se présentait que provisoirement pour obliger ses camarades. L'affaire n'eut pas de suite.

Le 18, premiers de Lefebvre, dans les *Gants jaunes*, de M. et Mme Berger, second de Dusaule, *Indiana*, le *Protégé*; rentrée de Mme Richard Mutée, dans le *Confident*. Une lutte éclate et se continue pendant une heure, malgré les propositions de conciliation du régisseur. Le commissaire de police, vu qu'il ne peut être décidé de quel côté est la majorité, propose que les personnes qui sont partisanes de l'admission de l'artiste se lèvent. On rit, on proteste. Alors le commissaire déclare que Mme Mutée n'est pas reçue. Cette dame quitte la scène et on ne peut finir le *Confident*, ni jouer *Trop heureuse*, dans lequel elle devait paraître ; on joua le *Protégé*. Pour effacer le souvenir de cet outrage, Roger, le ténor de l'Opéra-Comique, chanta deux romances, accompagnés au piano par Hélène Cundel.

Le 19, deuxième de Hélène Cundel, dans le *Domino*, qu'elle chanta avec Roger, et premier de Mme Stéphen et de Mlle Delamare, dans *Maîtresse de Langues*.

Le 20, Cœuriot fait plaisir dans Mazaniello, de la *Muette*. — Le 22, premier de Cifolelly, dans la *Lettre de Change*; second de Mlle Delamare dans la *Mansarde du Crime*, *Ketly*, *Passé Minuit*.

Le 24, second de Lefebvre et de Cifolelly; troisième et admission de Mlle Delamare. Odry jouait ce soir-là dans l'*Homme mélodrame* et dans les *Saltimbanques*, où il ne parvint pas à faire oublier Marchand. Delys effectuait sa seconde épreuve dans le *Chevalier du Guet*.

Le 25, Cifolelly et Hélène Cundel sont reçus dans *Robert*, qui servait au premier début de Poppé, remplaçant Estor, comme basse ; ce dernier eut du succès.

Le 27, deuxièmes de Perron, M. et Mme Berger, troisième et admission de Delys, *Premières Amours*, *Démon de la Nuit*, *Pascal et Chambord*.

Ch. Delys, qui avait de la distinction dans la tenue et un bon dialogue, est né à Paris vers 1820; il joua aussi à Toulouse. Il abandonna le théâtre pour se livrer à la littérature. En 1846, il publia à Paris son premier roman : *Les Bottes vernies de Cendrillon*, qui obtint un succès complet et le posa du premier coup parmi les auteurs dramatiques les plus recherchés, place qu'il occupe encore de nos jours. Ce même soir du 27, séance donnée par Henri Mondeux, le fameux pâtre, mort en 1861, célèbre par la solution instantanée des problèmes mathématiques les plus difficultueux.

Le 31, deuxième d'Elisa Cundel et premier de Alexandre, baryton, dans *Guillaume-Tell*. Ce dernier artiste, qui chantait mal et n'avait qu'un mauvais maintien sur la scène, ne tenta pas ses autres débuts et résilia au deuxième acte. Sambet, reçut quelques sifflets. Il en demande poliment le motif. On lui répond qu'un artiste n'a pas le droit de parler au public. Le commissaire ayant à son tour interpellé Sambet, celui-ci quitte la scène, mais peu d'instants après il fait adresser des excuses par le régisseur. Alors Sambet est rappelé par la salle entière.

M. et Mme Berger accomplissaient leur dernier début le 1er juin, dans *Être aimé ou mourir*, de Scribe. Une forte opposition s'élève contre eux et ils demandent à finir la pièce. A la chute du rideau, à la surprise de tous, l'autorité les déclara admis. Le tapage recommence ; il ne cessa que lorsque M. et Mme Berger eurent fait annoncer leur résiliation.

Le 3, Poppé est admis avec un peu d'opposition, dans le *Châlet*, et Mme Stéphen, dans les *Premières Armes de Richelieu*, accomplit son second début.

Le 5, admission de Mme Stéphen et de Cœuriot, dans l'*Eclair*.

Le 7, nouvelle représentation donnée par Derivis, venu en 1836, et dans le rôle de Guillaume, de l'opéra ; ce même soir, Lefebvre est reçu dans *Vatel*. — Le 9, Derivis chante *Lucie*.

Le 10, la *Permission de dix heures*, vaudeville si amusant de Melesville et Carmouche, dans lequel Marchand donna au rôle de Lanternick un cachet d'un comique si remarquable que le souvenir en est resté gravé dans la mémoire de nos concitoyens. Il fut bien secondé par Perron, Mmes Jannin et Delamare.

Le 14, Derivis, chante la *Pie Voleuse*, qui sert à la réception d'Elisa Cundel. — Le 15, Derivis dans la *Juive*. — Le 17, premier début de Mme Boquet, mère dugazon et grande coquette, remplaçant Mme Mulée, dans *L'enfant et la Mère se portent bien*. — Le 18, Derivis dans *Robert*. — Le 21, représentation au bénéfice d'Henri Moudeux, avec le concours de Derivis, qui chante le duo de *Norma* avec Elisa Cundel. Mme Bocquet fait son deuxième début dans la *Lettre de Change*. Derivis rechanta, le 23, la *Pie* et le 25, pour ses adieux, à la demande générale, *Robert*.

Mme Halley, notre ex-premier rôle, débute aux Français dans *Iphigénie*. La presse parisienne ne fut pas gracieuse pour elle. Le journal le *Commerce* disait que c'était une artiste qui connaissait ses défauts et ses qualités. Le *Courrier* que c'était un début heureux, mais que l'artiste avait une voix fatiguée. Les *Débats* étaient moins aimables. Cette artiste, disaient-ils, est petite des pieds à la tête : petits bras, petites jambes, petit organe, petit geste, tout petit excepté la tête qu'elle a très grosse. En 1845, Mme Halley était à l'Odéon, où elle remplissait les rôles de Mme Dorval; elle appartiendrait à la bonne école, disait l'*Annuaire dramatique*, si sa diction était plus claire et moins timorée.

Nous disions plus haut que des travaux de restaurations allaient être entrepris dans la salle; ils étaient désirés depuis longtemps. Depuis 19 ans que la salle avait été bâtie, elle n'avait subi aucune réparation et elle était dans un état des plus tristes à voir. Notre compatriote, le poëte Léon Buquet, l'avait dépeinte en décembre 1839 dans les vers suivants, publiés par le *Courrier du Havre* :

> Modeste monument, à tes voûtes fanées,
> Le temps a sans pitié suspendu dix années,
> Depuis que j'ai quitté ces lieux et que Paris
> M'a pris tous les espoirs, tous les vœux, tous les rêves
> Qui jadis au soleil grandissaient sur nos grèves,
> Tes légers ornements, tes arabesques d'or,
> Sur tes marbres pâlis se devinent encore.
> Mais on distingue à peine emblèmes et grisailles,
> Tes balcons ont gagné la couleur des murailles;
> Ton large rideau vert, qui semblait autrefois
> Glisser légèrement sur ses lourds contrepoids,
> Tout poudreux aujourd'hui, du haut de l'avant-scène,
> Descend avec effort et remonte avec peine.
> Puis ton soleil de gaz, aux trop vives couleurs,
> D'une épaisse fumée a couvert tes neuf sœurs,
> Qui naguère au plafond, ravissantes étoiles,
> Rayonnaient et dansaient sur leurs légères toiles.

Le poëte n'eut pas la satisfaction de voir réparer la salle. Léon Buquet décéda quelques mois après avoir publié cette poésie.

Le Conseil municipal vota 24,000 fr. pour ces travaux, qui eurent lieu d'après les plans de l'architecte de la ville; la sculpture des figures fut confiée à M. Zara, de Paris; la peinture et tapisserie à Voizel, du Havre, qui eut à lui seul

14,642 fr. de travaux sur les 24,000 votés pour l'ensemble.

L'on ne toucha pas à la disposition des galeries, on supprima seulement un rang de parterre pour faciliter la circulation, ce qui diminua d'autant la recette pour la direction. Les girandoles du pourtour des galeries disparurent, vu, pensait-on, que le lustre éclairait suffisamment la salle. L'avant-scène reçut à son sommet les armes de la ville, supportées par celles du commerce et de la marine. Le rideau représenta une vaste draperie verte, retenue des deux côtés par des glands d'or : les deux loges d'avant-scène se faisant face, tapissées d'étoffes vertes, avec liseré d'or, supportant, l'une la Salamandre, l'autre un dauphin. Le pourtour des premières supportait des anges et des médaillons portant des camées et des sculptures antiques. Les médaillons des secondes portaient des oiseaux fantastiques.

Le plafond, sur fond blanc relevé d'or, se divisait en douze compartiments représentant une célébrité artistique et une figure allégorique : tragédie, musique, poésie, comédie, vaudeville, danse.

Les célébrités étaient représentées par Corneille, Molière, Ancelot, Casimir-Delavigne, Grétry, Boïeldieu, etc.

Ces décorations de bon goût faisaient l'éloge de leur auteur et des artistes qui les avaient exécutés.

Le 31 août eut lieu la réouverture de la salle, devant un public peu nombreux. L'orchestre exécuta l'ouverture du *Cheval de Bronze*, et le programme de la soirée se composa de *Norma*, *Je serai Comédien*. M. Danterny prononça un discours dû à M. Fisquet, littérateur, né à Montpellier en 1818, auquel on doit plusieurs ouvrages estimés, entr'autre une *Histoire de l'Algérie*, une *Histoire de la Cathédrale de Paris*, un résumé de la *Gallia Christiana*, etc. M. Fisquet avait été professeur d'humanités au collége de

Bernay. Le directeur de notre théâtre le chargea d'une traduction do *Belisario*, de Donizetti.

Le discours en vers qu'il composa pour la réouverture parut trop long (154 vers environ) et ne fut pas bien dit ; puis après ceux de Casimir Delavigne et Ancelot, l'auteur ne pouvait trouver rien de bien nouveau. Ce discours, complétement oublié de nos jours, a été imprimé chez Lepetit, à Ingouville. Nous en citerons les premiers vers ;

Enfin, après un mois de travail assidu,
Le théâtre à nos vœux par Voizel est rendu.
De cet autre Cambon la palette accomplie
A su faire coquet le palais de Thalie,
Et ses pinceaux savants déployant leurs trésors
Aux blancs reflets du gaz font briller les décors.
De l'effrayant hiver pour charmer les soirées,
Au théâtre embelli les dames attirées,
Ne craindront plus qu'un ban de velours appauvri
Souille de sa poussière un *vêtement chéri* (sic).
La salle maintenant a changé de parure
Et les dames voudront lui faire une ceinture,
Et plus d'une en sortant, le front sombre ou serin,
S'éloignera riante en disant à demain !
. . . .

Après avoir, comme Delavigne et Ancelot, prouvé que le Havre ne peut rester indifférent aux arts, après avoir chanté son commerce, les grands hommes qui sont nés en cette ville, M. Fisquet termine ainsi :

Le barde, hélas ! n'a plus que le son de sa lyre ;
Havrais, pour ses accents ayez un seul sourire ;
Sans nul doute, en entendant ces vers,
Votre cœur s'est ému de sentiments divers.
L'auteur n'est point Havrais, mais il vous les dédie,
Car où sont des Français, il voit une patrie.

L'intention était bonne, et il faut en savoir gré à l'auteur qui a soin d'ajouter dans une note qu'il est né à Montpellier. La patrie saura toujours guider sa lyre, et ce n'est que pour la chanter qu'il trouvera des inspirations. Après ce franc aveu, la critique n'a plus sa raison d'être.

Ls 1ᵉʳ septembre, premiers débuts de Mme Hélène Bazire, premier rôle, et de Mme Popé, première amoureuse : *Marquise de Senneterre*. — Le 3, deuxième de Mme Popé, dans le *Chevalier de St-Georges* ; reprise de l'*Ambassadrice*. — Le lendemain, Mme Popé est admise dans la *Lectrice* ; première représentation des *Secondes Noces*, vaudeville de Melesville et Carmouche. — Le 10, premier de Derville, jeune premier : *Mère et l'Enfant se portent bien*. — Le 13, deuxième de Mme Bazire et de Derville, dans les *Enfants d'Edouard*. — Le 14, admission de Derville dans la *Chanoinesse*. Derville devint directeur du théâtre provisoire, ouvert après l'incendie de la salle (1843).

Le 16, *Guitarrero*, opéra-comique de Scribe, musique d'Halévy. Succès pour Elisa Cundell, Cœuriot (Guitarrero), Fieux, Cifolelly et Breton.

Hélène Cundell, engagée à Rouen, obtient du succès dans Alice, de *Robert*.

Le 17, début d'une nouvelle grande coquette, Mme Tournoy, dans le *Jeune Mari* et les *Secondes Noces* ; encore une qui ne devait pas être reçue.

Le 21, nous eûmes une soirée de mystification par la représentation donnée par Math Engel, première chanteuse ténor, dans un morceau de la *Somnambule*. Le *Journal de Rouen* avait dit que, dans toutes les cours de l'Europe, on avait admiré la voix extraordinaire de cette artiste ainsi que l'expression de sa figure. Si c'était un homme, elle aurait pu remplacer Rubini.

Notre public fut moins enthousiaste que le rédacteur rouennais. Dès les premières notes lancées par Engel, on crut voir là une mauvaise supercherie. Des paris s'engagèrent, les uns prétendant que ce n'était qu'un ténor revêtu d'habits féminins, les autres soutenant le contraire. Dans le doute on s'abstint de siffler, mais on n'applaudit pas.

Le 23, Mme Bazire est reçue non sans opposition dans *Il y a seize ans*. Le 25, Reigner, ex-première clarinette de l'Institut de Munich, exécute trois morceaux qui lui attirent des bravos de la part du public très peu nombreux qui assistait à son concert.

Le 1er octobre, on allait commencer la *Muette* lorsque le régisseur vint sur la scène annoncer que M. Sambet n'étant pas présent, on ne peut jouer l'opéra. Une voix partie des coulisses s'écrie : « M. Sambet est là prêt à remplir son devoir. » Il se présente en effet et est fêté. Au lever du rideau, au second acte, le régisseur adressa ses excuses au public.

M. Durand, domicilié alors rue d'Orléans, 61, adresse au ministère une demande tendant à l'autorisation de faire jouer une comédie mêlée de couplets, composée par lui et ayant pour titre : *Le Charpentier de Navires*. Nous n'avons rien trouvé aux archives municipales qui nous ait prouvé que le ministre ait répondu à cette demande. Du reste, la pièce ne figura pas sur le répertoire de notre théâtre.

Le 4 octobre, premier début, dans la *Juive*, d'Adèle Lagier, première chanteuse remplaçant Hélène Cundell. C'était une élève de Duprey qui sortait de l'Opéra ; elle abordait ce rôle pour la première fois et s'en tira tout à son avantage. Le 7, le *Bon Ange*, vaudeville en cinq actes, qui n'obtint pas de succès malgré qu'il ait été bien joué par MM. Marchand, Lefebvre, Danterny et Mme Popé. Le 8, deuxième d'Adèle Lagier dans *Robert*. Le 14, concert par Helvig et Augustin, chanteurs des Alpes. Le 18 Mme Bazire est sifflée dans la *Fille de la Folle*. Elle publia une lettre de protestation ; elle a été reçue et a joué dix-neuf fois depuis sans avoir suscité aucune manifestation ; mais ne voulant pas lutter contre ses opposants, elle préfère résilier. Le 19, troisième début d'Adèle Lagier, dans les *Huguenots* ; à part M. Sambet et la débutante, tout le monde, y compris choristes et orchestre, sont très mauvais et on exigea un quatrième début pour la chanteuse. Un *Grand Criminel*, vaudeville en deux actes, est sifflé.

Le 22, la *Calomnie*, comédie en cinq actes, de Scribe ; Mme Stephen (Mme Guilbert) ; Fortier (Raymond) ; Marchand (Coquinet) ; Mme Popé (Cécile), se tirèrent très bien de leur rôle.

Le 25, quatrième début et admission d'Adèle Lagier, dans le *Postillon* ; première, dans la *Meunière de Marly*, de Mme Couturier, grande coquette, qui avait de la tenue et de la distinction, mais son talent était à peu près nul.

Discutions, par la voie des journaux, entre la direction et Danterny, celui-ci prétendant que sa femme n'est pas malade et peut jouer, mais que c'est l'absence de Mme Stephen qui arrête l'opéra. Le directeur déclare que Mme Danterny a refusé de jouer trois jours de suite.

Le 28, la *Sœur de Jocrisse*, vaudeville de Varnier et Duvert ; succès pour Perron et Mme Popé. — Le 29, représentation au bénéfice des pauvres : *Robert* ; la *Grâce de Dieu* ; elle produisit 2,193 fr. 15 de recette ; 132 fr. au bassin. Il resta, tous frais payés, 2,024 fr. pour les indigents.

Mme Marneffe et Haly obtenaient alors du succès à Gand.

Le 4 novembre, on rejouait la *Grâce de Dieu* ; on appela le régisseur pour se plaindre qu'on donnait trop souvent ce drame.

Le 8, première représentation de la *Favorite*, l'opéra devenu si populaire ici. La direction l'avait monté avec un grand soin ; les décors, dont quelques-uns subsistent encore, faisaient honneur à Voizel. Les rôles furent ainsi distribués : Fernand (Sambel) ; Balthazard (Popé) ; Alphonse (Fieux) ; Léonore (Mme Cundell-Danterny) ; tous les artistes furent rappelés.

Le 9, les *Intimes*, vaudeville en un acte, bien joué par Marchand, Breton, Cifolelly, Mme Jannin et Popé.

Le 18, rentrée splendide de Mme Fortier, dans les *Enfants d'Edouard* et dans le *Misantrophe*. — Le 21, reprise de la *Dame Blanche* ; Cœuriot (Georges), Mme Danterny (Anna), n'obtiennent aucun succès. — Le 22, Mme Lagier chante Léonore, de la *Favorite*, en remplacement de Mme Danterney, mais elle est sifflée ; elle prit sa revanche le lendemain, où, dans le même rôle, elle fut magnifique.

Le 25, la *Femme jalouse*, comédie en cinq actes, de Desforges ; Fortier, Mme Fortier, Mordant, Lefebvre et une nouvelle amoureuse, Simonette, y furent très applaudis. — Le 27, *Mademoiselle Sallé*, vaudeville joué par Marchand, Cifolelly et Mme Jannin, est sifflé à la chute du rideau.

Le 2 décembre, la reprise de *Christine ou Stockholm et Fontainebleau*, drame de Dumas, n'obtint qu'un très léger succès, bien que Mme Fortier et Fortier (Christine et Monadeschi) aient su s'y faire applaudir.

Le 6, représentation donnée par Mme Pouillez, ex-chanteuse à Bordeaux et alors à l'Opéra, dans *Lucie*. — Le 10, elle parut dans *Jean de Paris* et dans le *Comte Ory*. Ce même soir, Mme Couturier est reçue malgré une forte opposition, dans le *Jeune Mari*. C'était la troisième grande coquette qui débutait. — Le 14, Mme Pouillez, dans la *Muette* et le *Pré aux Clercs*.

Le 21, représentation au bénéfice de Mme Fortier, par la première représentation des *Ouvriers*, vaudeville ; *Marie Stuart*, tragédie, dans laquelle Mme Fortier fut splendide ; deux morceaux joués sur la flûte, par Ferry ; les *Deux Savoyards*, chantés par Marchand et Lefebvre ; *J'ai quatre Sous*, chanté par Lefebvre ; les *Aventures d'un Allemand*, chantées par Marchand ; le *Verre d'Eau*, comédie de Scribe. La salle fut bondée dans tous ses coins et recoins. Pendant qu'on jouait le lever du rideau, il restait plus de 500 personnes à placer.

Le 23, *Endymion ou à qui le Moutard*, vaudeville en un acte, de Mélesville. Lefebvre réussit très bien le rôle d'Endymion.

Le 6 janvier 1842, première représentation des *Pilules du Diable*, féérie en treize tableaux, par Anicet Bourgeois, Laurent et Lanoue. Quelques-uns des artistes qui avaient joué cette pièce à Paris, tels que Laurent, Gobet père et fils, vinrent tenir leur emploi ici, mais il n'y eut pas de succès. Les rôles avaient été, pour la plupart, mal distribués ; les plus beaux changements à vue ratèrent, et, à la fin, l'ouvrage fut sifflé. A la seconde, le succès fut complet ; Marchand, dans Babylas et Lefebvre, dans Sotinez, furent superbes ; mais, en somme, la direction, qui avait prémédité de nombreuses recettes avec cet ouvrage, fut déçue dans ses espérances, les *Pilules* n'ayant pu atteindre que six ou sep représentations.

Le 28, *Une Chaîne*, comédie de Scribe. Mme Stephen fut si charmante dans le rôle de Louise de Saint-Géran, qu'un abonné, M. D..., lui adressa les vers suivants :

A ton talent, je rends un juste hommage,
Et je conviens qu'il est des plus parfaits ;
Grâce, beauté, tout t'échoit en partage,
Pourtant hier, tout bas, je me disais :
Il est fâcheux pour l'auteur, que j'admire,
Son œuvre y perd, il faut bien le dire,
Ou de morale il eut fallu changer,
Car dans un but tout à fait respectable,
Scribe a voulu nous prouver, que toujours
Le remords suit une flamme coupable
Qu'elle détruit le bonheur de nos jours.
Or se peut-il que t'ayant entendue
Dire je t'aime on échappe à ta loi.
Scribe aura tort, sa morale est perdue,
Tout son effet disparaît devant toi.
De ton amant, dût-on souffrir la peine,
Pour obtenir de toi ce mot si doux,
Dût-on des Dieux affronter le courroux,
Chacun encore voudrait porter ta chaîne.

Les autres rôles furent tenus par Fortier (St-Géran), Breton, Derville, Lefebvre, Mme Popé.

Le 15 février, première du charmant opéra d'Auber : Les *Diamants de la Couronne*, qui fut un succès pour Mme Cundell-Danterny (la Catarina) ; Stephen (Diana) ; Cœuriot (Don Henrique) ; Cifolelly (Don Sebastien) ; Marchand (Campo-Mayor).

Le théâtre ouvre la série de ses fêtes de nuit. Un cavalier et sa dame payaient 6 fr. ; un cavalier seul, 6 fr. ; une dame, 4 fr. On s'accorda à reconnaître qu'elles laissaient bien loin d'elles, comme richesse de tombola et même comme décoration, celles organisées par Fortier. — Le 17, Mme Duflocq-Maillard, chanteuse des concerts de Paris et élève de Benderalidy, paraît dans Isabelle de *Robert*. Il n'y avait que peu de monde. Le 22, elle chanta *Norma* et une scène du *Belisario*.

Le 24, reprise de *Henri III et sa Cour*, qui n'avait pas été joué ici depuis la visite de Mlle Mars ; Derville remplit le rôle de St-Mégrin ; Cœuriot, par complaisance, celui de Henri III ; Mme Couturier, Catherine, et M. et Mme Fortier, ceux du duc et de la duchesse de Guise.

Le 26, Mme Duflocq-Maillart chante devant peu de monde la *Favorite*, où pourtant elle fut superbe et se fit rappeler. Elle la rechanta le 28, mais devant une salle comble qui lui décerna couronnes et bouquets.

Le 2 mars, la soirée au bénéfice de Bertrand attira peu de monde, malgré la sympathie dont jouissait cet artiste et la variété du programme. On donna le premier acte de *Robin des Bois* ; les quatrième et cinquième de *Christine de Suède* ; un interlude ; la *Grâce de Dieu* ; l'ouverture du *Planteur*, et, enfin, une scène comique, la *Vie de Napoléon*, racontée par un vieux soldat.

Le 4, David, ancienne doublure de Talma, Level, Félix, du Théâtre-Français, et Mlle Stella, jouent *Andromaque* : David (Oreste), Stella (Andromaque). Ils firent peu plaisir ; mais, le 6, ils prirent leur revanche dans *Hamlet*, de Ducis. Le 10, ils jouèrent le *Tartuffe*.

Les célébrités continuent à défiler sur notre scène ; le 12, M. et Mme Mélingue jouèrent *Lazare le Pâtre* ; le 15, ils parurent dans la *Tour de Nesle* ; le 17, dans *Rita* ; le 22, dans *Othello* ; le 29, dans le *Manoir de Montlouvier*.

Le 18, force est de faire relâche, Mmes Danterny, Stephen et Lagier étant malades.

Le 31, représentation par et au bénéfice du couple Mélingue, *Catherine Howard*. La salle était comble et les deux artistes furent rappelés.

Le 4 avril, le *Vicomte de Létorières*, vaudeville en trois actes, joué par Mme Stéphen et Jannin, MM. Breton, Marchand et Perron.

Nous avons à citer aussi la reprise de *Richard Cœur de Lion*, qui avait eu lieu le 23 mars ; mais ce fut un fiasco. Cet opéra n'étant pas dans la voix de Sambet, il n'obtint que des sifflets.

Le 6 avril, Ravel et M. et Mme Giavello, donnent plusieurs ballets : *Soirée vénitiennes* ; *Vol au Vent*, etc.

Le 10, pendant la représentation de *Jeanne d'Arc*, jouée par Mélingue, un jeune homme étranger à la ville se place durant un entr'acte aux galeries en tournant le dos au parterre. Les cris : A la porte se font entendre ; le jeune homme ne quitte pas sa place, le tumulte dure une demie-heure. On interpelle le commissaire, qui déclare qu'il ne peut forcer la personne à se retirer et prie le public de cesser ses cris ; le tapage continue. Enfin, le directeur s'en mêle et l'étranger sort. Quelques instant après, le régisseur dit que l'auteur du bruit l'a invité à déclarer qu'il présentait ses excuses au public, qu'il n'avait pas eu la pensée d'insulter.

Le 12, au bénéfice de Mme Jannin, on joua *Manche à Manche*, vaudeville ; les *Deux Voleurs*, opéra de Girard ; le *Planteur*, ouverture ;

Deux Dames au Violon, dont une dame amateur joua sans aucun succès le rôle d'Arthémise ; enfin, Mélingue et sa femme jouèrent dans la première d'*Héloïse et Abélard*, drame de Dupaty. C'était la dernière soirée que nous consacrait le couple Mélingue, dont nous n'avons pas à faire la biographie bien connue. Nous rappellerons que Mélingue est un de nos compatriotes, car il naquit à Caen, en 1812. Quant à Mme Mélingue, elle était déjà célèbre lorsqu'elle n'était que Mlle Théodorine et, en 1844, elle faisait partie des artistes du Théâtre-Français, ce qui prouve le mérite réel de son talent. Mélingue est mort le 27 mars 1875. Le 15, au bénéfice des pauvres : *Kean, Deux Voleurs, Vicomte de Letorières*.

Le 19, au bénéfice de Marchand : *Les Deux Divorces*, un de ses triomphes ; la première des *Mémoires du Diable*, avec Fortier, dans le rôle de Robin ; la *Vieille*, opéra de Scribe et de Germain Delavigne ; *Songe d'Athalie*, joué par Mme Elisa Halley, notre ex-premier rôle et alors à la Porte-Saint-Martin ; air des *Voitures versées*, chanté par un amateur qui ne fit aucun plaisir ; l'*Evocation des Nonnes travesties*. Il va sans dire que, ainsi que cela avait eu lieu pour Mme Jannin, la salle fut pleine et que l'on refusa du monde.

Le 22 avril, pour le bénéfice de Mme Stephen, on donne les *Orphelins du Parvis Notre-Dame*, vaudeville en un acte ; le *Pays latin*, vaudeville en un acte ; les *Mémoires du Diable* ; la *Canaille*, drame en trois actes. C'est dans un des actes de cette dernière pièce que le marchand de braise vint pousser sa brouette en chantant : *Viens gentille Dame*. Il produisit peu d'effet, par ce motif peut-être que le drame, semé de scènes immorales, fut plutôt sifflé qu'applaudi.

Le 26, au bénéfice de Mme Popé, reprise du *Naufrage de la Méduse, Vicomte de Létorières*.

La clôture de l'année théâtrale eut lieu le 30 par : *La Vieille*, opéra ; la *Vision du Tasse*, scène en vers ; le deuxième acte de *Guillaume-Tell* ; le troisième des *Mémoires du Diable* ; le deuxième du *Vicomte de Létorières*, et par un discours d'adieux, récité par Mlle Lefebvre. Mme Stephen reçut cinq bouquets. Mme Cundel-Danterny est assez bien applaudie. Sambet reçoit quelques sifflets. Il dit au public : « Je n'ai pourtant fait de mal à personne. » Mordant, au contraire, est très choyé. « Ah ! Messieurs, s'écrie-t-il, mon regret était déjà assez grand de vous quitter. » Après la chute de la toile, on rappelle les artistes aimés : Mmes Stephen, Jannin, M. et Mme Fortier, M. Marchand, etc. Danterny, également demandé, voit les applaudissements qu'on lui décerne couverts par quelques sifflets.

La troupe donne une soirée littéraire et artistique au bénéfice de Mlle Lefebvre, le 3 mai. Elle se composa de la *Tentation* poëme, récité par M. Lefebvre fils ; du *Bénéficiaire*, comédie-vaudeville en cinq actes, de Theaulon ; *Deux Femmes contre un Homme*, vaudeville de Dumanoir et Méric ; le *Mariage enfantin*, vaudeville de Scribe et G. Delavigne ; les *Economies de Cabochard*, vaudeville de Dumanoir et Siraudin. La soirée fut bonne et le public très nombreux.

DIRECTION AIMABLE BOISGE DIT MUTEE

Année Théâtrale 1842-1843

MM. Breton .... régisseur général.
    Charles .... deuxième régisseur.
    Duchateau .... troisième.
    Duchesne......... contrôleur.
    Voisel........... peintre.
    Barré .... machiniste chef.
    Chevalier........ bibliothécaire.
    H. Lecouvreur.. .. caissier.
    Barbier.......... costumier.

Opéra

MM.	Martin	premier ténor, venant de Bordeaux).
	Grognet	deuxième.
	Charles	troisième.
	Fernand	deuxième.
	Léon	baryton.
	Barielle	première basse.
	Breton	deuxième..
	Duchesne fils	troisième.
	Léodon	troisième.
	Marchand	ténor grime.
	Hartmann	ténor comique.
	Constant	deuxième
	Eugène	troisième ténor.
	Constant	2me ténor comique.
	Berlin	utilité.
	Prosper	utilité.
	Lefebvre	utilité.
	Rozan	coryphée basse.
Mmes	Duchampy	première chanteuse, venant de Nantes.
	Panien	deuxième.
	Caroline Gilbert	première dugazon.
	Jannin	deuxième.
	Contremoulins	troisième.
	Verteuil	duègne.
	Hess	mère dugazon.
	Bertrand	utilité.
	Ernestine	utilité.

Orchestre

MM.	Milord	premier chef.
	Reyloff	deuxième.
	Gauzieu	répétiteur.
	Delarbre	répétiteur.
	Bourle	premier violon.

Drame — Comédie — Vaudeville

MM.	Fortier	premier rôle.
	Casimir	jeune premier.
	Derville	premier amoureux.
	Demortain Camille	jeune premier.

MM. Fernand.......... deuxième amoureux.
Marchand.......... premier comique.
Hartmann .... premier comique.
Breton............ comique.
Constant.......... deuxième comique, premier au besoin.
Savar .... deuxième et troisième
Bertrand.......... financier.
Bertin............ père noble, troisième rôle.
Charles........... troisième amoureux.
Eugène........... deuxième et troisième rôle.
Prosper........... troisième rôle de convenance.
Léodon........... utilité.
Duchesne fils...... utilité.
Mmes Nourtier.......... premier rôle, venant de Brest.
Desmortain........ jeune première.
Caroline Gilbert.... jeune première.
Hess .... amoureuse.
Contremoulins..... amoureuse.
Jannin .... soubrette.
Verteuil........... duègne.
Breton............ duègne.
Bertrand.......... amoureuse.
Ernestine .... amoureuse.
Alphonsine........ amoureuse.

L'ouverture de la campagne a lieu le 17 mai, par *Lucie*, pour les premiers débuts de Martin, Fernand et Barielle rôle d'Asthon (toujours, on le voit, rempli par la basse). Martin, qui venait de Bordeaux, avait de la voix, mais n'était pas comédien. Mme Duchampy, qui effectuait aussi son premier, n'eut pas de succès, ce rôle ne lui étant pas favorable. Il y avait une belle salle.

Le 18, deuxièmes, dans la *Juive*, de Martin, Barielle, Mme de Champy ; premier de Grognet. Rentrée de Mme Panien.

Mme Duchampy, qui était regrettée à Nantes, chante avec goût ; elle est applaudie, mais aussitôt on siffle, on proteste. Cette dame déclare que, n'étant pas accoutumée à pareille réception, elle préfère se retirer. Mme Panien est accueillie froidement, puis on demande au régisseur qu'elle fasse les trois débuts. Celui-ci répond que cette artiste n'étant absente que depuis un an, le public ne pouvait l'exiger ; l'incident n'a pas de suite. Martin obtient du succès. Le 20, premiers de Casimir, Demortain, Constant et Contremoulins. Rentrées des artistes aimés, Marchand, Bertrand, Mme Jannin : *Chevalier de Saint-Georges, Premières Amours, Mari de la Dame de Cœur*. Au deuxième acte du *Chevalier*, Bertin est sifflé. « Messieurs, dit-il, je vois bien que je ne puis aller plus loin ; j'ai fait plus que force, je ne le ferai plus. » Après cet acte de contrition, on laissa continuer l'infortuné artiste.

Le 23, deuxièmes de Grognet et de Mme Contremoulins ; troisième de Mme Duchampy ; premiers de Léon, baryton, et de Hartmann. — Le *Gamin de Paris*, le *Barbier*. — Dans l'opéra, dès son premier morceau, Mme Duchampy, qui dût, d'après son engagement, tenter sa dernière épreuve, se voit le motif d'une lutte des plus acharnées. Le commissaire prie qu'on attende la fin de la pièce ; on ne l'écoute pas. Le parterre envahit le parquet et se prend corps à corps avec les spectateurs. Les dames jettent des cris de frayeur et plusieurs tombent en faiblesse et sont enlevées par dessus l'orchestre et portées sur la scène. Ces regrettables incidents ne s'arrêtent que lorsque le régisseur eut enfin annoncé la résiliation de Mme Duchampy. La garde néanmoins avait été requise et des spectateurs expulsés.

Le 25, seconds de Grognet, Casimir, Demortain, Mme Demortain. — Troisième de Mme Contremoulins. — Rentrée de Caroline Gilbert, qui était absente depuis un an. — Dans les *Deux Divorses*, on appelle le régisseur : — Pourquoi faites-vous tenir le rôle de Guillaume par Prosper, c'est un figurant ; c'était Mordant qui le remplissait, pourquoi ne l'engagez-vous pas? — Il ne veut pas. — Parbleu! vous avez voulu diminuer ses appointements ; faites le venir, il est à Paris sans emploi. On continue les *Deux Divorses*, mais Mme Contremoulins est sifflée et résilie. — Dans la *Chanoinesse* quelques sifflets accueillent Caroline Gilbert, mais ils sont couverts par les bravos. — Dans le *Panier fleuri*, même fait pour Caroline Gilbert ; Grognet y fait plaisir dans Beau-Soleil.

Le 27, M. et Mme Demortain sont admis dans *Prosper et Vincent*, la *Marraine*. — Troisième de Martin dans la *Muette*, où il est reçu avec enthousiasme, vu qu'il chanta d'une façon supérieure. — Léon, voyant qu'une opposition unanime s'élevait contre lui, fait annoncer entre les quatrième et cinquième acte, qu'il résilie. — Le 28, premier début de Mme Nourtier et rentrée de Fortier, dans *Il y a seize ans*. — Le 30, Barielle et Grognet sont reçus sans opposition dans *Robert*. On retracasse Berlin et et on redemande Mordant. L'organe de la direction annonce l'engagement d'un père noble de mérite.

Le 1er Juin, deuxièmes de Fernand dans *Masaniello* et de Hartmann, dans *Renaudin de Caen*. Le lendemain, deuxième de Mme Nourtier et rentrée de Perville dans *Un Monsieur et une Dame* ; *Louise de Lignerolles*. — Troisième de Hartmann dans l'*Apprenti*. On siffle ce dernier ; on empêche de finir la pièce ; l'artiste résilie et on ferme la salle ; il n'était que neuf heures et demie.

Le 3, troisième et réception de Fernand dans *Fra-Diavolo*. — Fernand Lagarrigue, né à Toulouse en 1807, après avoir quitté le Havre, chanta à Rouen, puis se livra au drame, d'abord aux Folies-Dramatiques, puis à Bordeaux. Il prit la direction du théâtre d'Avignon, puis de Montauban. Fernand Lagarrigue, dont le vrai nom était Lagrange, est mort directeur du théâtre de Béziers, le 6 mars 1860. — Le 6, premier début de Mme Hess, dans la *Fiancée* ;

Barielle, par complaisance, chante le rôle du baryton.

Le 9, troisième de Casimir et premier de Constant, dans *Panier Fleuri* et dans la première du vaudeville, la *Nuit aux soufflets*. Casimir admis sans opposition. — Demortain fait un geste inconvenant. Tumulte. Le lendemain il publie excuses ; il était chargé d'études et sa mauvaise humeur était plutôt contre lui-même, dit-il.

Le 11, premier de Delamare, père noble ; Second de Constant et troisième de Mme Nourtier. *Tartuffe*. Lutte pour la dernière ; elle veut quitter la scène, ses partisans l'engagent à rester. Tumulte. On ne peut entendre un mot de la pièce. Le commissaire déclare enfin que Mme Nourtier est refusée.

Le 13, premier début d'une nouvelle première chanteuse, Mlle Dubreuil, dans *Robert*.

Le 16, premier d'un nouveau baryton, Becquet et second de Mme Dubreuil, dans *Guillaume-Tell*. Cette dernière fit plaisir, ainsi que Martin que l'on rappela, mais le baryton n'avait aucune expérience de la scène.

Le 16, premier de Graffetot, comique et trial, et de Mme Graffetot, ingénue, et second de Delamare : la *Sœur de Jocrisse*, la *Tirelire*. Le lendemain, Graffetot accomplit son second début dans les *Rendez-Vous Bourgeois* et sa femme dans les *Premières Armes de Richelieu* ; celle-ci était une gentille actrice ; quant à Graffetot, il n'avait pas de voix pour un trial et on lui reprochait déjà le défaut qui le fit renvoyer quelques années plus tard : c'est-à-dire de trop charger ses rôles. Il fut reçu, le 20, avec forte opposition, dans Dickson, de la *Dame Blanche*, qu'il parla plutôt qu'il ne chanta. Sa femme se vit admise à l'unanimité dans le *Maître d'Ecole* et dans l'*Espionne Russe*.

Le 21, second de Becquet et troisième de Mme Dubreuil, dans le *Barbier*. Dès le second acte, la lutte éclate ; l'artiste est déclarée admise ; mais, au quatrième acte, l'opposition proteste et siffle jusqu'à la chute du rideau. Cette artiste, lorsqu'elle reparut le 23, dans *Guillaume*, est sifflée, ce que voyant, elle salue et quitte la scène. Peu d'instants après, le régisseur vient annoncer sa résiliation. L'autorité avait pourtant pris des mesures ; on assure même qu'un piquet avait été commandé à la citadelle pour faire respecter le vœu de la majorité qui avait fait prononcer l'admission de l'artiste ; mais celle-ci ayant résilié, le projet devint nul.

Le 22, Constant et Delamare sont renvoyés à leur troisième dans les *Saltimbanques* ; le premier abandonne même la scène, au milieu d'une tirade et adresse au public un geste des moins gracieux ; les autres artistes n'ayant plus la réplique, prennent aussi le parti de se retirer ; la toile tombe et le public se sépare à 9 heures 1/4.

Le 30, exercices par Emile, le chien des Pyrénées. C'était une réminiscence des travaux de l'éléphant Kiony. En effet, pendant cinq actes consécutifs, ce chien étonna les spectateurs par son intelligence. Il sauva d'un incendie un enfant au berceau ; comme Djaly, la chèvre de la *Esmeralda*, il écrivit le nom d'une personne, délivra son maître d'une prison et jeta son ennemi dans un précipice. Rappelé par la salle entière, il salua gracieusement le public. A la demande générale, il dut donner deux autres représentations.

Le 4 juillet, premier début de Mme Renaud, premier rôle, dans les *Enfants d'Edouard*. Le 5, *Amour et Amourette*, vaudeville en cinq actes, qui fit plaisir, ayant été bien enlevé par Marchand, Derville, Demortain et Graffelot.

Le 8, soirée digne de figurer parmi les plus belles de notre théâtre, le célèbre baryton de l'Opéra, Baroilhet, chante la *Favorite*. Il était accompagné de Mlle Chollet, la sœur du ténor de l'Opéra-Comique, notre ex-pensionnaire.

La représentation fut magnifique. Notre ténor Martin abordait pour la première fois le rôle de Fernand. La salle était comble et tous les artistes furent rappelés. Baroilhet avait tenu pendant quatre ans l'emploi de baryton à Naples. Il rentra à l'Opéra en 1841 par le rôle d'Alphonse, de la *Favorite,* écrit pour lui. Nous n'avons pas à rappeler ses créations, elles sont présentes à la mémoire de tous. Retiré du théâtre depuis plusieurs années, Baroilhet est mort le 20 avril 1871, subitement, en faisant une partie de domino.

Le 9, premier début de Potier, nouveau trial et des comiques, dans le premier acte de la *Dame Blanche.*

Baroilhet chante le 11 *Guillaume-Tell* et le boléro : *Le Muletier de Castille,* un de ses triomphes.

Le 14, Joseph Kelm, devait jouer, mais à la nouvelle de la mort du duc d'Orléans, la ville fit fermer la salle jusqu'au 17 ; le directeur reçut 1,000 fr. d'indemnité.

Le 17, Hervig Nomo, mime du théâtre Adelphi, à Londres, et surnommé le *Métempsuchosien,* joue *Baboon ou le Nain sauvage.* Il donna plusieurs représentations.

Le 19, Joseph Kelm, joue dans les *Saltimbanques,* chante la *Trompette de Marengo* et *J'ai quatre sous.* Dans la première pièce, second début de Potier, Mme Chollet, qui restait parmi nous, avait accompli sa rentrée, la veille, dans la *Juive.*

Le 21, la direction trouvant les articles du journal le *Courrier du Havre* trop sévère à son égard, supprime les entrées du rédacteur, qui, cela va sans dire, fit une guerre plus acharnée à la direction.

Le 25, on célébrait, à Notre-Dame, un service funèbre pour le duc d'Orléans, et cependant le théâtre ne crut pas devoir faire relâche. Il donna *Robert,* mais, et ceci fait l'éloge de nos concitoyens, la salle était vide. Le 27, *Tiridate ou Comédie et Tragédie*, vaudeville en 1 acte ; le *Marchand d'Images*, scène jouée par Graffetot. Mme Hesse, que l'on voulait contraindre à jouer les grandes coquettes, préfère résilier. Le 29, la *Dot de Suzette*, drame en quatre actes, de Dunaux et Lemoine.

Le 2 août, Potier effectuait sa dernière épreuve dans *Fra-Diavolo*. Au deuxième acte, le public déclare qu'il ne veut pas de cet artiste et le renvoie définitivement au troisième acte. La direction ayant remercié Casimir, qui, ainsi que nous l'avons dit, avait manqué de respect au public, fera remplir son emploi par Potier. Ce même soir (2 août), il se passa sur la scène un fait regrettable sous tous rapports. Constant, qui avait été refusé le 22 juin, dans les *Saltimbanques*, reparaissait comme figurant dans *Fra-Diavolo*. Le public proteste ; Constant lui lance un regard insolent ; on demande son expulsion. Le commissaire de police l'invite à se retirer, c'est alors que Constant laisse échapper ces regrettables paroles : « Si le public est stupide, je n'en suis pas la cause. » Le représentant de l'autorité se rend sur la scène et Constant est conduit en prison dans son costume de brigand. Cela ne lui porta pas chance. Quelques jours après, étant à causer dans la chambre d'un prisonnier, il refusa de sortir, résista au geôlier et se fit enlever par la garde. Traduit pour ce fait devant le tribunal correctionnel du Havre, il fut condamné le 16 août à quinze jours de prison.

Le 3, Vernet et Odry, que nous connaissions déjà, nous donnent une représentation. *Ma Femme et mon Parapluie* ; le *Chevreuil*. Dans cette dernière pièce, Caroline Gilbert portait un costume masculin qui allait très mal à son sexe. Les spectateurs rient, chuchotent et Caroline quittent la scène en laissant Odry en plan. On baisse la toile. Peu après, on la relève ; Caroline reparaît et est sifflée de rechef. Après l'acte, on entend une dispute derrière le rideau. On relève la toile et le régisseur, conduisant l'artiste par la main, dit au public : « Mlle Caroline prétend que c'est la direction qui la fait siffler. » Le tapage éclate et Caroline veut parler, mais on ne l'écoute pas ; elle prend alors le sage parti de se retirer.

Le lendemain, la soirée fut marquée par un fait heureusement rare dans les annales de notre théâtre et que nous ne consignons qu'au joint de vue de l'exactitude historique. Nous avons rapporté plus haut que l'administration avait supprimé l'entrée à un journal qui critiquait trop sévèrement sa gestion. A partir de ce jour, le journal paya sa place au bureau et se trouva encore plus libre d'écrire ses impressions, ce qui ne fit pas le bonheur du directeur. Le 4 août, à peine le gérant du journal en question avait-il gravi quelques marches de l'escalier de droite qui conduisait aux galeries, que le directeur Mutée se précipita sur lui et se porta à des voies de fait sur sa personne. Au bruit de la lutte, quelques spectateurs séparèrent le directeur et le gérant. Ce dernier déposa une plainte au parquet, mais l'affaire fut étouffée. Nous devons ajouter que M. Mutée regretta sincèrement l'acte inqualifiable auquel il s'était laissé emporter (1).

Voyons maintenant ce qui se passait dans la salle ce même soir. Le baryton Becquet accomplissait sa dernière épreuve dans Alphonse, de la *Favorite*. Il était bien téméraire à cet artiste, d'un talent très ordinaire, de choisir précisément un rôle dans lequel Baroilhet, un mois plutôt, avait chanté si admirablement sur notre scène. Aussi dès le second acte, l'infortuné Becquet vit commencer contre lui un épouvantable tapage. Le régisseur prie que l'on laisse

---

(1) En 1826, le rédacteur du journal le *Phare du Havre* avait été souffleté dans la salle ; le battu et le battant avaient été conduits en prison. Nous donnerons les détails de cette scène, dans les appendices que nous publierons à la fin de notre travail.

finir la pièce ; on accepte. Mais à l'acte suivant, aussitôt que le baryton attaque son grand air : *Pour tant d'Amour*, les sifflets couvrent sa voix et pour faire cesser le bruit, la police invite Becquet à se retirer. Le jour même, les cendres du duc d'Orléans avaient été transportées de Neuilly à Dreux ; mais pas plus à l'occasion de cette cérémonie funèbre, qu'elle ne l'avait fait un mois plus tôt, la direction n'avait pas cru devoir faire relâche.

Le 7, Vernet et Odry jouent *Madelon Friquet*, la *Canaille*. — Le 8, le *Sauveur*, le *Père de la Débutante*. — Le 11, bénéfice de Barielle ; le troisième acte de *Robert* ; Odry et Vernet dans *Monsieur Galochard* ; *Mathias l'Invalide* ; la *Canaille*. — Le 12, ils redonnent *Ma Femme et mon Parapluie* ; les *Saltimbanques* ; *Madame Gibou*. — Le 14, le *Chevreuil*. — Le 16, le *Sauveur*. — Le 18, ils reparaissent dans *Madelon* ; *Chevreuil* ; *Madame Gibou*.

Le 22, un nouveau baryton, Portheault, vient tenter le sort si fatal à ses devanciers dans la *Favorite*. Il était jeune et intelligent mais faisait l'effet d'être très novice dans l'art de chanter.

Delahaye, né à Bacqueville, près Dieppe, possédant une belle voix, avait été protégé par Duchesne, de l'Opéra, qui l'avait fait instruire par Morel, puis l'avait fait entrer à l'Académie royale de musique ; mais à l'encontre de Poultier, il ne réussit pas. Delahaye vint ici ; se fit entendre à Frascati, puis le 25, chanta *Robert*, sur notre théâtre. Le prix des places avait été augmenté et il y eut peu de monde. La soirée ne fut qu'une désillusion pour le public. On assure que la nouvelle d'un décès dans sa famille paralysa les moyens de Delahaye, qui fut au-dessous de l'ordinaire ; les autres artistes furent médiocres, puis au deuxième acte, on supprima le duo entre Robert et Isabelle. Le régisseur interpellé répondit qu'on ne le chantait plus à Paris et le reste de l'opéra fut plutôt massacré que chanté.

Le 26, premier de Clozel, père noble et troisième rôle, dans la *Pensionnaire Mariée*, et second de Portheault, dans le *Nouveau Seigneur*. Ils ne firent point plaisir ni l'un ni l'autre.

Le 29, premier d'Edmond, nouveau trial et comique, dans Dickson, de la *Dame Blanche*, second de Clozel, dans *Elle est Folle*.

Le 30, Roger, de l'Opéra-Comique, déjà venu, chante *Lucie*. Le 31, second début d'Edmond dans *Etudiant et Grande Dame*, où il est mauvais. Roger donne sa seconde représentation le premier septembre, dans le *Guitarrero*, où il est rappelé. — Le lendemain, Mlle Versain, engagée pour jouer les grandes coquettes, fait son premier début dans *Louise ou la Réparation*. Elle était jolie personne, ce début lui fut favorable.

Le 3, Roger chante le *Domino* et le *Châlet* ; Mlle Versain fait son second dans *Premières Amours, Elle est Folle*. — Le 7, Roger dans *Lucie*. On apprend que Caroline Gilbert, dont on se rappelle le petit désagrément qu'elle avait eu à supporter récemment vient de quitter le Havre. — Troisième début, le 6, d'Edmond, dans *Masaniello*. Au second acte, il reçoit quelques sifflets et annonce qu'il résilie. Il resta dans les chœurs. Le 9, Roger rechante le *Guitarrero*, et le 11 la *Dame Blanche*. Encore une résiliation celle de Duchesne, utilité.

Le 13, Roger chante, pour ses adieux, *Guillaume*, dans lequel Portheault accomplissait son dernier début ; cet artiste ayant été sifflé au troisième acte, fait annoncer sa résiliation. Mlle Chollet est très faible dans le rôle de Mathilde.

Le 14, Mlle Versain fait son troisième début dans les *Malheurs d'un Amant heureux*. Au second acte, on appelle le régisseur. Nous ne voulons pas de cette artiste ; faites-la résilier. Nous ne le pouvons, répondit-il. Eh bien, nous la sifflerons. Il se retire et revient : Mlle Versain résilie, dit-il, et refuse de reparaître. La pièce ne fut pas finie et le public forcé de se séparer. Le 16, encore une chute, celle de Clozel, qui est renvoyé à son troisième, dans la *Chanoinesse*.— Le 18, un *Monstre de Femme*, comédie-vaudeville en un acte, qui fit plaisir et dut être rejouée plusieurs jours de suite.

Le 24, nous entendîmes pour la première fois Poultier, le ténor aimé et notre compatriote. Il chanta *Guillaume-Tell*, qui lui avait servi de début à l'Opéra. Nous n'avons pas à rappeler l'origine de la carrière que Poultier parcourut avec tant de succès ; la biographie de l'ex-tonnelier de Rouen est connue de tous ; nous dirons seulement, à titre de renseignement, qu'il naquit à Villequier, le 27 mai 1814, et qu'il débuta à l'Opéra le 4 octobre 1841 (1).

A la suite de sa première soirée donnée au Havre, soirée où il obtint un immense succès, un de nos concitoyens, M. Aubry, domicilié place Richelieu, n° 3, publia les vers suivants à l'adresse du ténor normand :

Le Havre, admirateur de la docte musique,
Applaudit, d'Apollon, sous les trais de Poultier,
Arnold ; Eléazar naguère tonnelier,
S'est créé le héros de la scène lyrique.
Villequier mit au jour ce chanteur distingué,
Dont s'honore aujourd'hui la haute Normandie.
Le fils d'un vieux pilote est, sans avoir brigué,
Reçu premier ténor en notre Académie.

Le 26, Poultier chante la *Juive*, et le 29, la *Muette*. Il rechanta la *Juive* le 30.

On apprend la mort, à Marseille, de Darboville, ex-chanteur à l'Opéra-Comique, âgé de 61 ans. Il répétait et tomba, par suite de la rupture d'un anévrisme, entre les bras du régisseur. Il ne put que prononcer ces mots : « Oh ! mes enfants » et il expira.

---

(1) Naissance à Villequier, le 27 mai 1814, de Guillaume-Alexandre-Placide Poultier, fils de Charles-Michel Poultier et de Constance-Florence Delahaye.

Le 29, premier début d'un nouveau père noble et troisième rôle, Oudart, dans l'*Oncle Baptiste* ; *Elle est Folle*.

Le 3 octobre, premier de Mme Genot, mère dugazon, et reprise du *Cheval de Bronze*.

Le 4, premier d'un nouveau baryton, Ludovic, dans *Guillaume-Tell*. Il arrivait de Bordeaux. Il fit son second, le 6, dans le *Barbier*. Le 7, second d'Oudart, dans le *Tartuffe*.

Le 8, représentation donnée sur le théâtre d'Ingouville par quelques-uns des figurants du Grand-Théâtre : *Michel et Christine*, *Quasimodo sur les tours Notre-Dame*. Une actrice débutait dans la carrière dramatique dans la première pièce. Elle était jeune et inexpérimentée. Le public la siffla : il y eut aussi désordre et tapage dans la salle, causés par la présence d'une dame du demi-monde ; des coups de poings sont échangés. La police fait évacuer la salle.

Le 10, premier de Félix Bernard, nouveau trial, dans *Fra-Diavolo*. Le 12, admission de Ludovic, dans *Lucie*.

La foire faisait une grande concurrence au théâtre comme d'habitude. Un Combat d'animaux, dont les prix des places n'étaient que de 60, 30 et 20 centimes, prix très modestes pour voir 60 animaux s'entre égorger ; — Victor de Lille alors très couru ; — le cirque Trotter et Reuba ; — la troupe bordelaise ; — les hercules, tout cela attirait la foule, quand souvent le théâtre était vide.

Les débuts ne sont pas encore terminés ; le 14, Oudart est admis dans les *Deux Divorces*. Le lendemain, Mme Genot est admise dans la *Dame Blanche*, et Félix Bernard y accomplit sa deuxième épreuve.

Le 18, représentation donnée au bénéfice des Inondés de Fécamp, Etretat et Yport : *Les Intimes* vaudeville ; quatrième acte de *Guillaume* et quatrième de la *Juive*, chantés par Poultier ; les *Aides de Camp*, vaudeville ; l'*Aumônier du Régiment*. Dans cette pièce, Casimir est sifflé. Il salue et rentre dans les coulisses, second coup de sifflet ; Casimir revient et salue à nouveau. Le tapage est à son comble. Le lendemain, suivant la coutume traditionnelle, Casimir publia une lettre d'excuses. La recette pour les Inondés produisit 706 fr. 20, plus 279 fr. 45 reçus dans le bassin, soit 985 fr. 65.

A cette époque, Lesbros et Mme Marneffe obtenaient du succès à Gand, mais Mme Danterny-Cundell résilliait à Toulouse.

Le 20, Poultier chante la *Favorite*. C'était la première fois qu'il abordait le rôle de Fernand, qu'il n'avait même pas chanté à l'Opéra. Son succès fut tel qu'à la demande générale il dut le rechanter le lendemain.

Le 25, troisième de Félix Bernard, dans la première du *Caporal et la Payse* ; mais le public exigea un quatrième début, ne voulant pas qu'une pièce nouvelle serve de dernière épreuve à ce débutant. La direction n'avait pas de chance, il faut le reconnaître ; Graffetot tomba très malade et ne put plus jouer. Il publia une lettre pour constater qu'on lui retient ses gages, fait que le directeur réfute.

Le 26, Mlle Chollet ayant obtenu un congé, la direction fait chanter Mme Alphonse Girard, dans le *Barbier* ; elle n'eut pas de succès. Dans les *Aides de Camp*, Casimir reparaît et le public, pour le punir de son attitude de ces jours derniers, le siffle constamment. Le régisseur vient présenter les excuses de cet artiste et le commissaire descend dans la salle inviter les habitués à rester paisible, ce qui n'eut lieu qu'après la certitude que la direction ferait résilier Casimir.

Le 28, seconde représentation donnée par Mme Alphonse Girard, dans *Lucie*. Le 30, reprise de l'*Ambassadrice* et séance de Valentin, l'homme à la poupée.

Une députation d'abonnés fait une démarche près le directeur pour lui exposer ses demandes sur les changements à apporter dans l'administration de la salle et sur la marche du répertoire. Mutée fit beaucoup de promesses par la presse, publia une série de réponses à toutes les objections qui lui avaient été faites suivies de réfutations et posa même des conditions inadmisibles. Au surplus, ce directeur qui allait bientôt tomber en faillite était en désaccord avec presque tous ses artistes, que ses maigres recettes empêchaient de payer régulièrement.

Le 4 novembre, nouvelle soirée donnée par Valentin, l'homme à la poupée. Le 7, rentrée de Mlle Chollet, dans la *Juive*, et quatrième début de Félix Bernard, dans *Mansarde du Crime*. Pour ce dernier, il y a partage d'opinions et tapage ; on se sépare sans connaître le résultat, mais cet artiste résilia.

Le 9, la troupe du sieur Lustre joue la *Fille Hussard*, mais cette pantomime, par des artistes à pied, n'obtint pas de succès. — Le 12, la *Salpétrière*, drame en 5 actes, joué par Derville, Oudart, Mmes Jannin et Genot. Le 18, l'*Omelette fantastique*, vaudeville de Duvert et Boyer, dit Partou. Graffelot y fut superbe dans Cotillard et Bertrand le seconda bien. — Le 19, la *Servante du Curé*, vaudeville en 1 acte, — Le 23, représentation donnée par les artistes aériens, qui venaient d'obtenir du succès sur la scène des Variétés, à Paris, dans leurs poses académiques et leurs exercices d'équilibre. — Solos de trombonne par Moritz et Norbitch. — Les artistes aériens donnèrent trois autres représentations.

Le 25, *Paul Jones*, drame en cinq actes, par Alex. Dumas. Fortier, dans Paul Jones, Derville (comte d'Auvray), Breton, Oudart ; Mmes Renaud et Demortain firent plaisir.

Le 1er Décembre, Carlo et Carolina, deux Lapons, jouent *Hortense*, vaudeville en un acte. Carolina danse la *Cracovienne*. Seconde représentation, le lendemain, avec la première de la *Pension de ma Sœur*, vaudeville en un 1 acte. Le 6,

Mme Rabi, première chanteuse en tous genres, paraît dans *Lucie*. Même soir, premier début de Voizel, premier amoureux, dans un *Monstre de Femme*. Le lendemain, cet artiste fait son second dans un *Duel sous Richelieu*, et il est reçu le 13 dans les *Saltimbanques*. Le 12, le *Roman intime*, vaudeville de Fournier. Le 16, pour le bénéfice des pauvres, Mme Rabi chante les *Diamants* avec le concours de Mlle Lehuen, dugazon de Rouen, venue exprès pour cette soirée de bienfaisance. Le 17, Mme Rabi chanta le *Barbier*, et le 19, pour ses adieux, *Lucie*. Le 20, encore un nouveau trial et comique. Astruc débute dans le premier acte de la *Dame Blanche* et dans les *Vieux Péchés*. Enfin, celui-là, plus heureux que ses nombreux devanciers, fut admis.

Le 27, belle et bonne soirée au bénéfice de Fortier, trois pièces nouvelles. Une *Jeunesse orageuse*, vaudeville en deux actes de Denoyers et Poirier ; *Glenarvon*, drame en cinq actes, de Félicien Malleville, et *Jocrisse chef de Brigands*, vaudeville en un acte de Dumersan, et enfin la *Mansarde du Crime*. Il va sans dire que la salle fut comble et que Fortier fut fêté, tel que son talent et les sympathies qu'il avait su s'attirer le méritaient.

Mlle Chollet, qu'une indisposition avait éloignée de la scène, demanda, aussitôt rétablie, à reprendre son emploi. La direction ayant éludé la question, il y eut une polémique entre elle et Mutée, qui se termina par une sommation, envoyée par ministère d'huissier à la direction par l'artiste. Mutée céda et Mlle Chollet fit sa rentrée, le 28, dans la *Juive*, mais quelques sifflets combattirent les applaudissements qu'on lui décerna. Le 29, *Mon Ami Pierrot*, vaudeville en un acte.

On apprend la mort de Raymond du Cirque Olympique. Cet artiste avait débuté très jeune, en 1832, dans Remy, de l'*Ile d'Amour*, où il ne fit point d'effet. Il était d'un caractère emporté et d'une grande susceptibilité. Si jamais j'étais sifflé, disait-il, je me brûlerais la cervelle. C'est lui qui créa le rôle de Babylas, des *Pilules du Diable*. Le 15 décembre, il eut une querelle avec son habilleur ; des coups furent échangés. On sépara les deux antagonistes, mais Raymond frappa violemment M. Lannau. A la suite de ce mouvement de fureur, Raymond, en proie à une grande exaspération, quitta le théâtre, ne rentra pas à son domicile et passa la nuit au dehors. Le lendemain, à la répétition, son directeur le voyant fatigué, l'engagea à aller se reposer. Raymond suivi ce conseil, mais à peine rentré chez lui, il prit un poignard et se porta un coup mortel.

Le 31 décembre, la direction termina l'année par le *Retour de Schumaker*, revue havraise de 1842, « revue non revue et encore moins corrigée, vaudeville en un acte, par une Société d'hommes de lettres, connus, inconnus et méconnus, précédée d'un prologue en vers drolatiques, musique des compositeurs les plus remarquables, avec ouverture à grand orchestre. » Cette longue énumération drolatique, dans laquelle on reconnaissait la façon d'agir d'un railleur havrais bien connu, attira la foule au théâtre. La pièce, semée de jeux de mots et de calembourgs sur les questions locales à l'ordre du jour, contre la presse havraise, etc., eut du succès. La ville du Havre était personnifiée par Mme Genot, Schumaker par Bertrand, le Gaz portatif (Graffetot), la Boulangerie parisienne (Mme Jannin), la Tour François 1er (Mme Verteuil), l'Horloge du théâtre (Mme Graffetot), l'Actionnaire du *Télémaque* (Breton), Poultier (Potier), la place Louis XVI (Mme Demortain), la place des Pilotes (Mme Breton), le Commerce (Eugène) ; le prologue fut récité par Marchand.

Nous regrettons que l'espace nous manque pour citer de longs extraits de cette revue, nous donnerons seulement la complainte chantée par l'Actionnaire du *Télémaque*, parce qu'elle rappelle l'historique des spéculations qui eurent lieu au Havre pour le sauvetage du *Télémaque*, spéculations qui se terminèrent par une affreuse déception. Breton, s'adressant au public, chantait sur un air approprié à la circonstance.

Ecoutez, tous, Paradis et Parterre,
L'affreux récit que je vais vous conter,
Comment Taylor, moi pauvre prolétaire,
De mes écus a su me carotter.
    La mécanique
    A fait bernique,
    Et les trésors,
De l'eau ne sont pas hors.
L'ingénieur, en fouillant dans ma caisse,
Prit deux cents francs, depuis dix ans enfouis,
En me disant : motus, je fais la baisse ;
Chaque action vaudra deux cent louis.
    Le *Télémaque*,
    Non pas d'Itraque,
    A dans ses flancs,
Cent millions de francs.
Comme un badaud, moi, je me laissai prendre ;
Je me voyais maître d'un million ;
Mais le Taylor est, je viens de l'apprendre,
Parti revoir la perfide Albion.
    Je veux dimanche
    Passer la Manche
    Pour étrangler
Ce vilain être Anglais.
Tout mon argent est resté dans la Seine ;
Il me faudra mourir à l'hôpital ;
La commandite, hélas ! n'est guère saine ;
Le résultat en est souvent fatal.
    Pour moi c'est une
    Grande infortune ;
    Je suis le bœuf
Qu'on blague a Quillebœuf.

Schumaker chantait à la suite, sur l'air de *Fualdès*.

    Apprenez par cette histoire,
    Apprenez à résister
    Quand on veut vous exploiter,
    Car voilà cher auditoire,
    De ses spéculations,
    La morale en actions.

A la chute du rideau, on demanda le nom des auteurs de la revue, mais ils gardèrent l'anonyme. Cette pièce, imprimée chez Lepetit, à Ingouville, était due, pour la plus forte part, à Victor Caumont, le spirituel rédacteur du *Furet*, dont au surplus le pseudonyme était Pausanias Schumacker, de Choufflick, baron de Chouflack. La revue havraise attira la foule au théâtre plusieurs jours de suite.

L'année 1843, qui devait être fatale à notre théâtre, puisque trois mois plus tard la salle allait être détruite par l'incendie, commença pour la direction sous de tristes auspices. Le 7 janvier, on jouait le *Domino Noir*. Mlle Chollet se présenta sur la scène avec une robe tenue de ville. Aussitôt le public proteste et appelle le régisseur. La garde robe de l'artiste est saisie répond-il. Il fallait acheter un costume riposte le public. Le tapage est à son comble. On baisse la toile. Après l'ent'racte, on veut jouer le vaudeville de terminaison. Nous voulons l'opéra crie le public. Les musiciens sont partis, répond le régisseur. Nous rendrons l'argent. On essaye de jouer la *Jeunesse orageuse*, mais le public s'y opposa et évacue la salle.

Le lendemain, Mlle Chollet reparaît dans le *Barbier*. Au deuxième acte, on siffle, on appelle le régisseur pour forcer l'artiste à faire des excuses. Mlle Chollet tient tête à l'orage, continue son rôle jusqu'à la fin; tout en étant sifflée chaque fois qu'elle paraissait. Le lendemain et jours suivants le théâtre fit relâche, à la surprise des habitués. Enfin, le 14 janvier, le Tribunal de Commerce prononça la faillite de M. Mutée, directeur du théâtre.

LES ARTISTES EN SOCIÉTÉ

Sous la direction de Ch. Fortier.

Aussitôt la prononciation de la faillite du directeur, les artistes se formèrent en Société et nommèrent Fortier leur président. Par suite d'une décision qui fait leur éloge, ils décidèrent d'offrir à Mutée, qui, en somme, avait été plus malheureux que coupable, de lui allouer

300 fr. par mois, tant que durerait la Société, à la condition qu'il abandonnerait son privilége. Ces Messieurs renonçaient en plus aux appointements qui leur restaient dus jusqu'à ce jour.

Le 23, la Société donna l'*Oncle Baptiste* ; le *Châlet* et la *Comtesse du Tonneau*. Le 24, la reprise de la *Fille du Régiment*. La 26, les *Deux Brigadiers*, vaudeville de Rosier. Le 29, la reprise de la *Méduse*.

Le 7 février, un *Voyage à Pontoise*, comédie en 3 actes, d'Alph. Royer et Vaez. Le 8, reprise des *Visitandines*.

Le 10, un *Mariage sous Louis XV*, comédie en cinq actes, d'Alexandre Dumas ; le *Royaume des Femmes*, vaudeville en deux actes, de Cogniard frères. Le 17, le *Capitaine Charlotte*, vaudeville en deux actes, de Bayard et Dumessan ; *Niza de Grenade*, opéa en quatre actes, de Donizetti, succès pour Martin, Barielle et Mlle Chollet. — Le 20, les *Ressources de Jonathas*, vaudeville en un acte, de Varin. — Le 22, Mme Ferrari, que des circonstances forçaient d'embrasser la carrière lyrique, aborde pour la première fois la scène par le rôle de Rachel, de la *Juive*. — Elle possédait une belle voix, conduite par une bonne méthode, mais était en proie à une grande émotion, dont la tirèrent les nombreux bravos que le public lui décerna. — Le 26, *Un Bal de Saltimbanque*, vaudeville ; reprise de *Monsieur Deschalumeaux*, opéra comique.

Le 7 mars, au bénéfice de Breton, première de la *Paix ou la Guerre*, comédie en un acte jouée par Derville et Mme Renaud ; *Pierre le Noir ou les Chauffeurs*, drame en cinq actes et 6 tableaux, par Eugène Sue et Dinaux, joué par Fortier (Pierre), Derville (André), Gauffré (Marchand), Oculi (Graffetou) ; les *Egarements d'une Canne et d'un Parapluie*, vaudeville de Duvert et Lausanne.

Dans la nuit du 8 au 9, meurt Bertrand, qui appartenait depuis 1834 à notre troupe comme basse et père noble. Cet artiste, qui était très aimé ici, n'était âgé que de 40 ans.

Le 14, au bénéfice de Marchand et de Mme Verteuil, reprise de la *Calomnie*, comédie de Scribe ; le *Télémaque*, chansonnette, et la première de le *Roi d'Yvetot*, opéra en 3 actes, d'Adam. Ludovic se tira avec bonheur du rôle créé à Paris par Chollet, Mme Panien dans Jeanneton. Grognet et Barielle les secondèrent bien ; reprise des *Enfants du Délire*. — Le 22, *Derrière l'Alcove*, monologue,

Le 25, a lieu une représentation au bénéfice des victimes du tremblement de terre de la Guadeloupe. Mlle Hélène Cundell, notre ex-chanteuse tenue exprès de Rouen pour chanter dans la *Pie voleuse*, et dans le quatrième acte de la *Favorite*. — Elle reçut un accueil enthousiasme du public, qu'elle remercia au surplus en chantant d'une façon ravissante. On joua en plus les *Ressources de Jonathas* et la *Paix et la Guerre*. Voici quel fut le résultat de cette soirée.

Recette au bureau..............fr.	1196 45
Location.........................	568 —
Billets d'artistes.................	19 —
Bassin..........................	167 50
Total.................fr.	1950 95
Il fut dépensé pour les Pensionnaires.fr.	275 —
A Hélène Cundell.................	300 —
Frais généraux...................	100 —
Total.................fr.	675 —

Soit un boni, pour les victimes du tremblement de terre, de 1275 fr. 95.

Le 27, à la demande générale, Mlle Cundell chanta la *Juive* et le 29 la *Favorite*, où elle fut rappelée avec Martin. Ce dernier soir, première des *Petits Mystères de Paris*, vaudeville en six tableaux, par Dupeuty et Cormon, joués par Marchand, Graffelot, Mme Renaud, et Mme Renard, une nouvelle pensionnaire.

Le 31, la *Rue de la Lune*, dans lequel Graffetot (Chevillard), Potier (Chaudoreille), furent très amusants. En janvier 1862, mourrait à l'Hospice de la Vieillesse, à l'âge de 62 ans, Partout dit Boyer, qui, avec Varin, avait donné au théâtre des vaudevilles si amusants et entre autres la *Rue de la Lune*.

Le 4 avril, une dame Périllet, de passage au Havre, chante le rôle d'Angèle dans le *Domino*.

A cette époque, Hermann Leon faisait les délices du public de Bruxelles. — Valgalier chantait à Bordeaux. — Le 7, au bénéfice de Milord, notre chef d'orchestre, et de Mme Renaud : *Lescombat*, drame en cinq actes, par Alphonse Brot et Beraud, joué par Fortier, Derville, Mmes Renaud et Demoriain ; la *Grisette romanesque*, vaudeville joué par Mme Renaud, Marchand et Graffetot ; l'ouverture de la *Gazza a Ladra*, de Rossini, et du *Jubilé* de Weber, terminé par le *God save the Queen* ; duo de *Lucie* « Soleil sur l'arène » chanté par Barielle et R..., amateur qui s'en tira fort bien, l'orchestre avait été composé de 70 exécutants ; air de la *Muette*, chantée par Mme Potier ; quadrille de la *Belle Poule* ; deux figures du *Quadrille d'Enfer*, exécutées par Leclerc de Paris, inventeur d'un instrument dit basse à vent.

Le 10, Mme Périllet chante *Lucie* et le 12 le *Barbier*. — Le 18, la *Vendetta*, vaudeville en un acte, de Dumanoir et Siraudin, — Le 20, au bénéfice des pauvres, la *Rue de la Lune* ; la *Calomnie* ; le *Roi d'Yvetot*. — Le 23, *Gaspar Hauzer*, mélodrame d'Anicet Bourgeois, Dennery et Merville ; Derville fut superbe dans Gaspar.

Le 25, au bénéfice de Barielle et de Mme Genot : *Manche à Manche* ; la *Comtesse du Tonneau*, dans laquelle Mme Genot obtint un grand succès ; le deuxième acte de *Niza de Grenade* et la première d'un drame en cinq actes ; le *Tremblement de Terre de la Guadeloupe*, dû à deux de nos concitoyens. L'intrigue de cette pièce était fort simple. Arthur de Senneville, commandant le *Calypso*, aime d'un amour pur Anna Raybaud, dont il ignore le mariage avec Robert Max, un pirate de la pire espèce. Max est arrêté à l'instant où il veut tuer Arthur et est conduit dans un cachot. Le tremblement de terrre dévaste la Pointe-à-Pitre ; le cachot où est Max s'écroule, un de ses complices en baraterie brise ses chaînes et le fait évader. Au dernier acte, Arthur et ses marins visitent les ruines de la ville, arrachent les blessés du milieu des décombres et sont assez heureux pour découvrir Anna, qui gisait à moitié morte sous un amas de ruines. Pendant ce temps, Max et son associé sont surpris au moment où ils vont voler deux cent mille francs dans l'habitation d'Anna et sont fusillés à quelques pas de là. Anna, désormais libre, épousera Arthur. Le final de ce drame est un appel à la charité pour les victimes du Tremblement. « Le Havre, cette ville maritime qui entretient avec cette colonie des relations si étendues, comprendra, elle aussi, la gravité de nos maux, la sympathie qui nous unit à nos frères fera vibrer son cœur de compassion pour l'événement dont nous sommes victimes. Jusqu'alors, elle a soulagé toutes les infortunes avec une égale bonté : Esperez mes amis, esperez ».

Ces prévisions se réalisérent, notre population répondit pleinement au désir des auteurs, en ouvrant une souscription qui dépassa 80,000 fr. Le drame du *Tremblement* fut bien joué par Fortier, rôle du pirate, Max ; Derville (Arthur), Barielle, Graffetot, ce dernier dans un rôle de comique assez bien réussi ; Pothier, Mme Genot, etc. A la chute du rideau, le public demanda à connaître les auteurs, et le régisseur prononça les noms de MM. Billard et Farcis. L'incendie de la salle, qui éclata le lendemain, empêcha cette pièce d'être rejouée ; elle fut imprimée chez Lamy. M. Billard, employé à la chambre de Commerce, donna au théâtre d'autres ouvrages dont nous aurons à parler plus tard.

Le vendredi 28 avril, la représentation qui

précéda l'affreuse catastrophe que nous allons avoir à rapporter se composait de la *Vendetta* ; les *Jarretières de ma Femme*, et des premier troisième et cinquième actes de *Robert le Diable*.

Aucun incident ne se passa pendant la soirée ; rien ne faisait présumer le sinistre qui allait anéantir dans quelques heures notre salle de spectacle. Entre onze heures et minuit, le public, qui était asssez nombreux et avait applaudi les artistes aimés, se sépara. La ronde des pompiers eut lieu avec la même régularité et le calme le plus parfait régna dans la salle aussi bien qu'aux alentours.

Vers une heure du matin, le 29, plusieurs personnes passant sur la place aperçurent la fumée sortant par le joint des fenêtres de la salle. Maximilien Duchesne, contrôleur, demeurant rue de Bordeaux, 23, réveilla en toute hâte le concierge qui, après avoir appelé Fortier, qui, depuis quelques jours seulement, couchait sous les combles, dans une pièce dont la fenêtre donnait sur la corniche, à l'angle de la rue Molière, contre l'horloge actuelle, se rendit dans la salle et reconnu que les flammes sortaient de la scène vers la rampe.

L'infortuné Fortier, réveillé en sursaut, perd le sang-froid qu'il aurait eu tant besoin de conserver, sort par la fenêtre de sa chambre, que la fumée commençait à envahir et court sur la corniche en criant aux personnes amassées devant la façade d'aller chercher des échelles au magasin de décors. On s'y rend et après avoir perdu un temps précieux à trouver les clés, on se procure des échelles, mais elles n'atteignaient pas plus haut que la moitié de la façade.

Ah ! s'écrie Fortier, j'étouffe, je n'en puis plus, les pieds me brûlent. La peur lui fit perdre la présence d'esprit, car sans cela il pouvait attendre qu'on vienne à son secours sur la corniche, puisque sa chambre ne fut même pas attaquée par le feu. Toujours est-il que Fortier se précipita d'une hauteur de vingt mètres, les pieds en avant, puis retomba sur le pavé. Au même instant, sa bonne, la femme Hauvel, âgée alors de 34 ans, qui est encore ouvreuse aux premières, suit l'exemple de Fortier ; mais par une fatalité incroyable, tombe précisément sur le corps de Fortier, dont cette chute causa la mort. Nous avons dit précédemment que Fortier était né à Rouen, en 1804.

Pendant que se passait ce tragique événement, la générale était battue dans tous les quartiers et le tocsin sonnait dans toutes les églises. Les pompiers, le 46me de ligne, les débris de la garde nationale, les marins des navires de l'Etat, *Rôdeur*, *Expéditive* et *Napoléon* se rendent au théâtre pour organiser les secours avec le concours de la population. Mais déjà le feu sortait par toutes les fenêtres et léchait les murs. Le vent soufflait du sud-ouest portait les flammes sur les maisons voisines et les flammèches tombaient jusque dans le bassin du Roi, dont par précaution les navires passaient dans celui du Commerce.

A trois heures et demi, le gaz fait explosion, et les flammes sortent par quelques parties de la toiture, au-dessus de laquelle elles forment un immense panache. A 4 heures, la toiture s'écroula avec un fracas horrible qui fait craquer l'édifice et une énorme gerbe de feu, semblable à un bouquet de feu d'artifice s'élance dans les airs. L'horloge de la façade fut attaqué la dernière l'heure sonna une dernière fois semblant être un dernier cri de douleur lancé par l'édifice sur ses ruines fumantes. Depuis longtemps déjà on avait reconnu l'impossibilité de sauver l'édifice et le zèle des travailleurs se porta sur les maisons latérales dont quelques unes furent atteintes ainsi que nous le prouverons plus bas. Le feu dévora pendant deux jours et deux nuits le monument dont, en somme, il ne resta que la façade et les murs sur les rues

Corneille et Molière. La façade de la rue Caroline était anéantie et laissait apercevoir tout l'intérieure du théâtre dont il ne restait pas une parcelle de galerie ni de loge. Pendant plus de huit jours, la fumée sortait des décombres. On enlevait par ci par là des débris de lustres ; le foyer détruit le dernier possédait encore quelques restes de glaces de dorures, de statues. On déménageait la chambre de Fortier.

Une pièce manuscrite, le *David Rizzio*, de Léon Buquet, entre autres, que nous fûmes à même de voir, portait sur sa couverture les traces des ravages de la fumée qui semblait être une couche épaisse de peinture noire.

Le maire du Havre était à Rouen pour l'inauguration du chemin de fer et M. Just Viel, adjoint, prit un arrêté portant que les divertissements pour la fête du roi seraient supprimés.

Nous avons dit que les maisons voisines du théâtre avaient été quelque peu atteintes par le feu. Voici les dégâts constatés devant l'autorité par les propriétaires et locataires :

François Lebourgeois, notaire, rue Molière à l'angle des Arcades sud ; vitres cassées, châssis des croisées brûlés, toit en ardoise détérioré, décorations de l'intérieur avariées, pertes estimées à 500 francs.

Saillard (Café Tortoni), dépendances rue Molière : dégâts au plafond de la salle du café au rez-de-chaussée, estimés 130 francs.

Ch. Quertier, négociant, maison à lui appartenant rue Corneille, 21 : toiture de la mansarde, croisées et persiennes, plafond brûlés, façade extérieure, estimés à 1,000 francs.

Bruillon, café, 18, rue Molière : toiture brûlée, croisées et châssis, estimation 2,000 francs.

Derré, rue Molière, 16 : dégâts 700 francs.

Crosnier, rue Molière, 18, au 2me étage : son mobilier a reçu de l'eau de mer lancée pour prévenir l'extinction de l'incendie, ses rideaux de croisées, ses fauteuils, table de marbre brisés, etc, estimation 130 francs.

Le 30 avril, dimanche, eurent lieu les obsèques de l'infortuné Fortier. Le corps, qui avait été transporté chez M. Lallemand, rue des Gallions, 19, oncle de Fortier, fut conduit à l'église Notre-Dame, escorté par une foule immense dans laquelle on remarquait des conseillers municipaux, des représentants du commerce, artistes et figurants, formant un convoi de près de mille personnes. Au cimetière Saint-Roch, M. Laisné, courtier, prononça les paroles suivantes :

« Qui de nous, Messieurs, aurait pu penser, il y a quelques jours, que nous dussions nous trouver si impunément réunis pour rendre les derniers devoirs à un homme si plein de vie et d'espérance ; l'affreux accident qui vient de trancher les jours d'un de nos plus distingués citoyens, sera pour nous un éternel sujet de regrets et d'amertume.

» Le digne, le loyal Fortier n'est plus ; une mort soudaine, une mort tragique vient de l'enlever à nos affections, au culte d'un art qui faisait sa gloire et qu'il ne cessait d'honorer par ses vertus.

» Il ne sortira pas de la mémoire de tes amis, ce moment si terrible qui fut le dernier pour toi, alors que, pressé par le fléau dévastateur et enveloppé tout vivant dans les ombres de la mort qu'il vomissait sur toi, l'héroïsme de ton âme chercha un trépas volontaire dans une mort inévitable.

» Adieu, âme d'élite, adieu, artiste éminent, ta mémoire vivra dans le cœur de tes amis, de ceux qui ont connu les nobles qualités de ton âme et les grâces de ton esprit.

» Adieu ! trois fois adieu ! »

Le lendemain, Mme Fortier, arrivée de Paris,

vint pleurer sur la tombe de son mari et son désespoir était tel que les personnes qui l'accompagnèrent ne purent qu'avec beaucoup de peine l'arracher à ce lieu de douleur. Mme Fortier habita depuis Sainte-Adresse ; non seulement elle ne remit jamais les pieds au théâtre mais encore elle ne voulut pas une seule fois repasser devant la façade de ce monument du haut duquel son mari s'était précipité. Mme Fortier est morte à Sainte-Adresse, en juillet 1868, âgée de soixante-huit ans et après huit années de maladie. Nous avons déjà dit qu'avant de jouer sur la scène du Havre, elle avait doublé Mlle Mars, au Théâtre-Français.

Après la fermeture du cimetière Saint-Roch, le corps de Fortier a été transféré à Sainte-Marie. On lit sur sa tombe la courte inscription suivante :

CHARLES FORTIER
DIRECTEUR DU THÉATRE DU HAVRE
NÉ A ROUEN LE 12 OCTOBRE 1804
MORT VICTIME DE L'INCENDIE DE LA SALLE
LE 29 AVRIL 1843.

Cette tombe avait été élevée, croyons-nous, à l'aide d'une souscription ouverte par les amis de Fortier.

La position des artistes et des figurants devenait critique, par suite de l'anéantissement de la salle. Un concert fut donné en leur faveur, à Frascati, et une souscription publique ouverte et pour eux et pour la femme Hauvel, la bonne de Fortier.

A cette époque, Duvernoy, notre ex-ténor débutait à l'Opéra-Comique, dans le *Délire*, rôle de Murville, crée par Gavaudan ; il fut très applaudi, sa voix manquait de force, mais était gracieuse, sa tenue excellente. Nous avons déjà dit que cet artiste est mort coryphée, au même théâtre de l'Opéra-Comique, en 1870. Renaud, notre ex-basse, débutait également sur la seconde scène lyrique, dans Gaveston, de la *Dame*

Blanche. Mme Genot suscitait des orages à ses débuts, aux Célestins de Lyon. Hermann et Mme Renaud étaient à Nantes ; Martin, à la Haye ; M. et Mme Chatelet, à Bordeaux ; Virginie Martin (1), à Rouen ; Grognet, à la Haye.

Trois artistes avaient été arrêtés à la suite de l'incendie, mais l'enquête n'ayant amené aucune charge à leur égard, ils furent mis en liberté après environ un mois de détention.

THÉATRE D'INGOUVILLE
DIRECTION DERVILLE

Ainsi que cela avait eu lieu, après l'incendie de la salle de la Citadelle, on répara la salle d'Ingouvillle pour y donner des représentations en attendant mieux. M. Derville, notre jeune premier, y joua les lundis, jeudis et dimanches de chaque semaine, avec une troupe ainsi composée :

MM. Halley	......	premier rôle.
Voisel	......	jeune premier.
Derville	....	dito.
Graffetot	....	premier comique.
Potier	......	deuxième comique.
Lucien	.....	amoureux.
Charles	.....	dito.
Duchateau	..	utillté.
Mmes Fabre	......	jeune première.
Zoé-Dumas	..	dito.
Ernestine	...	amoureuse.
Jannin	......	déjazet.
Verteuil	....	duègne.

L'ouverture eut lieu le 6 juin 1843, par la *Rue de la Lune*, l'*Apprenti* et par *Louise de Lignerolles*. Il y eut beaucoup de monde et Graffetot se vit tout spécialement applaudi. Mme Verteuil nous quitta et fut remplacée par Mme

---

(1) Mme Virginie Martin, qui a eu une certaine célébrité comme artiste, est morte à Pontchatrain en décembre 1874.

Mandelli, qui joua le 16 le rôle de Mme Delaunay, dans une *Jeunesse orageuse*, Mme Verteuil se rendit à Rouen où elle échoua. Zoé Dumas, reconnue incapable de tenir son emploi, dut résilier. Le 23 juillet, on joua sur la scène d'Ingouville la première de *Vincent de Paul ou les Enfants trouvés*, et le 3 août la première de la *Courte Paille*, vaudeville de Coignard frères. Mais le public, qui d'abord avait suivi les représentations, délaissa bientôt le théâtre d'Ingouville, qui ne tarda pas à fermer.

Les artistes se retrouvèrent à nouveau dans une situation pénible ; ils organisèrent des soirées dramatiques à Frascati qui obtinrent assez de succès. A la salle de bal de la rue d'Orléans, Philippe, célèbre physicien, donna vingt et une soirées, dont une au bénéfice de Graffetot, avec le concours de Bonjour, du Vaudeville. Graffetot quitta bientôt le Havre, ainsi que Marchand et Breton.

THÉATRE PROVISOIRE

Rue Molière n° 7.

DIRECTION DERVILLE ET LECACHEUX

Année Théâtrale 1843-1844

Le Havre cependant ne pouvait rester sans spectacle ; la municipalité s'occupait, il est vrai, de la question de la reconstruction de la salle, mais les formalités à accomplir pour obtenir l'autorisation et les travaux eux-mêmes devaient demander un certain laps de temps, et en attendant le public ne pouvait-être privé de distractions scéniques.

C'est alors que, sollicité par un certain nombre d'habitués, Derville fit transformer en théâtre provisoire les anciens ateliers Mazeline, rue Molière, 7.

Cette salle mesurait 27 mètres de longueur, 15 de largeur et 18 de hauteur ; elle pouvait contenir 800 personnes. Les travaux d'appropriation durèrent trois mois (1). Les décorations intérieures étaient simples mais assez coquettes. Après sa fermeture, cette salle servit de magasin, puis, en 1851, devint la salle Sainte-Cécile.

La Mairie, avant d'autoriser l'ouverture du théâtre provisoire, prit l'arrêté suivant :

« Nous Maire, etc.

» Vu la demande que nous ont présentée les directeurs du théâtre de cette ville, tendant à obtenir notre autorisation, pour ouvrir au public la salle qu'ils viennent d'établir dans un bâtiment à l'ouest de la place Louis-Philippe.

» Vu aussi le rapport que nous a fait un des architectes de cette ville, duquel il résulte que d'après la visite par lui faite dans cette salle, et aussi le poids considérable dont les planchers des galeries et des loges ont été chargés, en sa présence, elle présente toute solidité.

» Avons autorisé et autorisons à donner des représentations dans la salle de spectacle ci-dessus indiquée.

» En l'Hôtel-de-Ville du Havre, le 9 Septembre 1843.

» AD. LEMAISTRE.
» *Maire.* »

Le prix des places fut ainsi arrêté, d'accord avec l'administration municipale.

Loges, 3 fr.; — Premières et Parquet, 2 fr.50 ; — Seconde, 1 fr. 75 ; — Baignoires, 2 fr. ; — Parterre, 1 fr. 25 ; — Troisièmes ; 75 cent.

MM. Derville et Lecacheux, en publiant le tableau de la troupe, rappelaient les sacrifices qu'ils s'étaient imposés pour bâtir la salle, réclamaient les sympathie du public et demandaient l'indulgence pour leur matériel, qu'il n'avaient pas eu le temps de compléter, mais qu'ils se pro-

---

(1) Bauland entrepreneur.

posaient de faire terminer dans le délai le plus bref possible.

La troupe était ainsi composée :

MM. Charles........	régisseur.
Henri Gauzieu..	chef d'orchestre.
Henri Debouche.	chef machiniste.

Comédie — Drame — Vaudeville

MM. Bories........	premier rôle, des jeunes premiers.
Halley........	père noble, premier rôle marqué.
Derville........	jeune premier.
Voisel	jeune premier, de vaudeville.
N............	second et premier amoureux.
Henri..........	premier comique.
Potier	premier et second comique.
Eugène........	troisième rôle.
Charles	troisième amoureux.
Duchateau	utilité.
Paul..........	dito.
Gibon	dito.
Mmes Laignelet......	premier rôle, forte jeune premier.
Fabert........	jeune première.
Duval	déjazet.
Aline Halley....	grande coquette.
Jannin........	soubrette des Déjazet.
Mandelli.......	duègne.
Potier	rôle de convenance.
Ernestine	troisième amoureuse.
Dumas........	dito.

L'inauguration du théâtre provisoire eut lieu le 14 Septembre 1843, par un discours en vers, prononcé par Dervile, dans lequel il plaçait son entreprise sous le patronage de Molière et de Casimir Delavigne, et terminait en demandant pour ce théâtre que le public

Le fasse vivre heureux puisqu'il devait mourir vite.

La soirée se composa de *Francine la Gantière*, vaudeville; *Indiana* et *Charlemagne*, dito, *Léonide ou la Vieille de Suresnes*, dans lequel Fontenay, artiste du vaudeville, remplit le rôle de Grudmer. Le public était nombreux et applaudit les artistes.

Le 15, *Changée en Nourrice*, vaudeville de Dumanoir et Anicet Bourgeois; *Père Pascal*, vaudeville en deux actes de Varin. Le 21, *Carte Blanche*, vaudeville de Léon Halevy et Duport. Le 22, *Vingt-six ans*, comédie en deux actes et reprise de l'*École des Vieillards*.

Le 5 octobre, un artiste jadis très aimé au Havre, d'où il était parti il y a dix ans, à la suite d'une scène regrettable que nous avons racontée à la date du 28 juin 1833, Emile Guérin reparut aux yeux du public havrais dans Oscar, de la comédie de Picard : *Le jeune Mari*. Il fut fêté par les vieux habitués qui se rappelaient les succès passés de cet excellent artiste. Le lendemain, nous revoyons encore une ancienne connaissance. Elise Halley, notre ex-premier rôle et alors à l'Odéon et dont la sœur, Aline, était attachée à notre troupe, paraît dans les *Enfants d'Edouard*. Elle joua les jours suivants dans la *Tour de Nesle* et *Marie Tudor*. Le 20, soirée donnée par Kick, hautbois du roi de Danemarck. Le 30, *Lucrèce*, tragédie de Ponsard. On voit que la direction variait son répertoire dans tous les genres et que notre salle provisoire eut elle aussi, des annales célèbres. Mme Halley fut superbe dans Lucrèce, les autres très faibles.

Le 16 novembre, représentation au bénéfice de Guérin, qui conduit l'orchestre, pour l'exécution de l'ouverture des *Noces de Figaro*. Il joua (Guérin) dans *Fargeau le Nourrisseur*; Mlle Laignelet, fille de notre première de drame, joua avec un talent qui lui promettait un bel avenir plusieurs morceaux sur le piano. — Mme Derville chanta la romance du premier acte de *Robert*.

Le 20, *Margot ou les Bienfaits de l'Education*.

Le 21, la *Folle de la Cité*, mélodrame.

Le 24, *Emery ou le Négociant havrais*,

Le 7 décembre, au bénéfice de Mme Laignelet, première représentation de *Madeleine ou l'Abîme de Bessao*, drame ; les *Petites Misères de la Vie humaine*, vaudeville ; le *Magasin de la Graine de Lin*, vaudeville ; la *Seconde Année*, comédie.

Le 11, Félix, du Vaudeville, mort en 1871, joue le *Héros du Marquis de quinze Sous* ; il parut les jours suivants dans le rôle de Robin, des *Mémoires du Diable*, et dans celui de Beauséjour, de *Marguerite*, une de ses créations.

Le 22, reprise de l'*Homme au Masque de Fer*, première de le *Loup dans la Bergerie*, Mlles Theileur, premières danseuses de l'Opéra, accompagnées de leur père et de Théodore, danseurs de la Scala de Milan, donnèrent plusieurs soirées.

Le 25, l'artiste Borie, prononça un éloge à Casimir Delavigne, qui venait de mourir, éloge qui avait été lu à l'Odéon et était dû à M. Leguillon, auteur des *Nouveaux Menechmes*. Voici un extrait de cette poésie qui sera lu avec l'intérêt que porte nos concitoyens à tout ce qui honore la mémoire de notre cher compatriote, Casimir Delavigne :

Heureux, trois fois heureux, qui, comme Casimir,
Dans la gloire et l'honneur peut encore s'endormir.
Heureux qui, dans ce siècle où plus d'un sage tombe,
N'a pas un jour d'erreur qui pèse sur sa tombe.
Heureux qui, comme lui, calme en sa dignité,
Défendit constamment l'art et la liberté,
Imposa son respect à tout partit contraire
Et dans ces longs combats dont tout âme a gémi
Eut plus d'un adversaire et n'eut pas d'ennemi.

Poëtes, dites-nous quelle race indulgente
Animait ses conseils, enfants de l'obligeance
Pauvres, racontez-nous quels dons sa noble main
Aujourd'hui répandait pour oublier demain !

Intimes du foyer où se livraient les âmes,
De ce cœur embrasé racontez-nous les flammes.
Dites-nous cet esprit délicat et brillant
Sublime en sa grâce et sévère en riant ;
Dans le feu des partis, dites-nous sa prudence,
Sa haine pour l'éclat, sa noble indépendance ;
De ses mœurs, de ses goûts, la chaste austérité
Et de ses cinquante ans la longue probité.
Union des vertus où toute voix renomme
Le poëte parfait, le parfait honnête homme,
Quand l'équitable arrêt des siècles à venir,
Réveillant du passé le noble souvenir,
Cherchera qui fut grand, qui fut pur, qui fut digne,
La France avec orgueil, répondra Delavigne !

Le public applaudit avec enthousiasme, mais par contre manifesta sa colère, ce soir-là, contre la direction qui possédait un matériel par trop pauvre. Il n'y avait en effet que deux décors de fonds qui servaient constamment : un salon, un effet de neige. — Les costumes des figurants étaient des plus misérables et ceux des artistes à peine passables. Malheureusement, la direction faisait si peu d'argent qu'il ne lui était pas possible, franchement, de faire les frais d'augmentation de matériels, qui eussent représenté une dépense assez importante.

La direction donna, le 4 janvier 1844, la première de *Marguerite Fortier*, drame en cinq actes par Paul Foucher et Alboize. A la seconde, qui eut lieu un dimanche, le public fit tomber la pièce. Le 8, le *Bonheur sous la Main*, vaudeville. Le 11, Lepeintre aîné, que nous avions jadis tant applaudi, vint nous donner quatre représentations, composées des meilleures pièces de son répertoire : *Monsieur Botte* ; les *Cancans* ; *Comédiens* et *Marionnettes*, etc.

Le 13, eut lieu le premier bal masqué donné par la direction dans cette salle. On paya : un cavalier, 2 fr. 50 ; une dame, 1 fr. 50 ; un un cavalier et une dame, 3 fr. ; point de vue, 75 cent. On donna ensuite des fêtes de nuit, qui furent assez bien suivies, bien que les prix d'entrées eussent été augmentés d'un quart sur le prix de celles pour les bals.

Le 23, représentation au bénéfice de Lepeintre aîné, qui paraît dans une *Affaire d'Honneur* et dans *Monsieur Crépu*, comédies-vaudevilles. Le 25, première de *Elle est Folle*, drame. Lepeintre donna sa dernière représentation, le 29, au bénéfice d'un artiste de la troupe, M. Lucien. Le même soir, prermière de les *Francs-Maçons*, drame.

Le 30, première de *Brutus*, vaudeville. Les nouveautés se succèdent. Le 1er février, la *Paix et la Guerre* ; la *Jeunesse orageuse* ; l'*Homme blasé*, ce charmant vaudeville qui obtint tant de succès ; la *Ferme de Bondy*, drame, et en dépit de tout ce répertoire varié, la direction ne faisait point de bonnes recettes.

Le directeur tenta un dernier effort. Il fit revenir une de nos anciennes pensionnaires et qui avait été aimée dans le temps, Elisa Halley, qui était à cette époque à l'Odéon ; elle joua le 6, *Marie Tudor*, et le 8, la *Folle de la Cité*.

Le 12, ce fut Ligier, le célèbre Ligier, que nous n'avions pas vu ici depuis longtemps ; il parut dans les *Enfants d'Edouard*, où il fut secondé par Elisa Halley. Le 13, *Othello*. Le 16, Ligier joua *Louis XI*, son triomphe. Pour la première fois, le théâtre provisoire fut comble ; il y eut quelques désordres à la porte. L'artiste fut fêté, et, sur la demande du public, il dut rejouer *Louis XI* deux autrefois. Le 20, il joua *Tartufe*, et le 27, *Lucrèce*.

Le 29, représentation au bénéfice de Elisa Halley, dans laquelle on joua la première de la *Vénicienne*, drame en cinq actes, d'Alex. Dumas et Anicet Bourgeois. Pendant les entr'actes, la musique du 12e de ligne exécuta plusieurs morceau. Il y eut une très belle chambrée. Les 50 francs qui furent payés aux musiciens du régiment pour leur coopération au succès de cette soirée furent remis par ceux-ci au Bureau de Bienfaisance.

Le 7 mars, soirée au bénéfice de deux des artistes : Potier et Mme Jannin, dans l'*École des jeunes*

Filles, drame, et le *Marquis et la Marquise de Carabas*.

Le 13, Vernet, des Variétés, que nous avions vu l'année dernière à l'autre salle, parut dans *Madelon Friquet* ; *Paul et Jean*. Le 18, dans *Phœbus*. Le 21, dans la représentation au bénéfice de Mme Dorval, il joua *Monsieur et Madame Pinchon*. Le 22, il parut dans la *Mansarde du Crime* ; le *Père de la Débutante*, et le 26, pour sa dernière représentation, il donna *Ma Femme et mon Parapluie*.

Le 28, on joua *Oscar* ; l'*Homme blasé* et le *Marquis de Carabas* ; ce fut la dernière soirée donnée par la direction Derville et Lecacheux, qui, le lendemain, suspendit ses paiements.

LES ARTISTES EN SOCIÉTÉ.

Les artistes tentèrent de terminer l'année théâtrale et choisirent pour administrateurs MM. Charles, Halley et Potier, mais décidèrent de ne jouer que le vaudeville. Par suite de cette décision, M. Bories et Mme Laignelet, de la troupe du drame, quittèrent le Havre.

La première représentation donnée par les artistes sociétaires eut lieu le 8 avril, avec le concours de Bernard Léon, qu'on avait tant fêté à l'autre salle quand il était venu en voyage ici. On donna la première de les *Enfants trouvés*, drame, et Bernard parut dans l'*Homme heureux* ; le *Bal d'Ouvriers* et *Pourquoi*. Le 11, Bernard Léon parut dans *Changée en Nourrice* ; le *Pilote côtier* ; *Quand l'Amour s'en va* ; le *Coiffeur et le Perruquier*. Les malheureux sociétaires ne parvinrent pas à faire venir le public et bientôt ils furent contraints à ne plus jouer que le dimanche. Le 28 Avril, ils donnèrent leur représentation d'adieu et de clôture par la *Grâce de Dieu* et par la première représentation de *Louise Bernard*, drame en cinq actes, d'Alex. Dumas et l'Hérie.

Une concurrence redoutable avait au surplus forcé les artistes sociétaires à se séparer. La troupe des Folies-Dramatiques de Rouen, dirigée par M. Lambert, ex-directeur du théâtre de la Renaissance, s'était installée dans l'ancien théâtre d'Ingouville, où elle donna plusieurs représentations composées de drames et de vaudevilles.

A la suite de la séparation des artistes sociétaires, le théâtre provisoire resta fermé pendant trois mois.

Le théâtre provisoire réouvrit ses portes le 19 juillet 1844, pour la première représentation donnée par les artistes de l'Odéon, sous la direction Lireux; *Le Mariage de Figaro*, dans lequel Monrose fut rappelé avec Julie Berthault (Suzanne); Mme Payre (Rosine); l'*Ecole des Fats*. Ces artistes restèrent ici un mois, donnèrent 22 représentations et jouèrent successivement, le *Malade imaginaire*, Monrose (Diafories); le *Tailleur de Loc Maria*, d'Emile Souvestre; Milon, Darcourt-Rouvière, Bignon; la *Main de Sang ou le Médecin de son Honneur*, drame en trois actes, de Calderon, traduction de H. Lucas; la *Ciguë*, comédie d'Emile Augier, jouée par Monrose, Mansini, Eug. Monrose, Mlle Volet; le *Dépit Amoureux*, Louis Monrose et Mlle Laurence; le *Tartufe*, Rey, (Tartufe), Mme Payre. (Elvire); le *Laird de Dumbicky*, de Dumas; *Karl Dujardin*, comédie en un acte de Bellot; les *Folies amoureuses*; *Tôt ou Tard*, comédie de Moleri: les *Caprices de la Marquise*, Mlle Berthault, Mme Payre; la *Famille Cauchois ou un Mariage dans la Coulisse*, comédie de Longpré; les *Précieuses Ridicules*; le *Barbier de Séville*, comédie; le *Chef-d'Œuvre inconnu*; le *Baron Lafleur*; le *Misanthrope*; *Famille Renneville*; l'*Avare*; les *Trois Femmes*; la *Champmesle*; *André Chenier* (Monologue); *Henri III et sa Cour*, Mlle Bourlier, rôle de Mlle Mars; *Fausses Confidences*; *Turcaret*; un *Duel sous Richelieu*; les *Jeux de l'Amour et du Hasard*; la *Tour de Nesle*; le *Capitaine Paroles*, comédie.

Le 12 août, concert au bénéfice de Milon et de Mlles Berthault et Roger ; intermède de danse réglé par Cornéli, maître de ballet à l'Opéra ; cérémonie de la réception d'Argan, du *Malade Imaginaire* ; la *Ciguë*.

Le 14, la *Comtesse d'Altemberg*, drame de Vaez et Roger ; *Mademoiselle Rose*, comédie.

Le 20, bénéfice de Mlle Bourbier, avec le concours des artistes du Théâtre-Italien, chœur des Chasseur de *Robin des Bois* (Italiens) ; *Othello* (Italiens) ; chœurs des Buveurs du *Comte Ory* ; air chanté par Mlle Berthault et Roger ; *Lucrèce*, tragédie de Ponsard ; la *Champmesle* ; *Chacun de son Côté*, comédie.

Le 23, *Antigone* de Sophocle, traduit en vers par Vaquerie et Maurice du Havre, joué par les artistes italiens, mise en scène de l'époque. L'autel de Bacchus prenait l'emplacement du parquet. Une seconde représentation d'*Antigone* eut lieu le lendemain, après quoi les artistes de l'Odéon quittèrent la ville.

Le 13 septembre a lieu un concert à la Bourse, au bénéfice d'un lamaneur du port, nommé Doutement, lequel possédait une bonne voix de ténor. Avec le produit, on devait l'envoyer à Paris, où un professeur qui le protégeait devait lui ouvrir la carrière lyrique. Doutement chanta des airs de la *Favorite*, mais devant un auditoire peu nombreux.

A la même date, un sieur Paul, physicien, donna au théâtre provisoire quelques séances. Le prix des places était fixés à 2 fr. 50 pour les loges ; premières et parquet, 2 fr. ; baignoires, 1 fr. 50 ; secondes, 1 fr. ; parterres et troisièmes, 75 cent.

Le 8 juin, un dimanche, eut lieu dans le théâtre provisoire une séance de lutte et de boxe par une troupe d'hommes forts, sous la direction de Bédué, premier lutteur du Midi, et par Mazard, dit l'Incomparable. Les boxeurs étaient des Américains et des Anglais. Prix des places : premières. 2 fr. ; secondes, 1 fr.

Ce furent les derniers jours du théâtre provisoire, qui fut définitivement fermé et dépouillé de ses ornements, que l'on transporta à la nouvelle salle de la place Louis XVI, qui venait d'être terminée.

Après avoir servi de magasin pendant plusieurs années, le théâtre provisoire a été livré à la société musicale, qui y a ouvert, le 29 novembre 1851, la salle Sainte-Cécile.

LA SALLE ACTUELLE DE LA PLACE LOUIS XVI

Les ruines de la salle fumaient encore que déjà des pétitions étaient envoyées à la Mairie, les unes demandant la réédification de l'édifice sur le même emplacement, les autres au contraire eussent désiré que le théâtre soit bâti dans un autre quartier. Parmi ces derniers, il convient de citer la Chambre de Commerce, qui offrait d'acheter les ruines du monument 350,000 fr. pour, sur cet emplacement, faire construire une Bourse, projet qui est revenu depuis à l'ordre du jour et encore tout récemment.

Le 6 mai, le Conseil municipal nomma une commission chargée d'étudier la question, s'entoura de renseignements, etc ; elle fut composée de MM. Lacorne, Balthazar et Césaire Oursel, rapporteur. On fit, à cette occasion, circuler dans le public le quatrain suivant, que nous reproduisons, non au point de vue de son mérite, mais à titre de document :

Que de fois l'œil fixé sur cette enceinte vide,
Des hommes au cœur froid, dont la pensée avide,
Caressant de l'argent l'empire universel,
Ont rêvé pour la Muse un silence éternel.

Le 29 mai, le Conseil adopta, par 13 voix contre 12, le rapport de la commission concluant à la reconstruction de la salle sur le même emplacement. Dès le lendemain, les conseillers qui avaient voté contre le projet publièrent dans les journaux les motifs de leur opposition. Ils s'appuyaient sur ce que la salle se trouverait encore trop près des bassins. La dépense était trop forte pour avoir une salle longue, mais trop étroite (45 mètres de longueur sur 19m,50 de largeur).

A Caen, on en a bâti une où il pourra 1,100 personnes et on a dépensé que 300,800 fr. Ici, on va sacrifier 700,000 fr. pour n'avoir qu'une salle incommode. Ces Messieurs avaient proposé de l'élever sur la place Louis-Philippe; on eu supprimé deux hallettes et conservé les autres pour le marché qui aurait été alors derrière la salle. Ces objections furent signées par MM. Delaroche, Morlot, Dubois (banquier), Fournier, Dupasseur, Emile Dubois (ex-notaire), F. Perquer, Devene, Ladvocat, Hébert (avocat), Laisné, A. Normand, conseillers municipaux.

La chambre des Pairs adopta, le 18 juillet 1843, la loi autorisant la Ville du Havre à emprunter 615,000 fr. pour la reconstruction de la salle à 4 1/2 0/0 et à s'imposer à sept centimes additionnels sur les quatre contributions, pendant 12 ans, à partir de 1844.

La ville chargea M. Charpentier, architecte parisien, architecte de l'Opéra-Comique, de faire les plans, et ces plans une fois reçus, elle les envoya à la commission des bâtiments civils. L'administration aurait voulu que la salle contint 1,500 places; enfin que la direction trouva, par la possibilité de faire de grandes recettes, une compensation à la subvention que la ville ne pouvait lui donner pour le présent. Pour arriver à trouver possibilité d'établir ce nombre de places, la ville proposait d'allonger l'intérieur de la salle par la suppression du péristyle et d'une partie du vestibule et du grand foyer, en changeant les dispositions des escaliers des galeries, etc. A titre de renseignement, nous ajouterons que le vestibule d'entrée a 57 mètres de superfici et le portique 60 mètres, et la salle avec ses galeries 478 mètres, soit en totalité 595 mètres. L'administration demandait en outre la suppression du lustre et son remplacement par des candélabres.

La commission des bâtiments civils refusa d'approuver ces changements et invita la Mairie à conserver les dispositions de l'ancienne salle, c'est-à-dire à maintenir le péristyle, le foyer, etc. Au surplus, la commission, après avoir examiné les plans, reconnut que 1,200 places pouvaient être facilement disposées, d'après l'avis de M. Charpentier.

Voici en réalité les dimensions de la salle : largeur, 18^m,45 d'un couloir à l'autre ; la scène, 18^m,40 d'un trumeau à l'autre ; longueur, 22^m,60 du contrôle à la rampe, 18^m,20 de la rampe au foyer des artistes compris. Quant au nombre de places, voici la déclaration faite au Maire par le directeur, peu de jours avant l'ouverture :

26 Stalles, à	Fr.	4 —
100 Loges, à	»	4 —
79 Parquets, à	»	3 —
84 Premières, à	»	3 —
118 Secondes, à	»	2 50
52 Baignoires à	»	2 50
300 Parterres, à	«	1 50
230 Troisièmes, à	»	1 25
140 Quatrièmes, à	»	» 75
240 Amphithéâtres, à	»	» 50

1,369 places.

Par suite des améliorations apportées depuis, et encore tout récemment, le nombre des places de notre théâtre a été plutôt diminué qu'augmenté ainsi que nous aurons occasion de le prouver plus loin.

Les travaux de reconstruction de la salle furent mis en adjudication, le 20 décembre 1843, sur la mise à prix de 536,560 francs non compris les honoraires des architectes. MM. Montgrard et Testu soumissionnèrent, mais il n'y eut pas de résultat par suite de certaines clauses du cahier des charges. Le 3 mars, le Maire passa, après autorisation, un marché avec M. Testu, qui se mit à l'œuvre. La somme de 700,000 fr. ne fut pas dépassée. Voisel et Séchamp euront les décorations du plafond, scène et rideau, qui, à eux seuls, représentent 27,578 fr. 30 pris sur la dépense totale ; le rideau d'avant-scène coûta 800 fr.

M. Brunet-Debaine, architecte de la ville, surveilla les travaux. L'entrepreneur se chargea de la maçonnerie, confia la serrurerie à M. David, les escaliers en fer à MM. Lepage et Cauuois, la fumisterie à Duvoi de Paris, la couverture à M. Gaudemer, la menuiserie à M. Capelle, la peinture à M. Salneuve, les figures qui supportent le plafond à M. Klasgmann, auteur des ciselures de l'épée du comte de Paris, l'éclairage à MM. Pyrion et Nicolle ; Pyannet, les figures de la façade, Renaud, le plafond des foyers.

M. Séchamp (Charles), chargé des décorations de la salle, était peintre décorateur de l'Opéra. Il fut, en 1849, chargé de restaurer la galerie d'Apollon, au Louvre ; il est mort en octobre 1874 ; il était né à Paris en 1812.

Nous avons déjà dit que l'incendie avait laissé debout la façade, son portique et les deux murs latéraux ; celui d'avant-scène s'était écroulé peu de temps après à la suite d'une tempête. Les travaux de réédification commencèrent le 1er mai 1844 et furent terminés 168 jours après, c'est-à-dire le 15 octobre.

M. Charles Provence, ex-directeur à Strasbourg, fut agréé par la ville pour régir notre théâtre, mais sans subvention. Il jouissait à titre gratuit de la salle et du matériel. Le directeur acquit les décors ayant appartenu à son prédécesseur, et la ville fit remplacer ceux qui avaient été détruits par l'incendie.

Année Théâtrale 1844-1845

Direction : PROVENCE

MM. Alexandre .... régisseur général.
Victor Henry ..... premier régisseur.
Léon .... régisseur chargé des annonces.

MM. Valeour .... contrôleur.
Henry Lecouvreur. caissier.
Henry Debouche.. machiniste chef.

Opéra.

MM. Wermelen .... premier ténor.
Stéphane .... ténor léger.
Gaffré .... troisième ténor.
Alexandre .... philippe.
Jouard .... première basse.
Ducouret......... 2° basse.
Emile .... 3° basse et laruette.
Victor Henry..... laruette.
Peyron·.......... trial.
Eugène........... convenances.
Constant .... troisième trial.
Banville .... coryphée basse.
Lacroix.......... dito dito
Francis.......... dito ténor.
Mmes Quaisin........... première chanteuse.
Wermelen......... première et 2° dito.
Olivier .... première dugazon.
Jannin........... deuxième dito.
Gustave .... troisième dito.
Fontenay......... mère dugazon.
Foignet .... première duègne.
Emile............ deuxieme dito.
Augustine .... utilité.
Hagios .... dito.
Roger .... coryphée.
de Baignes....... dito
Trente choristes.

Orchestre.

MM. Lemaire .... premier chef.
Hoffmann......... deuxième.
Sabatier......... répétiteur.
Bourle........... violon solo.

Comédie drame et vaudeville.

MM. Alexandre .... premier rôle.
Gustave .... jeune premier rôle.
Stéphane .... dito dito.
Charles Sage..... premier amoureux.

— 473 —

MM. Gaffré	amoureux.
Baptiste	père noble.
Ducouret	financier.
Emile	troisième rôle.
Eugène	deuxième dito.
Victor Henry	premier comique.
Graffetot	jeune comique.
Peyron	deuxième dito.
Lorcet	dito dito.
Constant	troisième.
Francis	amoureux.
Banville	utilité.
Cramoisan	dito
Rimbaud	dito.
Mmes Fontenay	premier rôle.
Verdun	jeune première.
Lefebvre	ingénuité.
Ollivier	des travesties.
Jannin	soubrette
Léonie	amoureuse.
Victoire Henry	des jeunes soubrettes,
Gustave	amoureuse.
Héléna Foignet	dito,
Hardy	convenances.
Foignet	duègne.
Emile	dito.
Augustine	dito,
Hagios	dito.
Roger	dito.

Abonnements.

Loges fermées	275 fr. par place.
Secondes loges	200 » »
Baignoires	225 » »
Stalles pour un mois	30 » »
» pour trois mois	80 » «
Abonnement au mois	20 » »
Abonnement pour dames	15 » »

Nous avons donné plus haut le prix des places.

Ainsi que nous l'avons déjà dit, l'édifice était terminé le 15 octobre. L'extérieur subit peu de changement comme aspect, sauf que le toit pointu en ardoise avait été remplacé par une couverture de métal en forme de dôme et que sur la balustrade en pierre on a placé les six statues de la Poésie, Musique, Tragédie, Vaudeville et Danse. L'horloge, au lieu d'être au comble, a été placée entre les fenêtres du petit foyer. Mais le grand foyer avec ses cinq fenêtres, le péristyle à arcades avec ses grilles et ses portes proviennent de l'ancienne salle. Le vestibule d'entrée ne reçut de modification que dans l'emplacement des escaliers.

A l'intérieur, les décorations de la salle furent le blanc avec filet d'or, les loges tapissées de rouge Le balcon des premières reçut une garniture exagérée de cuivre que l'on a eu la bonne idée de faire disparaître depuis. Le plafond, celui qui, existe encore représente les figures de la Tragédie, de l'Opéra, de la Comédie, du Drame et de la Danse. On lit sur des cartouches le nom des principaux ouvrages lyriques ainsi que ceux des compositeurs célèbres.

M. Foit-Meu, notre compatriote, avait écrit pour la réouverture de la salle une scène lyrique en deux tableaux, qui est restée inédite : c'était une cantate en deux parties qui devait être chantée en chœur sur la scène, qui aurait représenté d'abord les ruines de la salle incendiée, puis la façade restaurée. La musique était de Eugène Walker, compositeur remarquable dont nous avons déjà parlé lorsqu'il faisait partie de l'orchestre, mais n'ayant pas eu le temps d'achever son œuvre, le projet fut abandonné.

De son côté, la ville demanda un discours en vers à notre célèbre compatriote Ancelot, qui, ainsi que l'avait fait Casimir Delavigne, pour l'autre salle, s'empressa de se mettre à l'œuvre et bientôt arriva au Havre discours en poche.

L'ouverture de la salle eut lieu le samedi 17 octobre 1844, à six heures et demi du soir, par l'ouverture de la *Dame Blanche*, le troisième acte de *Don Juan d'Autriche* et *Lucie de Lamermoor*, pour les premiers débuts de Wermelen, Jourdheuil, Gaffré. Ducouret, Baptiste, Victor Henry, Mlle Quaisin, Mme Lefebvre.

Dès six heures, la salle était comble ; Ancelot était présent dans une loge. Le rideau se lève et l'artiste Alexandre prononce d'une voix émue le discours très applaudi. On demande l'auteur, et le nom d'Ancelot est salué par les bravos de la salle entière.

Nous citerons du discours d'Ancelot quelques passages relatifs à la salle même :

Enfin elle a sonné cette heure solennelle,
Que la crainte recule et que l'espoir appelle ;
Cette heure, où devant vous, inquiets et tremblants,
Forts de votre indulgence, et non de nos talents,
Disciples dans un art, ennobli par Molière,
Nous venons repeupler l'enceinte hospitalière,
Où vont se consacrer à charmer vos loisirs,
Des travaux assidus, payés par vos plaisirs,
Hélas ! depuis longtemps, il se tait et sommeille
Le poétique écho que votre voix réveille !
Ils ont croulé ces murs, aux neufs sœurs consa-
Qu'une lyre normande avait inaugurés ?   [crés,
Vastes jardins, forêts, donjons, tours féodales,
Modestes toits de chaume et demeures royales,
Du drame aux mille aspects, pittoresques abris,
Les vents ont balayé vos fragiles abris.
. . . .
A votre voix alors, de son brûlant tombeau,
Le théâtre est sorti plus brillant et plus beau ;
Sa porte s'est rouverte à la foule empressée,
Qui, sur un banc muet enchaîne la pensée,
La muse qui dicta les chants de Boieldieu
N'a point dit à vos murs un éternel adieu ;
Le drame y rentrera rarguant la comédie ;
Le vaudeville, enfant de votre Normandie,
Aiguisera pour vous ses refrains familiers.
. . . .
Nous, Messieurs, que soutient l'espoir de vos suf-
                                          frages,
Nous allons du théâtre affronter les ouvrages,
Et pour les conjurer unissant nos efforts,
Nous venons vous offrir d'éblouissants décors !
Par d'élégants pinceaux des loges embellies,
Des travaux variés, des ouvreuses polies,
Des drames un peu longs, des entr'actes très courts,
Quelquefois du talent, et du zèle toujours ;

Des acteurs qui sauront leurs rôles, des actrices
Sans vapeur, sans migraine, et même sans caprices !
De grâce épargnez-nous tous factieux pronostic :
Il ne nous reste plus à trouver qu'un public.
Puissisns-nous, triomphant de votre indifférence,
Des *Cercles,* nos rivaux, vaincre la concurrence.
....
Sur de tels ennemis pourrions-nous l'emporter ?
Dieu le sait mais du moins nous prétendons lutter.
....
Quittez parfois vos jeux pour assister aux nôtres:
Revenez écouter notre pose et nos airs,
Souvent ils sont plus gai, et sont toujours moins
Oui, vous la peuplerez l'enceinte rajeunie [chers.
Que vos soins ont rendu au culte du génie.
Ces murs, ces frais décors et ces banquettes neuves
De votre amour de l'art ne sont-ils pas des preuves !
Hélas ! pour le rassoir sur ses vieux fondements,
Vous avez pu ravir à ses débris fumants,
L'édifice embelli que votre orgueil contemple
....
Et l'étranger dira : l'opulente cité
Fière d'un double écho dans la postérité
A de ses morts fameux, honorant la mémoire,
De l'or pour le travail, des palmes pour la gloire.

Ce discours était bien au-dessous, comme idée poétique, de celui de Delavigne, aussi n'obtint-il qu'un succès très restreint, comparé au précédent. Néanmoins, Ancelot était un Havrais et on applaudit son œuvre. On reporta le peu d'effet produit par les vers sur l'acteur qui les avait mal prononcés. Ancelot lui-même avoua que l'effet avait manqué.

Les nouveaux acteurs offerts au public firent plaisir. Cependant Mlle Quaisin était intimidée, Wermelen fatigué, Baptiste, fils de l'artiste de la Comédie-Française, que nous avions applaudi à l'autre salle, et Mlle Verdun furent fêtés, Jourdheuil ne fut pas très heureux. Ducouret, qui n'avait pas réussi ici en 1835, comme baryton, obtint du succès comme deuxième basse. — Wermelen avait chanté à deux époques successives au Grand-Opéra et pendant trois ans avait appartenu au théâtre de Rouen. Ici, il n'arriva qu'à faire preuve de zèle, mais sa voix usée

ne lui permettait de chanter qu'à l'aide de grands
efforts qui le fatiguaient d'une manière si pénible que le public s'en ressentait trop souvent.
Mlle Quaisin avait une voix fraîche, mais de
peu d'étendue ; Jourdheuil était aussi un artiste
que la voix abondonnait, il quitta peu de temps
après le théâtre : pour aller recueillir un héri-
tage. Il avait été déjà baryton ici en 1836 Le
lendemain, 20, et un dimanche, la salle était
presque vide malgré les débuts de la troupe de
comédie, dans le *Verre-d'Eau* et la *Rue de la
Lune*. Nous fîmes connaissance avec l'ingénue
Mlle Lefebvre la grande coquette, Mme Fontenay,
le premier rôle, Alexandre et enfin le comique
Graffelot. La première était une charmante actrice la seconde ne plut guère ; le premier rôle
avait du mérite ; quant à Graffelot, il avait le
défaut de charger ses rôles, et n'était qu'un comique des plus ordinaires.

Le 21, premiers débuts de Emile, Peyron, Mme
Victor Henry ; seconds de Charles Sage, Gustave,
Mmes Foignet et Léonie, dans la *Marraine*, les
Fées de Paris, comédie-vaudeville en deux actes, *Sans Nom ou Drames et Romances*, vaudeville. Mme Henry, était une belle femme qui
jouait bien, Ch. Sage avait de la distinction, Mme
Foignet, était une bonne comédienne qui fut longtemps aimée ici.

Le 23, premiers de Jouard, Stéphane ; seconds,
de Wermelen, Jourdheuil, Graffé et de Mlle Quaisin, dans *Guillaume-Tell*. Le premier avait été
choriste ici en 1836 ; il n'avait pas fait de progrès depuis, sa voix n'ayant pas été bien conduite ; Graffé manquait d'expérience à la scène;
Stéphane était un bon chanteur.

Le 25, premiers de Emile, et de Mme Gobert
seconds de Jouard, Stéphane, Alexandre ; troisième de Léonie, amoureuse sans valeur excep-
tionnelle, qui est admise sans opposition ; Mme
Gobert, au contraire était bonne chanteuse, Emile
manquait de voix, ce qui lui était préjudiciable
dans ses rôles à longues tirades, mais surtout
dans l'opéra dans les troisièmes basse et laruette.

On jouait ce soir-là pour les débuts cités plus haut : les *Mémoires du Diable* et le *Châlet*

Victor Henry, Baptiste, Mme Verdun, Victor, Henry, font leurs seconds ; Gustave, Charles Sage, Mmes Foignet et Lefebvre, leur troisième et ces derniers sont admis, le 26, dans l'*Hériter* et le *Mari à la Campagne* charmante comédie de Bayard et Wailly.

Le 29, premier de Mme Gustave, second de Mme Fontenay, troisième et admission de Mme Verdun et d'Alexandre, dans la *Chanoinesse*; *Mademoiselle de Belle-Isle*.

Le 31, Mme Wermelen, seconde chanteuse et première au besoin, faisait son premier ; Mme Gobert, son second ; Stéphane, Wermelen, Jourdheuil et Graffé, leur troisième, dans la *Muette*. Mme Wermelen, jeune et timide, trembla sur la scène et put à peine chanter ; au quatrième acte, on la siffla à tel point qu'elle abandonna la scène. On demanda un quatrième début pour Stéphane, mais l'autorité le déclara admis ainsi que Wermelen, Jourdheuil, Graffé et Mme Verdun, qui parurent dans les *Premières Amours*,

Le 5 novembre, admission de Victor Henry, Ducouret, Mlle Quaisin, Gobert et Fontenay ; quatrième de Stéphane, qui est aussi reçu ; *Les Diamants de la Couronne*, la *Femme Juge et Partie*, comédie de Montfleury.

Le 7, second de Peyron ; troisième et admission de Jouard, Baptiste et Emile : *Les deux Frères* la *Dame Blanche*, dans laquelle Wermelen se fit applaudir dans le rôle de Georges.

Le 8, admision de Peyron et Jourdheuil ; pour ce dernier, on avait demandé un quatrième début : *Le Maître de Chapelle*.

Le 15, *Don César de Bazan*, dans lequel Alexandre se fit applaudir ainsi que Gustave. Charles Sage, Mmes Verdun et Foignet.

Le 19, au second acte de *Lucie* Mlle Quaisin se trouve mal sur la scène et tombe dans les bras de Jourdheuil ; le rideau est baissé et des cris de douleur se font entendre des coulisses. Le régisseur annonce que l'artiste ne peut reparaître et que l'opéra sera continué sans elle.

Le 21, le *Mariage au Tambour*, vaudeville en trois actes, joué par Alexandre, Sage, V. Henry Mme Gobert et Verdun ; reprise du *Gamin de Paris*,

Le 23, reprise de *l'Homme blasé*.

Le 29, *Mademoiselle Delafaille*, mélodrame en cinq actes, de Dumanoir et Dennery.

Le 30, mauvaise soirée. On jouait la *Favorite*. La mise en scène n'était pas des plus soignées puis le jeu des décors rata au changement à vue du premier acte. Enfin Jourdheuil chanta si mal qu'il ne put même terminer son grand air : *Pour tant d'Amour*, la voix lui ayant fait défaut. Le tapage est à son comble et continue jusqu'au moment où l'administration annonce que Jourdheuil résilie mais finira la pièce, ce qui est admis.

Le 3 décembre, les *Surprises*, comédie en un acte de Scribe, jouée par Baptiste, Sage, Mme Fontenay, Lefebvre et V. Henry. Le même soir, premier début de Mme Ferry, chanteuse remplaçant Mme Wermelen, Elvire de la *Muette*. Elle ne fit pas plaisir, d'abord parce qu'elle n'était plus jeune, ensuite parce que, si elle avait eu du talent, il ne lui en restait que le souvenir.

Le 5, reprise de *Michel Perrin*.

Le 6, second de Mme Ferry, dans le *Pré aux Clercs*. Nous analysons le récit de cette soirée des plus épisodiques d'après l'article du *Courrier du Havre*.

Dès les premières scènes de l'opéra, un coup de sifflet part des premières galeries où l'on aperçoit un personnage faisant des gestes excentriques.

Pendant l'acte, cet individu continue sa pantomime et adresse des signes à la chanteuse, ce qui provoque l'hilarité du public. Enfin, la toile baisse, mais pendant l'entr'acte, le monsieur se rend à la loge du commissaire de police où il prononce quelques phrases incohérentes, puis descend au parterre, où la jeunesse s'amuse quelque peu à le faire bavarder ; mais on frappe les trois coups ; l'homme se tait. Le deuxième acte commence et Mme Ferry est sifflée par le public ; l'homme à la pantomime monte sur son banc et interpelle aussi bien l'actrice que le parterre ; un agent le fait asseoir. C'est alors, dit J. Morient, dans le *Courrier*, que se voyant rabaissé au niveau des autres, le curieux personnage dit à l'appariteur : *Monsieur, n'oubliez pas que vous me devez le respect et que je suis général*. Puis s'adressant au public : *C'est avec l'argent du peuple que cette salle a été construite ; n'est-il pas ignoble, scandaleux, que nous autres prolétaires, on vienne nous traquer ici*.

Au milieu de ces harangues, le régisseur annonce la résiliation de Mme Ferry, ce qui ne soulève aucune protestation, sauf celle du héros de la soirée, qui se relève de nouveau et prêche au public la charité chrétienne. — Mais comme tout doit avoir une fin, le public, dont on ne peut trop vanter la patience en cette soirée, demande l'expulsion du prophète, qui se retire en criant : *Vive la Liberté* ! et en chantant la *Marseillaise*. Avait-on eu à faire à un mauvais plaisant ou à un fou, peut-être était-ce l'un et l'autre.

Le 12, premier début, dans la *Favorite*, d'un nouveau baryton, Dorval, lequel fut assez aimé ici. Il sortait du Conservatoire, chantait bien, mais avait la voix voilée ; il fit son second, le 17, dans *Lucie*, et fut admis le 20 dans le *Barbier*; il n'y eut que deux ou trois opposants.

Le 16, *Stella ou la Forteresse du Mont des Géants* drame en quatre actes, d'Anicet Bourgeois. —Le 18, au bénéfice de Mme Ferry que sa résiliation plaçait dans une position embarrassante, on donne la première de *l'Étourneau*, vaudeville de Bayard et Léon Laya.

Le 27, au bénéfice des pauvres, *Mlle de Belle Isle* et reprise de *Zampa*. Wermelen, qui abordait pour la première fois le rôle de Zampa, s'y fit applaudir ainsi que Stéphane (de Monza), V. Henry (Daniel), Mlle Quaisin (Camille) et Gobert. La recette atteignit 1,711 fr. y compris 230 fr, 20 reçus au bassin. C'était bien terminer l'année 1844.

La direction commença l'année 1845 par un succès ; elle donna, le 1er janvier, les *Marocaines*, folie-vaudeville si bien jouée par V. Henry, Graffetot, Ducourel, Mmes Gobert, Foignet et Lefebvre, ainsi que par le peloton féminin qui manœuvrait avec une précision militaire.

Le 2, premier début de Delphine Gardes, seconde chanteuse sortant du Conservatoire ; elle avait choisi Mathilde, de *Guillaume* ; sa voix était bonne, mais elle était inexpérimentée à la scène. Le 6, *Emma ou un Ange gardien*, de L. Laya : Alexandre, Gustave, V. Henry, Banville, Mmes Verdun et Lefebvre ; reprise de *Fra Diavolo*, Wermelen. Le 7, second de Delphine Gardes ; le *Pré aux Clers*, un *Colonel d'autrefois*, vaudeville.

M. Provence avait offert d'organiser des fêtes de nuit. Les prix eussent été, pour les quatre soirées : un cavalier et sa dame, 25 fr. ; un cavalier seul, 18 fr. ; une dame seule, 15 fr. Billet pris au bureau, par soirée, 8 fr. Le public n'ayant pas souscrit, la Direction donna une première fête de nuit le 11 janvier, aux prix suivants : un cavalier et sa dame, 6 fr. ; un cavalier seul, 5 fr, ; une dame seule, 3 fr. Nous publions ci-après les résultats de ces bals comparés aux dépenses, extraits des livres de l'administration, et le lecteur pourra juger si, dès ce temps-là le théâtre était encouragé à donner ces sortes de fêtes.

Recettes.

33 Cavaliers avec dame	Fr.	198 —
426 » seuls	»	630 —
14 Dames seules	»	42 —
A Reporter	Fr.	870 —

Report............	Fr.	870 —
65 Secondes galeries (à 1fr. 50)	»	97 50
40 Troisièmes (à 1fr.)........	»	40 —
	Fr.	1.007 50
Cassette................	«	12 50
	Fr.	1.020 —

Dépenses.

Musique..................	Fr.	341 —
Garde...................	»	13 50
Buralistes et postes...........	»	28 50
Impression d'affiches, etc,......	»	39 —
Afficheur................	»	5 —
Lot pour Tombola............	»	58 —
Vin....................	»	11 —
Décoration..............	»	104 40
Gaz...................	»	89 60
Huile..................	»	8 43
Installation d'éclairage........	»	7 —
Tapisserie...............	»	100 —
	Fr.	805 40

Résumé.

Recettes.............	Fr.	1,020 —
Dépenses.............	»	805 40

Soit un bénéfice de 224 fr. 60 pour la direction. A la seconde fête de nuit, le 18 du même mois, les recettes furent encore moindres : elles atteignirent 755 fr. 50 ; les frais y compris la pose du plancher pour 30 fr. furent de 713, 48, d'où il s'ensuit que la direction bénéficia de 42 fr. 02. A la troisième, le 25, il y eut une bonne recette, 1,400 fr. et la direction eut un boni de 575 fr. 15. Enfin, à la dernière, le 1er février, elle se tira encore assez bien d'affaire ; les entrées se montèrent à 1,320 fr. et le bénéfice atteignit 576 fr. 40. Il ne faut pas oublier que pendant ces quatre soirées, le spectacle était interrompu, et que si M. Provence encaissa 1,418 fr. 15 au-dessus de ses frais, par contre, il perdait quatre recettes qui lui auraient été plus avantageuses sans nul doute.

Le 15, le *Mari de la Veuve*, comédie d'Alexandre Dumas : Mme Jannin fait sa rentrée dans les *Premières Armes de Richelieu*. Le public prouva sa satisfaction de revoir sa vieille et sympathique connaissance en l'accablant de bravos et de bouquets.

Le 20 janvier, *Un Coup de Patte ou l'Héritière*, comédie en cinq actes par Empis.

Le 21, première de la *Part du Diable*, le charmant opéra d'Auber. Ce fut un succès ; Jouard (Ferdinand), Wermelen (Raphaël)- Baptiste (Vargas), Genevoise (Antonio), Mmes Quaisin (Carlo), Gobert (Casilda), furent à la hauteur de l'œuvre ; Delphine Gardes (la reine) seule dépareilla le bon ensemble.

A propos de la *Part du Diable*, rappelons ici deux renseignements assez curieux pour notre histoire.

La galerie des autographes de la bibliothèque publique du Havre possède une page de la musique de cet opéra, écrite de la main d'Auber. C'est la romance :

Pendant toute la nuit, mon attente fut vaine,
Dans mon mortel effroi je comptais les instants ;
Il ne vint pas affront plus cruel que ma peine
Moi fille du Roi, etc.

Le tout écrit et orchestré par Auber. Cet autographe a été donné à la ville par M. l'abbé Sauvage (1).

Lors de la première représentation à Paris, le rôle de Carlo (1843) avait été créé par Mme Rossi-Caccia qui occupe aujourd'hui, au Havre, une

---

Cette précieuse découverte nous a fait parcourir la collection du Musée et nous avons vu que la ville possédait également des autographes de Frédérick-Lemaître, Flotow, Louis Monrose, Regnier, Rossini, Boccage, Melingue, Hermann Léon, Poultier, Fortier, ainsi qu'une page musicale du Mercadante, donnée par M. Paul Lahure. Malheureusement, tous ces petits trésors littéraires sont un peu perdus pour le public ; il serait à désirer qu'ils soient placés plus en évidence.

place distinguée parmi nos professeurs de chant, le rôle de Casilda avait été confié à Anna Thillon, qui s'était mariée au Havre avec un violon du théâtre et commença sa carrière en chantant dans nos concerts chez Mme Bertrand.

Nous n'aurions pas oublié de classer ses deux souvenirs dans notre travail dont ils forment une des pages les plus curieuses des annales de notre théâtre.

Le 24, *Paris la Nuit*, drame en cinq actes et huit tableaux par Dupeuty et Carmen.

Le 31, troisième de Delphine Gardes dans le deuxième acte de la *Juive* (Rachel), où elle fut admise avec une légère opposition. *Georges et Thérèse ou les deux Orphelines*, comédie-vaudeville en deux actes, par Auvray.

Le 3 février, la *Dame de Saint-Tropez*. drame en cinq actes, composé sur l'épisode de Mme Lafarge, par Anicet-Bourgeois et Dennery.

Le 12, *Don Pasquale*, opéra comique de Donizetti, joué par Jouard, Wermelen, Dorval, Mlle Quaisin. Le 18, *Madame de Cerigny*, comédie-vaudeville par Bayard et Regnault: Stéphane, V. Henry, Alexandre, Mmes Verdun et V. Henry; les *Pages et les Poissardes ou la Cour et la Halle*, vaudeville en 2 actes, par Rochefort et Bernard Lopez, joué par Ducouret, Grafflelot, Mmes Gobert, Hardy, Esther, Hélène Foignet, ces deux dernières actrices étaient engagées pour les rôles de convenance, dont elle se tiraient assez bien ; la dernière était du reste très jeune et ne faisait que de débuter à la scène. Elle épousa peu après Ch. Sage.

Le 21, dans un intermède, Chenet et Saugnier, deux choristes, se firent entendre : Chenet, dans le grand air d'Alphonse de la *Favorite* (il chanta depuis les ténors), puis Saugnier et Chenet chantèrent les couplets de Charles VI. Le 25, reprise d'*Oscar où le Mari qui trompe sa femme*.

Le 27, reprise du *Domino* : Juliano (Alexandre), Horace (Stéphane), Gil Perrez (Ducouret),

Angele (Mlle Quaisin), Brigitte (Mme Gobert).
Le même soir, l'*Ecole des Femmes*, de Molière,
jouée par V. Henry, Baptiste, Gustave, Graffetot, Émile, Mmes Lefebvre et V. Henry.

Le 5 Mars, *Rébecca*, vaudeville de Scribe. Le
10, Samary, violoncelle des concerts Musard,
exécute une fantaisie sur *Charles VI* : *Guerre
aux Tyrans*, Sérénade de Schubert ; la *Fièvre
brûlante* de *Richard Cœur de Lyon* ; Graffetot dans la chansonnette le *Puits de Grenelle*

Le 13, reprise de *Robert* : Robert (Wermelen),
Bertram (Jouard), Raimbaud (Stéphane), Isabelle (Mlle Quaisin), Alice (Mlle Stoepel), Mlle
Gardes ayant vu son rôle passé à cette dernière,
résilia son engagement. Mlle Stoepel était très
agréable personne et fit plaisir comme chant ;
elle sortait des concerts de Paris. Wermelen
n'ayant pas tenté de trop bien faire, fut applaudi. Mlle Quaisin se ménagea trop. Jouard fut
très mauvais, Stéphane assez bien, Mme Jannin
se fit applaudir dans le ballet. On applaudit les
décors dus à Jules Wild et qui remplaçaient
ceux détruits par l'incendie de la salle. Très
belle recette, car on refusa plus de 300 personnes.

Le 16, le *Portrait vivant*, comédie en 3 actes, de Melesville et L. Laya. Le 17, *Mérovée ou
Brune et Blonde*, vaudeville en 1 acte, de Bayard
et Melesville, qui fit rire grâce à Graffetot, Ducouret et Engène ; *Polichinelle*, opéra comique de
Scribe et Duvergier, musique de Montfort, succès.

Le 23, reprise de *Diane de Chivry*. Le 26,
soirée donnée par les *trente-six Dauseuses viennoises*, sous la direction de Mme Joséphine
Weiss : L'*Allemande*, La *Hongroise*. Seconde
représentation le lendemain, troisième le 28, :
Polka, Pas Styrien, Sauvage et miroir. Quatrième le 30 : *Pas des Fleurs* Cinquième le 31,
dernière et à leur bénéfice, le 1er avril : les
Moisonneuses.

Le 3 avril, reprise du *Maçon* ; Roger bien

chanté par Wermelen. Les autres rôles par Baptiste, Stéphane, Ducouret Mlle Quaisin, Gobert et Foignet. Quelques chutes combattirent les applaudissements au dernier acte. Le 4, *Satan ou le Diable à Paris*, comédie-vaudeville en 4 actes, par Clairville et Dumanoir, On applaudit surtout Mme Gobert (Satan), Alexandre et Mme Verdun.

Le 7, *Bocquillon à la recherche d'un père*, vaudeville en 2 actes, de Bayard et Dumanoir. Les *trois péchés du Diable*, vaudeville féerie en 1 acte, de Varin et *Labiche*. Graffetot et Mme Jannin y sont très amusants, ce qui n'empêche pas de siffler cette pièce, qui n'obtint que peu d'applaudissements.

Le 9, Mme Reyloff, ex-élève de Lesmaire, chef d'orchestre, chante avec succès Alice, dans *Robert*. Sa voix était belle, son jeu gracieux, sa personne agréable, aussi cette dame reçut-elle beaucoup de bravos, qui l'encouragèrent à reparaître dans le même rôle, le 13,

Le 14, Alex. Fuchs et Joséphine Berlin, cette dernière sortant de l'Opéra et tous deux du théâtre de Vienne, paraissent dans la *Polka de Bohême*. Seconde représentation le lendemain.

Le 17, la *Jeunesse de Charles-Quint*, opéra-comique en deux actes, de Melesville et Duvergier, musique de Montfort : Stephane (Charles-Quint), Jouard (Magnus), Graffé (Ulrich), Mmes Gobert (Marie), Jannin (Gertrude), y obtinrent du succès.

Le 21, Maria Kenebel, belle-sœur de Franconi, âgée de dix ans, danse la *Cachucha*, de Fanny Esler et la *Prière* de la Taglioni. Le même soir, *Juliette ou la Folle de Toulon*, vaudeville de Melesville et Bayard, qui n'obtint pas de succès malgré les efforts de V. Henry et de Mme Verdun.

Le 23, première de la *Sirène*, opéra comique en trois actes, d'Auber, joué par Wermelen (Scopetto), Ducouret (Popoli), Jouard (Balbaya), Graffé, qui au pied levé dut remplacer Stéphane malade, dans Scipion, et qui s'en tira bien malgré qu'il n'ait été prévenu que le matin même. Baptiste (Peccioni), Mme Quaisin (Zeline), Foignet (Mathéa).

Le 24, la *Belle et la Bête*, comédie-vaudeville de Bayard et Verner, Alexandre, dans Vaucheron (la bête) et Graffetot (Feucherolles), furent amusants.

Provence fait effectuer la rentrée de ses artistes avant la fin de l'année théâtrale. Le 28 eurent lieu celles de Victor Henry, Baptiste qui prenait les pères nobles et les secondes basses pour lequel on réclame les trois débuts, Ch. Sage, Ducouret basse comique, Stéphane, Graffetot. Victor Henry reçoit des bouquets, ainsi que Mmes Foignet, Lefebvre et Gobert. Ch. Sage est refusé dans le *Mari à la Campagne*. Dans *Polichinelle*, on déclare qu'on ne veut pas de Stéphane ; le régisseur promet qu'il ne chantera que les troisièmes ténors. Ducouret est sifflé comme basse, mais l'autorité le déclare admis. Mme Jannin est appelée et vient saluer le public. Dans l'*Omelette fantastique*, le trouble éclate pour et contre Graffetot. La lutte dure pendant vingt-cinq minutes et l'artiste se retire, mais peu après, revenant sur la scène, il s'avance à la rampe et dit : « Je reviens pour vous dire que vous êtes des ignobles. » Puis il se sauve. Le régisseur vient assurer que l'administration est aux regrets de l'acte peu convenable de l'artiste, mais l'orage continue à grandir. On court à la poursuite de Graffetot, que l'on ne retrouva pas. Peu de jours après cet artiste voulut publier une lettre pour expliquer sa conduite qui avait été, disait-il, amenée par la manière brutale dont on avait récompensé son zèle ; mais la presse Havraise refusa avec juste raison de livrer ses colonnes pour la défense d'un homme qui avait été plus que grossier envers nos concitoyens. Peu de mois après, en septembre de la même année pareil fait se passa à Dijon. Assemat jouait par complaisance pour faciliter les débuts, on le siffla. Il s'avança aussi à la rampe et s'écria : D'après l'accueil que j'ai reçu ici, tous ceux qui m'ont sifflé sont des ânes. » Moins heureux que Graffetot, il ne put s'échapper, et eut le loisir de se repentir dans la prison où il fut conduit immédiatement.

Le 29, rentrée de Jouard dans *Don Pasquale*, où cet artiste est sifflé et résilie ; il en est de même de Dorval qui quitte la scène et refuse de reparaître, d'où il s'ensuit que l'opéra n'est pas terminé. Wermelen, par contre, est très fêté d'autant plus qu'il ne devait pas faire partie de la prochaine troupe. Dans le deuxième acte des *Diamonts*, avant que Mlle Quaisin accomplisse sa rentrée, on exige que le régisseur spécifie bien qu'elle serait son emploi, puis on accueillit l'artiste par des bouquets et des bravos pendant près d'un quart d'heure. Mlle Quaisin restait comme chanteuse à roulade. Dans *Madame de Cérigny*, Alexandre est bien accueilli. La clôture de l'année théâtrale eut lieu le 30 par la *Chanoinesse* et par la *Part du Diable*. Wermelen qui, dix ans plus tard, devait finir si tristement sa carrière sur cette même scène, est couvert de fleurs. Après l'opéra, on appela tous les artistes aimés : Alexandre, Victor, Henry, Mmes Quaisin, Foignet, Lefebvre, etc.

Maintenant., voyons quel avait été le résultat de la première campagne du directeur Provence dont on devait reconnaître la bonne volonté pour varier son répertoire de manière à attirer le public.

Les dépenses s'étaient élevées à Fr. 124,897 58
Les recettes à............... » 115,837 58
Soit pour le directeur une perte
de.................... Fr, 9,060 —
pour les six mois de son exploitation.

La troupe coûtait 15,452 fr. 24 par mois,

ANNÉE THÉATRALE 1845-1846

MM. Saint-Aubin ..... régisseur général.
Victor Henry ..... régisseur.
Valcour .... contrôleur.
H. Lecouvreur .... comptable.
Debouche .... chef machiniste.
Craincourt .... bibliothécaire.
H. Lagarde .... souffleur.
Mme Lorcet .... costumière.

Opéra.

Ed. Fichel .... premier ténor.
Hyacinthe .... dito dito d'opéra-comique.
Stephane .... deuxième dito
Pierne .... première basse.
Saint-Aubin ..... baryton.
Ducouret .... première et seconde basse.
Baptiste .... deuxième au besoin.
V. Henry .... laruette,
Ménéhand .... trial.
Saugnier .... coryphée ténor.
Chenest .... dito basse.
Loicet .... trial.
Loircet .... convenance
Gruyère .... utilité.
Banville .... basse utilité.
Mmes Quaisin .... première chanteuse.
Dubreuil Renouf.. forte chanteuse.
P. Bondois ...... première dugazon.
Jannin .... deuxième.
Foignet .... première duègne.
Yvert .... utilités.
Roger .... utilités.
de Baignes ...... dito.
Clotilde .... dito.

Orchestre.

MM. Lemaire .... premier chef.
Hoffmann .... deuxième.
Sabatier .... répétiteur.
Bourle .... premier violon.

Comédie, Drame, Vaudeville.

MM. Dubreuil.........	premier rôle.
P. Bondois.......	jeune premier.
Stephane	dito dito.
E. Bondois	amoureux.
Baptiste	père noble.
Ducouret	financier.
Loiret	deuxième et troisième rôle.
V. Henry	premier comique.
Menehand	jeune comique.
Lorcet...........	deuxième comique.
Gruyère	utilité.
Taconet	dito.
Banville	dito.
Cramoisan.......	dito.
Mmes Demoreau	premier rôle.
Verdun..........	jeune première.
Menehand	ingénue.
Bondois..........	déjazet.
Jannin...........	soubrette.
V. Henry.........	amoureuse.
Foignet..........	duègne.
Hardy...........	convenances.
Emilie...........	amoureuse.
Yvert	deuxième duègne.
Roger	utilité.
Clotilde..........	dito

L'ouverture eut lieu le 17 mai par la *Dame Blanche*, et la *Meunière de Marly*, pour les premiers débuts de Hyacinthe que nous avions eu ici en 1841 comme premier ténor de grand opéra, emploi que la maladie l'avait forcé d'abandonner : Pierne, Menehand, Mmes Bondois et Menehand. La soirée se passa sans incidents. On constata avec satisfaction que la ville avait fait rafraîchir les peintures de la salle et supprimer les loges des troisièmes pour les réunir aux places des galeries.

Le 19, la soirée fut des plus orageuse. Dans la *Rue de la Lune*, Menehand dans Chevillard, et qui cependant ne débutait pas, est tellement mauvais, tart par son jeu que par son organe nasillard, qu'on chute d'abord, puis on tousse et enfin on le siffle ; on appelle le régisseur : Nous n'en voulons pas, assez, la toile. En effet, on baisse le rideau et la pièce n'est pas finie. L'orchestre exécute l'ouverture de *Guillaume Tell* et se fait applaudir, Edmond Fichel, ténor, paraît dans le rôle d'Arnold et produit tout d'abord mauvais effet par sa corpulence énorme. Dès les premières notes, il est épuisé et on n'entend plus rien, sa voix étant disparue ; le public patiente l'acte s'achève. Au 2e acte, Mme Dubreuil est applaudie, Fichel ne peut chanter son duo et force lui est de résilier, mais en voulant finir la pièce. Le public se divise en deux camps : oui disent les uns, non disent les autres, tumulte, l'acte est achevé. Au 3e acte, Ducourct remplissait Geisler ; on proteste, cet artiste n'ayant été accepté que pour les 3e basses. Pourparlers entre le public et la direction qui prend le parti extrême celui de faire éteindre le gaz et force est au public de se retirer. Quant au baryton, qui faisait son premier début dans le rôle de Guillaume, il va sans dire qu'on ne put l'apprécier car on ne l'entendit pas.

Le 20, l'*Eclair*, pour le second de Hyacinthe. Au 2e acte, Mme Bondois qui débutait comme dugazon, est sifflée et on déclare qu'on n'en veut pas ; elle promet de résilier, mais elle finira a pièce.

Saint-Aubin, baryton, débute le 22, dans le *Barbier* et Eugène Bondois, effectue son second dans *Estelle*. En octobre 1873, Eug. Bondois, qui qui revenait d'Italie, a créé à l'Odéon le rôle de Claude dans *Cendrillon*. Les critiques parisiennes le déclarèrent alors un artiste excellent qui avait laissé de bons souvenirs au Caire. Au surplus, il avait été assez aimé au Havre.

Le 26, premier de Dubreuil, second de Paul Bondois et troisième et réception d'Eugène Bondois : *Ecole des Vieillards* ; *Comtesse du Tonneau*. Dans cette dernière pièce. Lorcet remplissait le rôle de Valentin. On réclame des débuts. Le régisseur dit que cet artiste n'est que troisième comique et par contre doit en être dispensé. Mme Bondois reparaît, on réclame à nouveau et la direction est obligée d'annoncer l'engagement d'une dugazon.

Le 27, premier de Gennevoise, premier ténor, ex-choriste de Bordeaux; second de Saint-Aubin, Pierné et Mme Dubreuil, dans la *Favorite*. Le premier, jeune et sans expérience, ne sachant ni chanter ni parler, se voit sifflé à outrance au 4e acte. Le tapage est à son comble. Le régisseur est interpellé ; on déclare qu'on ne veut ni du ténor ni de la basse Pierné. Tous deux résilièrent. Le directeur est demandé ; on répond qu'il est malade le commissaire confirme ce dire et le public se sépare.

La troupe étant à peu près désorganisée, le directeur Provence, après avoir consulté l'administration municipale, suspend le cours des représentations jusqu'à ce qu'il ait pu engager d'autres artistes. La salle resta fermée dix jours; heureusement que pendant ce temps, où il fut privé de distractions artistiques, le public put assister dans une loge, sise place du Champ-de-Foire, aux scènes athlétiques du sieur Mazard, dit l'*Incomparable*, et du lutteur Gardenne, lequel provoqua un chargeur du port renommé par sa force. Les choristes que la fermeture momentanée de la salle mettaient dans la gêne, obtinrent l'autorisation de donner, à leur bénéfice, un concert à Frascati, avec le concours de Stéphane, Pierné, etc.

Dans le but d'empêcher le renouvellement des scènes tapageuses qui avaient eu lieu à l'occasion des débuts, la ville, à l'exemple de ce qui avait lieu à Nantes et à Strasbourg, mit en projet un règlement par lequel le sifflet serait interdit, les artistes seraient reçus ou refusés par une commission prise dans les abonnés. Cet arrêté, que nous avons lu aux archives municipales, ne fut point mis à exécution ; il resta au simple état de projet.

La réouverture du théâtre eut lieu le 5 juin 1845 par *Guillaume Tell*, pour les premiers débuts de Darexi, ténor, Poppé, basse, que nous avons déjà possédé en 1841, Baptiste seconde basse, et le troisième de Saint-Aubin ; ce dernier ne fut reçu qu'avec une forte opposition.

Le 7, premiers débuts de Ferdinand, trial et comique, qui fut très goûté ici, Mme Roy, dugazon venant de Paris, Mlle Jaspin, jeun première, troisième de Hyacinthe et de Paule Bondois. Ces deux derniers sont admis : *Fra-Diavolo*, *Ami Grandé* : dans cette dernière pièce, on siffle Dubreuil, premier rôle, qui effectuait sa deuxième épreuve.

Le 10, encore du bruit dans *Lucie*, qui servait de second à Darexi, qui fait réclamer l'indulgence ; le tapage devient si violent qu'on baisse la toile. On avait réclamé aussi parce que le rôle de Lucie était chanté par Mlle Quaisain, tandis qu'il appartenait à Mme Dubreuil. Le lendemain, Mlle Quaisain, publia une lettre dans laquelle elle constatait que ce rôle avait été créé par des chanteuses à roulade aux Italiens, par Mme Persiani ; à l'Opéra-Comique par Anna Thillon.

Le 12, seconds débuts de Poppé et de Ferdinand et admission de Baptiste : le *Maître de Chapelle* et le *Barbier*.

Ferdinand est admis le 13, dans Dickson de la *Dame Blanche*. Mme Bondois se fait applaudir dans le rôle de Jenny, qu'elle remplissait par complaisance, Mme Roy ayant résilié.

Le 15, première des soirées que nous consacrèrent Frédérick Lemaître et Clarisse Miroy, tous deux de la Porte Saint-Martin : *Louisette ou la Chanteuse des Rues*, Louisette (Clarisse) ; *Dame de Saint-Tropez*.

Le 17, sur demande même spectacle.

Il est assez intéressant de reproduire, ne serait-ce qu'à titre de document, les termes de l'engagement passé entre la direction et ces deux artistes

Entre M. Frédérick Lemaître, artiste du théâtre de la Porte-Saint-Martin, demeurant à Paris, rue de l'Ancry, 12, et Mlle Clarisse Miroy, artiste dramatique, M. Lemaître agissant en son nom et acceptant la solidarité du présent.

M. Provence, directeur, du théâtre du Havre etc.

M. F. Lemaître et Mlle C. Miroy, s'engagent à être rendus au Havre, le 12 courant, pour y donner quatre représentations et plus s'il y a lieu, qui commenceront le 15 courant et seront jouées d'un jour l'autre et se composeront de : *La Chanteuse des Rues* jouée par Mlle Clarisse ; *Ruy Blas*, par tous les deux ; la *Dame de Saint-Tropez*, la *Grâce de Dieu* ; la *Tour de Nesle*.

F. Lemaître s'engage à fournir la musique des pièces de son répertoire.

M. Provence s'engage à payer 500 fr. par représentation pour eux deux, plus la moitié de la recette après un prélèvement de 300 fr. pour tous frais. Abonnements courants. Le dédit sera de 1,000 fr. Fait et signé, le 5 juin 1845. — Provence, F. Lemaître.

Le 18, Mme Bondois, premier début comme seconde dugazon, dans le *Capitaine Charlotte*.

19, F. Lemaître et C. Miroy dans *Ruy Blas*.

Le 20, Darexi, ténor, est refusé dans la *Muette* après une lutte qui dura pendant tout le dernier acte.

Le 21, *Don César de Bazan*, par Lemaître et Clarisse. Le 22, ils rejouèrent *Ruy Blas*, et le 23, *Don César*. Clarisse Miroy est morte à Neuilly en 1870, peu de jours avant le siége de Paris. Le 26, Mlle Jaspin, nouvelle jeune première, débutait dans *Mlle de Belle-Isle*. Elle n'était pas jolie et n'avait aucun talent, aussi la tracassa-t-on dans cette soirée jusqu'à l'annonce de la résiliation. Dans cette même pièce débutait également Mlle Stella, grand premier rôle. Mme Bondois effectuait son second dans la *Maîtresse de Langues*.

Le 26, deux élèves de l'école de musique de Rouen, qui entrèrent ensuite ici dans les chœurs avaient chanté avec succès dans un concert à la Bourse : ils se hasardèrent à chanter la *Favorite*. Chenest, dans Fernand, eut du succès et le public l'encouragea par ses bravos et le rappel. Mme Bondois fut admise dans le rôle d'Inès. Le 29, ils donnèrent une seconde représentation. Chenest, qui devait finir sa carrière par une mort si pénible, que nous rapporterons à son époque, entra au Grand-Opéra, dans Gilbert de *Lucie*.

Le 27, Mélanie, qui avait joué pendant les représentations de F. Lemaitre, débute comme amoureuse-ingénue dans *Renaudin de Caen*. Reprise de la *Sirène* ; Hyacinthe, de cette fois, remplit le rôle de Scopetto.

Le 30, troisième de Dubreuil dans la *Tour de Nesles*. Cet artiste fut tout à fait insuffisant dans Buridan, et Mlle Stella se déclara indisposée. A l'acte de la prison, un tapage épouvantable éclate, le rideau baisse et relève trois fois ; enfin le commissaire ayant déclaré M. Dubreuil admis, le public applaudit cet artiste avec dérision. Mlle Stella est à son tour accablée de sifflets et on ne termina pas le drame. M. Dubreuil, mari de notre première chanteuse, eut le bon esprit de résilier.

Le 3 Juillet, premier début de Duprat, fort ténor, dans *Lucie*. Cet artiste qui était engagé à Lille fut très aimé au Havre. Le 7, Adèle Legrand, première dugazon, débute dans le *Pré aux Clercs*. Le 8, Duprat et Mme Dubreuil sont rappelés dans la *Favorite*. René, comique, est reçu dans la *Tirelire*, bonne acquisition.

Le 9, Mélanie accomplit avec succès sa dernière épreuve dans *Philtre Champenois* ; *Famille Roquefeuille* ; elle est reçue sans opposition. C'était au surplus une excellente artiste qui avait été fêtée il y avait peu d'années à la Porte-Saint-Martin et à la Gaîté. Ce même soir, les douze Indiens Ioways donnèrent leur première représentation consistant en danses grotesques.

Ceux-là, à l'exemple de leurs prédécesseurs dont nous avons rapporté la triste odyssée (voyez 1829), s'étaient affublés de titres princiers, mais ils ne portèrent pas ici et ne donnèrent en tout que deux séances, où en réalité le public ne s'amusa pas.

Le 11, soirée de tapage dans *Robert* : Mme Dubreuil et Poppée faisaient leur troisième début. La première est admise sans contestation. Quant à la basse, qui n'avait pas fait trop plaisir dans ses précédents débuts, il crut devoir au troisième acte, supprimer le grand air de l'Invocation des Nonnes, tandis que l'affiche disait seulement que les nonnes ne paraîtraient pas. Le tapage, cela va sans dire, éclate ; le régisseur annonce que Poppée va chanter le morceau ; mais à peine cet artiste paraît-il, qu'il est sifflé à l'unanimité. Le rideau baisse, relève, rebaisse. L'orage gronde pendant trois quarts d'heure et reprend avec plus de force, lorsque l'on déclare l'admission de Poppée, qui jusqu'alors était resté seul en scène, le ténor Duprat ayant jugé convenable de se retirer dans les coulisses. Enfin l'autorité, faisant droit aux protestations de la majorité, revient sur sa décision et déclare que l'artiste est refusé.

Le 14, représentation donnée par Raucourt, de la Porte-Saint-Martin (mort en 1855). Malgré son talent, il attira peu de monde dans la *Tour de Nesles*. Mlle Stella faisait son deuxième début par le rôle de Marguerite. Le 15, Adèle Legrand est reçue avec un peu d'opposition dans les *Diamants de la Couronne*. Le 18, Dubosc, nouvelle basse, débute dans le *Châlet*, mais il ne tenta pas d'autres épreuves et retourna à Rouen.

Le 20, Raucourt joue dans *Faruck le Maur*, Mlle Guerson de l'Odéon, rôle d'Isabelle, puis dans la *Duchesse de la Vauballière*, qui lui avait servi de début à la Porte Saint-Martin.

A cette époque, B. Gaffney, ayant par trop critiqué la direction dans le *Journal de l'Arrondissement*, fut attaqué en diffamation par Provence. L'affaire vint le 15 juillet 1845 devant le tribunal correctionnel du Havre. Le directeur fut défendu par Mᵉ Delange et Gaffney par Mᵉ Lepaulard, mais après quelques paroles de ce dernier, B. Gaffney demande au tribunal de présenter sa défense en vers, ce qui lui fut accordé.

Ce plaidoyer mi-sérieux, mi-plaisant, mais à coup sûr des plus spirituels, a été imprimé la même année chez les frères Gaffney ; nous regrettons que sa trop grande longueur (181 vers), ne nous permette que d'en reproduire quelques passages.

Après avoir constaté que le théâtre avait des cabaleurs, et que d'abord l'Opéra a bien aussi ses claqueurs, que le directeur lui réclame dix mille francs. ce qui ne l'empêche pas de le considérer comme

Homme de qualité, de mérite et de cœur,
Tout ce qu'il vous plaira ; mais méchant directeur.
. . . .
Votre préténtion est au moins singulière ;
Ecorcher Rossini, parodier Molière,
Payer des chaufourniers pour vous faire applaudir,
Lorsque le vrai public vous subit en martyr.
. . . .
Qu'enfin nous condamner, ce serait reconnaître,
En notre directeur notre souverain maître ;
Dire que le public est son humble valet ;
Qu'il peut nous imposer le valet le plus laid,
Le scapin le plus froid, le plus morne comique ;
Pourquoi non ?... il aura muselé la critique.
Au cerbère jeté, non un gâteau de miel,
Mais l'opium légal de la prose d'Hamel (1)
Et je le vois, pour peu que la chose lui plaise,
Nous donner pour ténor notre marchand de braise.

Après ce discours, le procureur du roi conclut à ce que le prévenu soit renvoyé de la plainte. Le tribunal, jugeant que la demande de M. Provence est mal fondée, le condamne aux dépens.

Le 21, Roger de l'Opéra-Comique se fait entendre dans la *Sirène* ; son succès y fut des plus brillants et bien partagé par Mlle Quaisin.

---

(1) Huissier de la direction.

On apprend l'engagement de **Wermelen** à Bordeaux.

Le 22, Raucourt dans la *Croix d'acier*.

Mlle Stella est refusée à son troisième début dans *Lazare le Pâtre*. Le 24, Roger chante *Lucie*.

Le 25, *Zampa*, et le 27 la *Favorite*.

Le 28, *A la belle Etoile*, vaudeville en 1 acte, de Brisebarre ; succès pour Ferdinand et Mélanie.

Le 30, solennité musicale, exécution du *Désert*, de Félicien David. L'orchestre, conduit par Lemaire, était formé par 125 musiciens, placés avec les chœurs sur une estrade en amphithéâtre sur la scène. Eclairage splendide. Les parties vocales remplies par Roger, Duprat, Hyacinthe, Saugnier. La déclamation par Raucourt. L'exécution était surveillée par MM. Escudier frères, directeurs de la *France Musicale*, seconde représentation le premier août.

Le 3 août, Raucourt, *Mathilde ou le Mulâtre*, drame en 5 actes par Eug. Sue et Félix Pyat. Le rôle de Lugarto, joué avec talent par Raucourt, bien secondé par Stéphane, Bondois et Victor Henry. Le lendemain, Raucourt dans le *Paysan picard* ; l'*Enfer*, intermède.

Le 5, premier début de Dunan, basse, un artiste qui fut très aimé ici, dans la *Favorite*. Le 7 le *Valet de Chambre*, opéra comique en 1 acte, de Melesville.

Le 9, la *Juive* pour second de Dunan (le Cardinal) ; Duprat, dans Eléazar ; Hyacinthe (Léopold); St-Aubin. Mmes Quaisin, Dubreuil, firent plaisir. On n'avait pas joué cet opéra depuis deux ans ; aussi la salle fut bondée. Duprat ne chantant pas la Pâque, le public réclame et on répond que l'orchestre ne possède pas la partition. Dunan eut assez de succès, mais les autres furent faibles.

Le 11, on rejoua la *Juive* pour les adieux de Duprat, qui se rendait à Lille, où il ne réussit pas.

Le 11, Ligier revint nous visiter avec une demoiselle Lauguerhausen, laqu'elle n'avait qu'un talent médiocre et était d'une timidité qui nuisait à son jeu. Ce soir-là, ils parurent dans *Othello* devant une demi-chambrée. Dans l'engagement signé entre Provence et Ligier, nous lisons que cet artiste donnera six représentations dont une au profit de la souscription pour l'érection de la statue de Casimir-Delavigne, c'est-à-dire que la moitié revenant à Ligier sera versée à la souscription.

Le dédit entre les contractants était de 1,500 fr.

Le 14, Dunan est reçu dans la *Dame blanche* où Mlle Quaisin est applaudie, tandis que Hyacinthe est quelque peu sifflé.

Le 16, Ligier est rappelé dans *Virginie*, tragédie en cinq actes par Latour de Saint-Ybars.

Le 18, première représentation donnée par Hyacinthe, des Variétés : le *Point du Jour*, une de ses créations à Paris, et dans la *Vendetta*. Né en 1814, Hyacinthe, fils d'un perruquier, débuta dès l'âge de sept ans dans la troupe Comte Dabond, au Vaudeville, puis aux Variétés ; il rentra ensuite au Palais-Royal.

Le 19, *Louis XI*, joué par Ligier, qui y est rappelé dans la soirée au bénéfice de la statue de Delavigne. Baptiste lut un poëme ; *Hommage d'un Havrais à la Mémoire de Delavigne*, et M. Collenet, des concerts de la cour d'Amsterdam, exécuta un solo sur le flageollet.

Le 20, Hyacinthe dans *Ma Maîtresse et ma Femme*, rôle de Rigaudot.

Ligier continue à amener la foule au théâtre ; le 21, il joua *Virginie* ; Mme Damoreau, nouveau premier rôle, débute dans Elmire du *Tartuffe*. Le lendemain, Hyacinthe, dans une de ses meilleures pièces, le *Maître d'Ecole*. Le 26, exercices de M. Sand et de ses fils, tours d'équilibre et de désarticulation. Le 30, deuxième début de Mme Damoreau, dans *Rita l'Espagnole*.

Le 1er septembre, premier début de Bauche, nouveau premier ténor : la *Juive*. Ancien commis à Rouen et élève de l'Ecole de musique de Rouen, Bauche avait doublé Wermelen au Théâtre-des-Arts de cette ville ; en sortant du Havre, il gagna le Grand-Opéra. Il est mort à Paris, frappé d'apoplexie, en juillet 1858, âgé de quarante-deux ans.

Le 2, Mme Damoreau effectue son troisième début dans *Pierre le Rouge*. A la fin du 3me acte, les sifflets commencent l'attaque ; les bravos y répondent. Coups de poings échangés. La police met à la porte les combattants. Le régisseur demandé ne vient pas ; la pièce se termine, mais on n'écoute pas les artistes ; on se sépare sans savoir si l'artiste est refusé ou reçu.

Le 5 septembre, magnifique soirée donnée en présence de M. Lacave-Laplagne, ministre des finances, par Mme Stolz, au bénéfice des victimes de la trombe de Monville et de Malaunay. La *Favorite*, Bauche y accomplissait son deuxième début. Le prix des places augmenté : stalles et loges, 8 fr. ; parquet, 6 fr. ; baignoires et secondes, 5 fr. ; parterre, 3 fr. ; troisièmes, 2 fr. 50 ; quatrième, 1 fr. 25 ; amphithéâtre, 50 cent. Salle comble, rappel de Mme Stolz et de Bauche, avalanche de bouquets et de couronnes.

La recette produisit 4,457 fr. 25.

Le quart accordé à l'administration
par Mme Stolz...................Fr.   3.342 95
   Versée au bassin. ....   139 —

Soit pour les victimes.........Fr.   3.481 95

Après la représentation, l'orchestre et les choristes se rendirent à l'hôtel de l'Europe où était descendue Mme Stolz. M. Pillet, directeur de l'Opéra, ayant fait ouvrir les salons, l'orchestre exécuta l'ouverture de la *Part du Diable* ; les choristes chantèrent à la suite les chœurs de la *Juive*: puis en dernier lieu, l'orchestre joua l'ouverture de la *Sirène*. Mme Stolz, vivement émue, remercia les artistes et embrassa le chef d'orchestre.

Alors ce furent des cris enthousiastes qui éclatèrent parmi les témoins de cette scène touchante, Mme Stolz au moment de rejoindre ses appartements, ne put maîtriser son émotion, et, pendant quelques instants, elle perdit le sentiment.

En 1850, à son retour d'Angleterre, Mme Stolz, passa par le Havre, mais elle ne chanta pas.

Rappelons que Mme Stolz, née Rose-Nina, née en Espagne en 1813, débuta à l'Opéra en 1838, dont elle se sépara en 1844. Elle avait épousé M. Lecuyer, de Rouen, en 1856, elle reparut à l'Opéra dans Léonore de la *Faovrite*, son triomphe.

Le 8 septembre, représentation donnée par Bardoux, du Vaudeville, mort en 1863 : *Manche à Manche, Petites Misères de la Vie humaine, Bruno le Fileur*, Le 9, il joua le *Capitaine Roquefeuille, Rabelais ou le Presbytère de Meudon*.

Né en 1804, Bardoux, d'abord clerc d'avoué, débuta en 1829 à Paris, rentra au Vaudeville en 1835, et décéda en 1863.

Le 11, troisième début et admission de Bauche, dans *Lucie*. Mlle Quaisin étant malade est remplacée par Mlle Scheffer, qui était venue au Havre s'embarquer pour la Martinique ; elle fit plaisir, chantant bien et était gentille.

Le 15, Bardoux paraît dans : *Passé Minuit*, le *Frère de Piron, A la belle Etoile*. Le 16, dans : *Deux Filles à marier, Mémoires du Diable*.

Dans l'état civil du 11 de ce mois, figure dans les décès Gennevoise (Henri-Charles-Archange), artiste dramatique (choriste), âgé de 25 ans. Son frère, également choriste au Havre, décéda peu de temps après.

Le 18, Bauche et Mme Dubreuil sont splendides dans *Guillaume Tell*.

Le 19, représentation donnée par Bardoux, au bénéfice des victimes de Monville : *Francine la*

Gantière. On se souvient que l'on n'avait pu décider sur le sort de Mme Damoreau ; elle reparut ce soir-là dans l'*Ami Grandet*. La public refusa d'admettre ce quatrième début. Alors cette dame, qui n'était pas sans talent, annonce qu'elle jouerait pour ne pas faire manquer la soirée, puisqu'elle ne reparaîtrait pas. Cette décision fut bien accueillie et l'artiste fut fêtée pendant la durée de la pièce. Dunan chanta avec goût : *Voyageurs crains la Nuit*. La soirée fut bonne pour les victimes, la salle étant très garnie.

Le lendemain, reprise de l'opéra le *Guitarero*. Le 22, bénéfice de Bardoux, qui chanta le *Beau Dragon* et parut dans le *Notaire et le Client*, la *Haine d'une Femme*, *Frère de Piron*. *A la belle Etoile*,

Le 2, les *Bohémiens de Paris*, le grand drame de Dennery et Grangé. Les décors nouveaux étaient très beaux ; entre autres, nous citerons le *Pont Marie* et le *Panorama de Paris* dus à Jules Wild. La pièce marcha très bien, eut de nombreuses représentations et fit applaudir : Victor Henry (Montorgueil), Ferdinand (Chalumau), P., Bondois, René, Ducouret, Mmes Jannin et Mélanie.

Le 2 octobre, le *Dérivatif*, comédie vaudeville en un acte. Le 6, l'*Etudiant marié*, comédie-vaudeville en un acte.

Le 9, *Jeanne et Jeanneton*, comédie-vaudeville de Scribe ; succès pour Mélanie (Jeanneton), V. Henry (Galuchet).

Valgalier est refusé à Lyon : il faut ajouter qu'il était le sixième ténor qui échouait depuis l'ouverture de la campagne. Valgalier est mort en 1875.

Le 16, *Halifax*, comédie-vaudeville de A. Dumas, jouée par Ducouret, P. Bondois, Ferdinand et Loiret. Le 21, *Monsieur Lafleur*, vaudeville ; reprise de l'*Ambassadrice*, le 25, de la *Muette*.

Le 27, MM. Garcia et Savoye, Mlles Marina et Gomez, danseurs espagnols, qui, en Algérie, avaient eu l'honneur de danser devant le duc d'Aumale, nous donnent une représentation ; le même soir, un *Tuteur de vingt Ans*, vaudeville en deux actes : Mélanie, Eug. Bondois, V. Henry. Le 29, danseurs espagnols, un *Changement de Main*, comédie-vaudeville en 2 actes, de Bayard, et Lafont.

Le 30, la *Chaste Suzanne*, opéra en 4 actes, de Carmouche et Courcy, musique de Monpou, Décors nouveaux : *Place de Babylone* et *Jardin Oriental*. Succès pour Mme Dubreuil (Suzanne), Mlle Quaisin, Dunan, Saint-Aubin, Adèle Legrand, etc. Le 31, danseurs espagnols.

Le 5 novembre, Wartel, baryton, ex-coryphée de l'Opéra, arrivant d'Italie, chante *Lucie*. Il fut applaudi surtout dans le duo du troisième acte avec Bauche. Mlle Quaisin, qui venait d'épouser le ténor Hyacinthe, eut aussi de très beaux moments. Wartel parut le 7 dans la *Favorite*, et chanta la mélodie : *Dis-le moi*, le 11, dans *Guillaume*. Ce soir-là débutait, dans *Rita l'Espagnole*, Mme Luchesy, premier rôle. Le 13, Wartel chante *Rosemonde* et la *Sicilienne*. M. Luchesy, premier rôle, accomplit son premier début et sa femme son second dans : *Une Chaîne*.

Le 17, concert par Hurtaux qui avait été basse ici sous Lemerre (1835), Mme Mondestaigny, chanteuse des salons de Paris, Coche, flûte, et Regnault, violoncelle, Hurtaux fut applaudi comme une vieille connaissance, mais cependant sans enthousiasme. Le 18, M. et Mme Luchesy faisaient leur troisième dans la *Tour de Nesles*. A peine sont-ils arrivés sur la scène qu'on les siffle tous les deux ; le tapage dure une demi-heure ; le régisseur vient annoncer la résiliation des deux artistes et le drame n'est pas terminé.

Le 24, Chenest chante à son bénéfice *Robert* ; il y obtint du succès, mais il y avait peu de monde ; heureusement que le bassin rapporta 450 fr.

Le 20, pièce des plus immorales, les *Bains à Domicile*, est sifflée à l'unanimité, le 22, le *Chevalier Grignon*, comédie-vaudeville en deux actes, de Melesville et Bayard, dans laquelle Bondois, V. Henry et Mme Foignet, se font applaudir. Le 25, reprise des *Huguenots*, chantés par Bauche, Hyacinthe, Stéphane, Ducouret, Saint-Aubin, Dunan, Mmes Dubreuil, A. Legrand, Quaisin ; Hyacinthe y fut très faible et paralysa ses camarades. Au quatrième acte, débandade générale.

Le 1er décembre Snith, Kompt, Taylor et Halwick, danseurs anglais, se firent applaudir, surtout dans leurs poses statuaires ; ils donnèrent quatre représentations. Le 9, reprise de la *Fête du Village voisin*, le ravissant opéra de Boïeldieu. Le rôle créé par Chollet fut chanté avec assez de succès par Saint-Aubin ; Stéphane, Victor Henry, Mmes Hyrcinthe, Quaisin, Foignet et Mlle Emilie Saint-Aubin, (cette dernière chargée complaisamment du rôle de la marchande), se firent applaudir. Le 14, l'*Almanach des 25,000 Adresses*, vaudeville en trois actes par F. de Villeneuve et Lafargue. Ce fut un des premiers succès de Loiret.

Le 16, les *Trois Mousquetaires*, ce drame à grand spectacle ; la direction dut confier des rôles aux artistes d'opéra, ce qui rappela ce qui avait lieu jadis, ainsi que nous l'avons constaté. La direction ne possédait pas de première de drame. Mme Provence, femme du directeur, qui avait été premier rôle à Rouen en 1834, se chargea du rôle d'Henriette d'Angleterre, qu'elle joua au surplus très convenablement.

Les autres rôles furent ainsi distribués : D'Artagnan (P. Bondois), Athos (Baptiste), Porthos, (Saint-Aubin), Aramis (E. Bondois), Mordant, (V. Henry), Cromwel (Ducouret), Groslow (Dunand). La mise en scène était très riche et la pièce bien jouée obtint du succès et un grand nombre de représentations.

Le 18, au bénéfice des pauvres : *Halifax*, la *Part du Diable*. Recette et bassin, frais déduits, 821 fr. 25. Le 20, l'*Ile de Robinson*, vaudeville en un acte.

Le 28, pour finir l'année, reprise du *Petit Chaperon*, opéra de Boieldieu, chanté par Hyacinthe (Rodolphe), Stéphane (Roger), Baptiste, Mmes Adèle Legrand (Rose d'Amour), Foignet et Bondois.

Le 2 janvier 1846, *Noémi*, vaudeville en 2 actes, de Dennery, joué avec succès par Mélanie, (Noémi), P. Bondois, V. Henry, Mmes Bondois et Hardy. Le 9, les *Nantais ou les Compagnons du Tour de France*, drame en 2 actes de Loikroy et Vailly, dont la scène se passe à Rouen entre les Dévorants et les Gavots. Victor Henry y fut excellent dans le rôle du Lyonnais, le querelleur.

Le 16, *Riche d'Amour*, comédie-vaudeville de Duvert et Lauzanne, dans laquelle V. Henry remplit le rôle qui avait été créé par Arnal.

Mais voici revenu Poultier, le ténor chéri de la Normandie ; le 23, il parut dans la *Favorite* où il est rappelé avec notre chanteuse, Mme Dubreuil.

Le 26, le drame reprend ses droits par la première représentation de *Marie Jeanne ou la Femme du Peuple;* le rôle si pathétique de Marie Jeanne, créé par Mme Dorval, est rempli par notre ingénue Mélanie, qui s'en tira assez bien et alors depuis prit les jeunes premiers rôles. Victor Henry, dans Remi, est superbe.

Le 27, Poultier chante la *Muette* et le 29 *Lucie*.

Le 30, *Gothe ou la Gardeuse de Dindons*, vaudeville en 3 actes de Dartois et Bieville, musique d'Eugène Déjazet, fils de la célèbre artiste pour laquelle le vaudeville avait été écrit. Malgré le talent de Mme Jannin, l'intrigue en est si nulle que les sifflets en accablèrent les dernières scènes.

Le 3 février, Poultier, dans *Lucie*, et le 5, dans *Robert*.

Le 6, *Louisette ou la Chanteuse des Rues*, comédie-vaudeville jouée par Mme Bondois (Louisette) Jannin et par Ferdinand.

Le 10, les *Huguenots*, le 12, *Guillaume Tell*, chantés par Poultier. Le lendemain, le *Journal du Havre* publiait une épître en vers dédiée à Poultier par un de nos concitoyens, admirateur passionné de son talent. Nous reproduisons, malgré sa longueur, cette œuvre poétique bien digne de faire partie des chroniques de notre théâtre : Le lecteur en jugera de même, nous n'en doutons pas.

Epître à un ex-Confrère, faiseur de tonneaux

Sans posséder la voix du Stentor de la fable.
Tu possèdes, Poultier, une voix agréable,
Un gosier de ténor, riche présent des dieux,
Qui nous fait admirer tes sons mélodieux !
Au temple des neuf sœurs, une foule compacte,
Où règne le bon goût, pour t'entendre contracte
L'engagement formel d'approuver un talent,
Que mil-huit-cent-quarante exhuma du néant.
La France musicale en te comptant six lustres.
Dit : Ce jeune ténor est un de mes illustres !
Villequier, ton berceau, s'applaudit *que l'amour*,
En ce site joli *sut te donner le jour*.
Créé pour le théâtre, Apollon comme Orphée,
Font oublier en toi les *douceurs de Morphée*,
Tes rapides progrès encouragent *de voir*
Un sujet que la scène est heureuse *d'avoir*.
Les doctes Erato, Melpomène et Thalie,
Ces reines du théâtre où *l'amour* te convie,
T'agréent en leur palais, comme artiste et chanteur
Pour peindre leur puissance aux yeux des specta-
Le Havre progressif, après trois ans d'absence,[teurs.
Revoit avec plaisir sa vieille connaissance.
La *Muette*, la *Juive*, ouvrages de bon choix,
Comme le *Comte Ory*, sont créés par ta voix.
Enfin les *Huguenots*, *Robert*, la *Favorite*,
Guillaume Tell, *Lucie*, attestent ton mérite.
Cette *Reine de Chypre* offre encore aujourd'hui
Un triomphe à ta gloire, en *te servant d'appui*.
Ces neuf partitions de la belle musique
Honorent les auteurs de la scène lyrique ;

La poésie ajoute aux airs délicieux
La faveur du parterre à la gloire des dieux :
Cette épître, Poultier que mon âme t'envoie,
Par *un Journal prisé,* dont j'emprunte la voie,
Est pour chanter ton nom, ta gloire et tes succès,
Te *peignant* sur la scène et citant tes bienfaits,
Car la nécessité, fille de la fortune,
Toujours trouve *en ton âme une âme peu commune;*
Tu rends grâce au devoir de la paternité
Et te fais estimer par ta fraternité.
Cœur désintéressé, tu vis en *bon apôtre,*
Jouer pour un collègue, prêter ta bourse à l'autre,
Est joindre à ton talent une gloire de plus,
Qui t'aident à recueillir des bravos soutenus.
Adieu, puissent les dieux, écoutant ma prière,
Favoriser encore ta nouvelle carrière.

Signé AUBRY
Chez M. Panel, sellier-carossier,
22, rue du Chilou.

Le lecteur n'oubliera pas que M. Aubry avait déjà adressé à Poultier, lors de sa première visite au Havre (voyez année 1842), des vers de ce calibre là. On se souvient qu'André, maître perruquier à Langres, crut que pour être auteur et poëte, il ne fallait que le vouloir ; qu'à cet effet il fit paraître, en 1746, son *Tremblement de terre de Lisbonne,* qu'il dédia à Voltaire, qu'il appela son cher confrère. Ce dernier lui répondit ces quelques mots significatifs : *Faites des perruques, mon cher.*

De nos jours, il n'y a plus de Voltaire, il y a toujours des André.

Le célèbre et amusant comique du Palais-Royal Ravel, nous donne, le 13, sa première représentation dans deux de ses meilleures créations : *La Rue de la Lune* et l'*Etourneau*. Né à Bordeaux en 1815, Ravel, après avoir fait partie d'une troupe ambulante, rentra au Vaudeville, puis au Palais-Royal.

La direction varie les plaisirs ; un jour l'opéra, le lendemain le vaudeville ; c'est ainsi que Poultier chanta, le 15, la *Juive* et que le 16, Ravel parut dans le *Caporal et la Payse.* Le 17, Poultier chante le 4e acte de la *Muette* et le 4e de la *Favorite* et une élégie composée par Reyloff, alto à l'orchestre : *Le Bonheur perdu*. Reyloff, qui était aussi un pianiste de talent, fit exécuter également ce soir-là une ouverture composée par lui.

Le 19, Ravel, en plus des ouvrages déjà cités, chante le *Renard et le Corbeau*.

On reprend le 27, les *Voitures versées*, le *Vicomte de Letorières*.

Le 3 mars, première représentation de la *Reine de Chypre*. La mise en scène de ce magnifique opéra avait été on ne peut mieux soignée ; elle rappelait le théâtre du temps de Lemaire. Les décors dus à Wild étaient splendides. On admira le cortège et les dix trompettes. Bauche fut superbe surtout au 4e acte. Saint-Aubin, Hyacinthe, Dunan et Mme Dubreuil furent également très applaudis et même rappelés.

Un autre comique, Neuville, des Variétés, joue le 5 : *Jacquot*, *Mathias l'Invalide*, et le lendemain : *Le Marchand de Marons*, *Carlin à Rome ;* le 9, *Recette contre les Belles-Mères*, *Famille improvisée*.

Le 10, M. Charles de Correard, élève du Conservatoire, paraît dans Georges de la *Dame Blanche*.

Sa diction bonne, sa voix agréable lui attirèrent beaucoup d'applaudissements.

Le 13, Neuville dans le *Maître d'École*, *Pauvre Jacques*. Le 15, reprise de *Zampa*.

Le 16, autre variété : les Arabes du désert du Sahara donnent plusieurs exercices et tours de force qui firent assez plaisir. Le 17, Neuville dans le *Dérivatif*, *Monsieur Gibou et Madame Pochet*, l'*Affiche de Nanterre*. Le 17, reprise de *Guillaume Tell* ; intermèdes par les Arabes. Ces derniers assistèrent le lendemain à la fête de nuit au théâtre.

Le 21, les *Sept Châteaux du Diable*, grande féerie en 18 tableaux par Dennery et Clairville ;

Ferdinand et Mme Jannin y furent superbes.

Le 23, les Arabes.

Le 3 avril, Mlle de Landi, âgée de dix-neuf ans et soi-disant première chanteuse du Théâtre-Italien, chante Alice de *Robert*, où elle n'obtint qu'un succès très ordinaire. Le lendemain, elle chanta *Lucie*.

Meurt à cette époque Louis-François Gennevoise, choriste, âgé de trente ans, frère de celui dont nous avons relaté le décès quelques mois plutôt.

Le 6 avril, *Michel Bremond*, drame en 5 actes par Viennet de l'Académie, n'obtient pas de succès. Le 7, Mlle de Landi dans la *Favorite* le 12, reprise d'*Aline Reine de Golconde*, un *Mari perdu*, vaudeville.

Le 20, les *Etudiants*, drame en cinq actes de Frédéric Soulié, très froidement accueilli, bien que V. Henry, P. Bondois, Ferdinand, Baptiste, Mmes Bondois, Mélanie et Foignet l'aient bien interprété.

Le 23, Levasseur, basse du Grand-Opéra, chante les *Huguenots* dans lequel il est rappelé ; le 25, il fut également rappelé dans *Robert*.

La fin de la campagne approchant, la direction fit faire leur rentrée, le 28, à plusieurs artistes dans *Rabelais, Monsieur Lafleur, Quand l'Amour s'en va*, le *Valet de Chambre*. P. Bondois, Stéphane, Ferdinand, E. Bondois, Loiret, Adèle Legrand, (celle-ci, ainsi que Mélanie, reçut quelques sifflets), et Mme Foignet furent admis. Victor Henry rencontra une forte opposition et dut résilier. Mme Jannin, qui nous quittait, reçut couronnes et bouquets. Ce même soir, dans un *Chef-d'œuvre inconnu*, le rôle de Robba fut rempli par un amateur, M. Philippe, qui s'en tira assez bien.

La clôture de la campagne eut lieu le 30 avril, par *Robert*, chanté par Levasseur. Cet artiste, né à Bresles (Oise), le 9 mars 1791, débuta en 1813 à l'Opéra, où il rentra définitivement en

1828 et dont il fit partie jusqu'en 1832 Il est mort en 1871. C'est lui qui avait créé le rôle de Bertram dans *Robert*.

Pendant la clôture, Bosco donna plusieurs séances à la salle de bal.

ANNÉE THÉATRALE 1846-1847.

  Charles D........ régisseur général.
  Girard .... régisseur.
  Valcour.......... contrôleur.
  H. Lecouvreur.... comptable.
  Henri Debouche .. machiniste.
  H. Lagarde....... souffleur.
Mmes Lorcet............ costumière.
  M. Menard.......... coiffeur.

Opéra

  Bauche.......... premier ténor.
  Martel .... ténor d'opéra comique.
  Stéphane......... deuxième ténor.
  Corradi.......... baryton.
  Gennevoise....... première basse.
  Lavillier .... basse comique.
  Ducouret......... laruette.
  Ferdinand .... trial.
  Lorcet .... second trial.
  Banville .... troisième basse
  Henry............ coryphée.
  Sobolle .... dito.
  Lamy .... dito.
Mmes Dubreuil......... première chanteuse.
  Prevost.......... chanteuse à roulades.
  Legrand.......... première dugazon.
  Duchemin .... deuxième dito.
  Foignet.......... première duègne.
  Tessier.......... deuxième dito.
  Debaigne .... coryphée.
  Gérard .... dito.
  Clotilde .... dito.

Le grand-opéra à partir d'octobre seulement.

Orchestre.

  Lemaire.......... premier chef.

Grassau .... deuxième.
Nebre .... répétiteur.
Certain.............. dito.
Bourle............... violon solo.
Sautreuil .... violoncelle dito.
Huertas.............. flûte   dito.
Bleve .... clarinette dito.
Buziau,.............. cor.
Goujet .... cornet à piston.
Reylof .... alto.
Hamon................ contre-basse.
Lemoine.............. deuxième flûte.

Danse.

M. Zine-Abbert, Mlle Alexandrine.

Drame, Comédie, Vaudeville.

Théodore .... premier rôle.
Paul Bondois......... jeune premier.
Renaudin .... jeune premier, fort second.
Lavillier .... père noble.
Stéphane .... amoureux.
E. Bondois........... dito.
Ludovic .... jeune rôle.
Olivier .... premier comique.
Breton .... jeune comique.
Ferdinand .... dito   dito.
Ducouret .... financier.
Loiret .... troisièmes rôles et grimes.
Lorcet............... deuxième et troisième comique.
Taconet.............. troisième comique.
Banville .... utilité.
Cramoisan .... dito.
Sobolle .... dito.
Vercherin............ dito.
Mmes Renaud......... premier rôle.
Mélanie .... jeune première.
Anaïs Haulhemant amoureuse.
Duchemin............. amoureuse
Lefebvre d'Harme-   soubrette, déjazet, amou-
  ville.   reuse chantante, rôles annexés.

Foignet	duègne.
Teissier	deuxième duègne.
Hardy	convenance.
Ernestine	des paysannes.
Amélie	utilité.
Giraud	dito.
Clotilde	dito.

L'ouverture n'eut lieu que le 15 juin 1846 : cela faisait six semaines de fermeture. Où est le temps où, ainsi que nous l'avons rapporté, les directeurs rouvraient trois jours après la fin de la campagne ; autre temps, autre mœurs. La soirée d'ouverture se composa de *Renaudin de Caen* et du *Barbier*, pour les premiers débuts de Martel, dont une impitoyable maladie brisa la carrière. Gennevoise, une excellente basse ; Corradi, bon chanteur, excellent comédien ; Lavillier, ex-baryton, qui avait echoué ici en 1835, meilleur père noble qu'il n'était basse ; Breton, qu'il ne faut pas confondre avec l'artiste du même nom qui était ici en 1843 : celui qui débutait ce soir était un comique très agréable ; Mlle Prévost, élève du Conservatoire, voix fraîche, mais de peu d'étendue ; Anaïs Authemant, qui en était à ses essais sur la scène, elle était gentille et intelligente. En résumé, le public fut généralement satisfait pour cette première soirée de la nouvelle troupe.

Victor Henry venait de recevoir à l'Odéon un accueil favorable dans les *Fausses Confidences* et dans les *Fourberies de Scapin* et avait mérité le rappel dans les *Etourdis* ; notre public regretta alors de l'avoir si brusquement renvoyé.

Le 17, seconds débuts de Martel, Gennevoise et Mlle Prévost dans la *Dame Blanche* ; deuxième de Authemant, premier de Renaudin, qui avait surtout la qualité de bien porter l'habit de ville ; Mme Duchemin, bonne artiste dans l'acception du mot : *Le Chevalier du Guet*.

Le 17, premiers de Théodore, ex-jeune premier ici en 1820 et qui aujourd'hui prenait les premiers rôles ; Mme Renaud, déjà ici en 1842 ;

Mademoiselle de Belle Isle ; second de Corradi dans le *Maître de Chapelle* et le grand air du deuxième acte de la *Favorite*.

Le 19, Martel est reçu avec enthousiasme dans *Fra Diavolo*, dans lequel Mme Duchemin accomplissait son second. Premier d'Olivier, dans *Riche d'Amour*.

Le 21, troisième et réception de Gennevoise, dans le *Chalet*. Il chanta en plus : Ah ! l'honnête homme, de *Robert* ; second de Breton, dans le *Cabaret de Lustucru*.

Le 22, Mlle Prevost est admise dans les *Diamants*, qui servait au second de Lavillier. Dans *Gothe*, la *Gardeuse de Dindons*, second de Renaudin, premier de Mme Lefebvre d'Harmeville.

Le 25, Renaudin est reçu ; Théodore est si faible dans Buridan, de la *Tour de Nesles*, qu'après avoir été sifflé à outrance, il se voit contraint de résilier ; Mme Renaud au contraire est parfaite dans Marguerite. La *Fiole de Cagliostro* sert pour les seconds d'Olivier et de Madame Lefebvre d'Harmeville.

Le 26, admission de Corradi, dans *Lucie* ; Martel par complaisance chante Edgard. Dans *Mari à la Campagne*, Mmes Duchemin et Authemant sont reçus mais Olivier est tellement sifflé, qu'il résilie.

Le 29, admission de Breton dans l'*Homme blasé*, sa meilleure pièce.

Le 2 juillet, Mme Lefebvre d'Harmeville est admise dans : *A la belle Étoile*, la *Fille de Dominique*. Le même soir reprise de *Jean de Paris*. Le 3, *Clermont ou une Femme d'Artiste*, comédie de Scribe et Wanderbuch. Le 4, l'*Avocat Loubet*, drame en 3 actes de Marc Miche et Labiche. Mme Renaud est admise, le 6, dans *Arthur ou seize Ans après*. Le 7, reprise de l'*Ambassadrice* ; le 8, du *Domino noir*.

Le 10, Mme Lamare, désirant se faire connaître dans l'art dramatique, joue *Marie Jeanne*

Elle n'avait aucune des qualités qui distinguent un premier rôle et on patienta d'abord, mais par la suite, le public se mit à rire même au milieu des scènes les plus lugubres ; ce fut le seul succès que Mme Lamare recueillit. Heureusement pour le public que, comme baume à sa peine, on chanta la *Part du Diable*.

Le 13, premier début de Doligny, nouveau comique, remplaçant Olivier ; *Pauvre Jacques*, *Meiroud*. Ce nom nous rappelle que, en février 1874 est mort à Paris un cousin de Talma, Alcide Doligny, ancien directeur du théâtre historique. Il était âgé de soixante-quinze ans.

Le 15, un excellent premier rôle, Eugène Debar, accomplit son premier début, dans la *Tour de Nesles*, et son second, le 20, dans un *Duel sous Richelieu*. Le 21, la première de *Philippe II roi d'Espagne*, drame en 5 actes, de Cormon et Saint-Amand, fit fiasco complet. Les grands rôles n'étant pas sus et les doublures étant chargées de rôles au-dessus de leurs moyens, les spectateurs rirent d'abord et sifflèrent ensuite. Le 23, la *Pêche aux Beaux-Pères*, comédie-vaudeville de Bayard, Sauvage et de Lurien. Le 24, reprise avec succès de les *Deux Reines*, dans lesquelles Martel fut excellent et bien secondé par Corradi, Ducouret, Mmes Prevost et Adèle Legrand. Le 27, *Geneviève ou la Jalousie paternelle*, comédie-vaudeville de Scribe ; le *Dépit amoureux*.

Le premier août, début de Ducouret dans le Marquis de Torcy du *Postillon de Longjumeau*.

Le 3 août, première représentation donnée par Alcide Tousez, comique du Palais-Loyal, fils de Mme Tousez du Théâtre-Français : *La Permission de dix Heures*. Né en 1806, Alcide Tousez entra en 1828 au théâtre Montparnasse, puis en 1833 au Palais-Royal. Il est mort le 25 octobre 1850. Il ne fit pas grand plaisir sur notre scène.

Debar est admis dans les *Enfants d'Edouard*,

Reprise de *Don Pasquale* : Martel, Gennevoise, et Mlle Prevost, très applaudis.

Le 6, Alcide Tousez dans *Chevalier du Guet, Francine la Gantière*, le *Roi des Frontins*. Le 7, Ernestine débute dans Sochon de la *Grâce de Dieu*. Le 10, Doligny est reçu, mais avec une forte opposition dans les *deux Frères*. Alcide Tousez joue *Simplette la Chevrière*. Le 13, Alcide Tousez dans les *Bains à Domicile, Philtre Champenois*. Le 17, dans les *Egarements d'une Canne et d'un Parapluie*, la *Servante du Curé*. Le 20, dans *Lekain à Draguignan*, la *Vie de Napoléon racontée dans une Grange*.

Le 28, Mme Renaud, pemier rôle, qui était indisposée depuis quelques jours, se sentant assez bien ce soir-là, renvoya sa servante. Le lendemain matin, celle-ci arrivant de bonne heure pour faire le ménage, trouva Mme Renaud morte dans son lit.

Marie-Malvina-Amélie Langlois, femme Baner, dite au théâtre Mme Renaud, n'était âgée que de 36 ans et 7 mois ; c'était une artiste de talent que nous avions déjà possédée quatre ans plus tôt et qui alors, comme au moment de sa mort, était très aimée par notre public. Mme Renaud fut conduite à sa dernière demeure par un nombreux convoi, où en plus de tous ses camarades, se trouvèrent plusieurs habitués du théâtre.

Le 21, première des *Mousquetaires de la Reine*, opéra d'Halévy. Stéphane, qui lui aussi devait bientôt mourir, étant alors au lit, la direction confia le rôle d'Hector de Biron à Paul Bondois, qui s'en tira assez bien. Martel (Olivier), Gennevoise (le capitaine), Mlles Prévost et Adèle Legrand se firent applaudir également. L'opéra fut bien monté aussi comme mise en scène.

Le premier septembre, deuxième débût d'Ernestine, soubrette et des paysannes, dans *Cabaret de Lustucru, Meunière de Marly*.

Le 1, première représentation donnée par

Hoffmann, l'amusant comique des Variétés. *Les Anglais en voyage. Indiana et Charlemagne.* Il chanta les *Bœufs*, le *Tambour du Village*. Voici un extrait de la convention passée avec le directeur Provence : « Hoffmann, demeurant à Paris, rue de la Boule-Rouge, 24, s'engage à donner une représentation, plus s'il y a lieu ; la musique de ses pièces fournie par lui.......... M. Provence s'engage à payer à M. Hoffmann, la moitié de la recette, après prélèvement de 350 fr. pour tous frais. Abonnements courants ; dédit 1,000 fr. »

Hoffmann, André Talma, fils d'une donneuse d'eau bénite à Notre-Dame-des-Lorettes, d'abord apprenti menuisier, rentra au théâtre en 1831. Trois ans plus tard, il faisait partie de la troupe de Rouen comme premier comique, puis il rentra aux Variétés. Nous aurons plus tard occasion de rappeler la triste fin de sa carrière par la perte de sa raison.

Le 7, il joua sur notre scène les *Deux Compagnons du Tour de France*, il chanta ; *Vive la Joie et les Pommes de terre* et le *Galopin industriel*. Dans la nuit du 8 au 9, meurt notre ténor Stéphane, maison de Henry Lecouvreur, 12, place Louis-Philippe. Il s'appelait de son véritable nom Barbereau, était né à Besançon en 1811 et avait d'abord exercé le profession de commis-voyageur. Il appartenait à notre scène depuis octobre 1844.

Le 9, Hoffmann dans *Bruno le Fileur. Christophe ou cinq pour un*, les *Trois Dimanches*, l'*Anglais Touriste*, chansonnette, *Lanterne magique*, scène comique. Le 12, dans les *Enragés ;* le 15, chante le *Chien du Berger*. Le 17, à son bénéfice, on donne le *Dépit amoureux ;* l'*Héritière*, comédie-vaudeville dans laquelle Ernestine, qui, au reste, y fut très mauvaise, n'est admise qu'avec une forte opposition. Hoffmann dans *Christophe*, les *Enragés*, les *Trois Dimanches*. Intermède par Martel, Mlle Prévost. A la suite des représentations données par Hoffmann, on raconta qu'un Anglais insiste pour entrer dans la loge de cet artiste et lui donna des conseils utiles sur la manière de perfectionner le type anglais, qu'il réussissait déjà très bien. Après avoir reconduit son conseilleur aimable, Hoffmann, s'aperçut que sa montre et une somme de trente francs avaient disparus. Le bon Anglais était un *pick-poket*.

Le 18, au bénéfice des pauvres : *La Fiole de Cagliostro, Mousquetaires de la Reine*. Il y eut très peu de monde.

On entend à l'orchestre un baryton violoncelle, inventé par un de nos compatriotes, M. Lacorne, instrument qui avait été entendu favorablement par une commission dont faisaient partie Aubert, Halévy, Panseron et Manfred.

Le 21, premier début de Mme Jannin, premier rôle, en remplacement de Mme Renaud, décédée : *Lazare le Pâtre*. Le 22, reprise du *Comte Ory* chanté par Martel, Corradi, Gennevoise, Mlle Legrand et Prevost ; première de *un Mari qui se dérange*, charmante comédie-vaudeville de Grangé et Cormeron.

Le 24, second d'Irma dans la première de la *Béhmienne*, drame en cinq actes, où elle obtient un grand succès en compagnie de Debar, Ducouret, Renaudin, Bondois, Ferdinand, Lavillier, Mmes Foignet et Mélanie. Le 28, exercices par les Anglais aériens.

Le 29, Mme Irma est reçue avec enthousiasme dans les *Mémoires du Diable*.

Le 1er octobre, ouverture de la campagne du grand opéra par la rentrée de Bauche et de Mme Dubreuil dans la *Favorite*. Ce fut une belle soirée, la salle était comble. Les deux artistes furent fêtés, rappelés, ainsi que Corradi, Cennevoise et aussi Mme Duchemin, cette dernière dans le rôle d'Inès. Le 5, Renzé, ténor d'opéra comique remplaçant Stéphane, décédé, débute dans *Fra Diavolo*. Mais Martel se sent soudain indisposé ; il chante avec peine, ses jambes flageollent ; on le soutient et la toile est baissée. Les médecins et celui du 18ème de ligne se rendent près de lui ; le rideau n'est relevé que vingt minutes après, malgré l'impatience des spectateurs qui appellent le régisseur. Enfin, celui-ci vient annoncer que Martel étant toujours malade, on ne peut continuer l'opéra, Le public se retire, il était alors dix heures et demie.

La direction reprend la vieille féerie : *Le Pied de Mouton*, que nos pères avaient applaudie au Havre dès 1813, mais on l'avait remaniée depuis et elle avait été remontée pour la dernière fois sur la salle actuelle en 1834.

Lors de la reprise dont nous nous occupons, Provence avait fait de grands frais pour les décorations, confiés à Wild. On remarque principalement les *Forges de Vulcain*. Quant à l'exécution, elle fut bonne ; elle fut rehaussée par le *Quadrille chevaleresque*, dansé par les élèves de l'Ecole de danse. La *Danse des Squelettes* par les mêmes, conduits par leurs professeurs Zinc et Alexandrine. Les squelettes exécutèrent aussi la danse Macabre.

Il est intéressant de rappeler qu'au préalable Martainville avait composé un mélodrame des plus tragiques ; la censure en ayant interdit la représentation, l'auteur transforma son mélodrame en féerie et composa le *Pied de Mouton*. Cet auteur du reste était habitué à ces tours de force littéraires. Lorsque Bonaparte visita Lyon, Martainville décomposa un à-propos qui devait être joué le lendemain : la pièce fut composée, apprise, répétée et jouée, dans le délai de vingt-quatre heures ; elle était intitulée : *Le Héros de retour ou Bonaparte à Lyon*.

Le 9, second de Reuzé, dans Arthur de *Lucie*, Martel étant malade, c'est pourquoi Reuzé prit ce rôle, par suite Gilbert fut chanté par un choriste du nom de Mailliet, qui ne fit que massacrer son rôle. Le public protesta et le régisseur vint expliquer que la maladie de Martel avait forcé la direction de distribuer ainsi les rôles,

Le même soir, première de *Clarisse Harlowe*, drame en 3 actes de Dumanoir : Mélanie (Clarisse) P. Bondois (Lovelace), Debar (Tominslon).

Reuzé accomplit son troisième début, le 13, dans les *Diamants*, mais on exigea une quatrième épreuve : elle eut lieu le surlendemain dans la *Sirène* et Reuzé fut définitivement admis. Le 15, un *Mari perdu*, comédie-vaudeville en 2 actes. Le 22, la *Mansarde de la Cité*, drame en 7 tableaux de Dennery et Cormon.

Ernestine, pour laquelle on avait également exigé un quatrième début, l'effectue dans la *Marquise de Prétentailles*, mais hélas, à peine eut-elle parut que les sifflets firent un tel vacarme que la débutante ne put achever son rôle et se retira en versant des pleurs. On trouva généralement que le public avait été trop rigoureux envers cette artiste qui n'était appelée qu'à jouer des utilités, rôles pour lesquels elle valait certaines de ses camarades qu'on avait moins racassées.

Le 1er novembre, reprise de la *Muette*. (On venait de reprendre *Guillaume*.) *Colombe et Perdreau*, idylle en 3 actes.

Le 3, le *Marché de Londres* drame de Dennery, joué d'une manière remarquable par Mélanie, P. Bondois, Debar, Ferdinand, Ducouret, Lavillier, etc.

Le 6, reprise de *Mazaniello*, mais Martel étant malade fut très faible. Il en fut de même le 10, pour *Robert*; Martel étant malade est remplacé par Reuzé ; Bauche et Mme Dubreuil étaient convalescents ; il n'y eut d'applaudissements que pour Mlle Prevost, qui, au reste, fut superbe dans Alice.

Le 12, au bénéfice des inondés de la Loire. on donne la *Favorite* et les *Hussards de Felsheim*. La salle était comble et la recette atteignit le chiffre net de 1,105 fr. 50.

Le 19, première représentation donnée par Nathalie Fetz-James, danseuse de l'Académie royale de musique : *L'Illusion du Peintre* ballet pantomime par Perrot également de l'Académie ; Zinc et Alexandrine prêtèrent leur concours.

Nathalie était engagée pour trois soirées, à moitié recette, après prélèvement des frais ; le dédit était de 600 fr.

Son corps est si mignon ! sa danse si légère ?...
Que, quand ses petits pieds semblent raser la terre,
Malgré moi, je m'apprête à lui tendre les bras,
Afin que, vers les cieux, l'air ne l'enlève pas.

DORBE.

Le 20, la *Chambre à deux Lits*. vaudeville de Varin et Labiche.

Le 23, Nathalie, danse seule le pas la *Castillane*.

Le 24, reprise de *Joconde*. Cet opéra fut joué d'une façon déplorable ; Martel, toujours indisposé, passe des morceaux ; Corradi et Mme Dubreuil sont à peine passables ; Mmes Legrand et Prevost seules furent convenables. Le 26, Nathalie dans l'*Illusion* ; salle comble. Le 29, Nathalie redonne l'*Illusion*, toujours du monde.

Le 1er décembre, première de la *Closerie des Genêts*, un véritable succès pour la direction, qui l'avait montée avec un soin particulier, et, sans exagération, nous ajouterons que ce drame ne fut pas mieux monté sur aucune scène de province.

Les rôles étaient parfaitement distribués : Kérouan (Debar), Montéclain (P. Bondois), Comte d'Estève (Lavillier), Georges (Renaudin), Dominique (Loiret) et une fois, vu l'absence de ce dernier, par Ducouret qui y fut très drôle, Pornic (Ferdinand). Brias (E. Bondois), Christophle, (Ludovic), Davatiane (Gennevoise), Louise (Mélanie), Leona (Irma), Lucile (Mme Lefebvre). Tous reçurent de nombreux bravos et le rappel, et la direction fit de nombreuses et bonnes recettes avec ce drame, une des plus belles pages des œuvres de F. Soulié.

Le 8, reprise de la *Juive*.

Le 11, la *Première Ride*, comédie-vaudeville en 2 actes par Lockroy et A. Bourgeois. Mme Irma-Authemant, MM. Bondois et Lavillier y obtinrent du succès. On entend le même soir un jeune violon, âgé de quatorze ans, et Mme Ucelli, qui chante la cavatine de *Norma* (en italien), et *Lac et Brunette*, en français. L'orchestre joua une ouverture composée par M. Ucelli.

Le 13, *Nicolas Poulet*, vaudeville en 2 actes. Le 22, l'*Article 213 ou le Mari doit protection*, comédie-vaudeville en 1 acte.

Le 29, pour finir l'année, au bénéfice de Loiret, un *Capitaine de Voleurs*, vaudeville en 2 actes de Cogniard et Villemont ; *Paul et Virginie*, drame en 3 actes ; *Monsieur Lafleur*. Loiret fut très fêté, mais le drame n'obtint aucun succès.

Le 5 janvier 1847, reprise de *Ludovic le Corse*, opéra-comique. Fosse, engagé en remplacement de Martel, toujours malade, s'y fait applaudir. Il avait déjà paru dans la *Part* et les *Diamants*. Le trial Ferdinand se fait acclamer en chantant une partition de ténor.

Le 14, au bénéfice des pauvres : la *Première Ride*, comédie-vaudeville, *Lucie*, le *Pied de Mouton* ; résultat 1,406 fr. 25, auxquels le colonel Dupont ajouta un versement de 20 fr. — Le 19, reprise de *Gustave III*, dans lequel Bauche, Gennevoise, Corradi, Reuzé, Mmes Dubreuil et Adèle Legrand obtinrent un grand succès. Cet opéra eut un succès qui rappelait celui obtenu lors de sa première sous Lemerre.— Le 25, reprise des *Mousquetaires de la Reine*.— Le 29, le *Protégé sans le savoir*, comédie-vaudeville de Scribe, joué par Ducouret, Renaudin, P. Bondois et Mélanie. Le 31, la *Comtesse de Vernanges ou le Fils d'une grande dame*, comédie en trois actes.

Le 5 février, reprise de la *Reine de Chypre*, Corradi, Bauche, Lavillier, Reuzé, Mme Dubreuil.

Une troupe tragique, dirigée par Marius, ex-pensionnaire du Théâtre-Français, se fait applaudir, le 8, dans *Agnès de Méranie*, de Ponsard. Marius jouait Philippe-Auguste, Mme Darboy, Agnès. Les autres rôles étaient tenus par MM. Bremond et Gondebaud et par Mme Marius. Eug. Bondois, de notre troupe, remplit très convenablement le rôle qui lui était dévolu. — Seconde représentation redemandée le 10.

Le 12, *Frisette*, vaudeville en un acte. — Le 15, la troupe Marius joue la tragédie : *Virginie*, cinq actes.

Le 18, au bénéfice de Paul Bondois, reprise du *Cheval de Bronze*. Fosse (Yang), Ducouret (Tong-Sing), Genevoise (Tchin-Kao), Reuzé (Yanko), Mme Prevost (Stella), Dubreuil (Tonsin). *Trois Rois, trois Dames*, comédie en trois actes, de Léon Gozlan, jouée par Mélanie, Duchemin, P. Bondois, Ludovic et Lavillier. *La Polka en Province*, folie-vaudeville en un acte. A la seconde de la comédie *Trois Rois, trois Dames*, qui eut lieu le 26, Mélanie tomba en faiblesse sur la scène et on ne put continuer la pièce. Reprise de *Niza de Grenade*, opéra de Donizetti.

Malgré tous ses efforts, le directeur Provence ne parvenait pas à faire ses frais. Il payait ses artistes assez cher. Voici ce qu'il avait à leur verser par mois.

	Eté	Hiver
Ducouret	250	300
Lavillier	250	400
Ferdinand	200	260
Breton	150	200
E. Bondois	250	250
P. Bondois	250	250
Renaudin	200	250
Gennevoise	350	550
Corradi	400	550
Dorbe	200	200
Martel	400	800
Reuzé	325	325

Bauche	1.200	1.200
Debar	225	300
Doligny	200	300
E. Loiret	175	175
J. Wild, peintre	250	250
Varangeot	50	100
Mmes Dubreuil	800	800
Prévost	800	800
Mélanie	200	200
Duchemin	150	200
Irma	275	325
Hardy	125	125
Legrand	400	400
Bouvier, (danseuse)	200	200
Lefebvre	300	350
Foignet	250	300
Teissier	110	110
Authemant	200	200

Le directeur cessa alors son exploitation et loua à la Société son matériel estimé à 10,000 fr ; il est obligé de prendre des arrangements avec ses créanciers. Les représentations n'ont plus lieu qu'au bénéfice de l'œuvre commune ; le prélèvement des frais se faisait sous le contrôle de l'autorité. Les artistes nomment pour commissaires : Gennevoise, Ludovic et Lavillier.

LES ARTISTES EN SOCIÉTÉ

Le 2 mars, les Sociétaires inaugurent leurs soirées par la première représentation donnée par Anna Thillon, dans les *Diamants de la Couronne*, où elle fut très fêtée, ainsi que Martel qui faisait sa rentrée. Anna s'était mariée au Havre avec Thillon, alors attaché à l'orchestre, et avait chanté dans quelques concerts : elle était rentrée ensuite à la Renaissance, puis à l'Opéra-Comique. En 1842, elle avait plaidé en séparation de biens contre son mari devant la 2e chambre du Tribunal civil de Paris.

Le 4, Anna Thillon, dans le *Domino noir*.

Le 5, reprise de *Zampa* ; le 6, reprise des *Deux Nuits*.

Le 9, Anna Thillon dans le *Barbier*, où elle reçoit couronnes et bouquets. P. Bondois fait ses adieux dans un *Mari charmant*. Le 12, Anna dans le *Domino*. Bondois, qui avait prolongé son séjour, paraît pour la dernière fois fois, le 13, dans le *Sonneur de Saint-Paul*. Il ne revint jamais ici même en représentation et fut engagé à Lyon pendant de longues années. Il joue actuellement les premiers rôles. Les artistes en Société engagèrent Lavernos qui fut assez aimé ici. Bauche se retira aussi et se rendit à Caen ; Mélanie quitta également le Havre à la même époque.

Le 16, Anna dans les *Diamants*. Le 18, *Deux Papas très bien ou la Grammaire de Chicard* vaudeville de Lefranc et Labiche ; reprise de *Joconde*. Le 20, dernière représentation d'Anna Thillon et à son bénéfice *Lucie*. Le rôle d'Edgard est rempli par Vicenti, ténor de passage. Anna est très fêtée ; Martel se trouve indisposé.

Le 20, reprise de l'*Eau merveilleuse*, opéra de Grisar. Le 22, Clara Richard, remplaçant Mélanie, débute dans les *Enfants d'Edouard*. Le 23, la *Noctambule*, comédie-vaudeville en un acte. Le 25, l'*Ame en peine*, opéra en 2 actes de Flotow, chanté par Martel, Corradi, Gennevoise, Reuzé, Mmes Prévost et Legrand. Le 28, la *Femme électrique*, folie-vaudeville en 1 acte.

Le 4 avril, dans *Lucie*, Martel est pris de faiblesse et on ne peut continuer l'opéra. Le 5, *Une fièvre brûlante*, comédie-vaudeville, de Melesville.

Le 6, Mme Albert, du Vaudeville, que nous avions applaudie en 1835 (voyez), joue la *Fille de Dominique* ; *Arthur ou seize Ans après*. Le surlendemain, elle parut dans un *Duel sous Richelieu*. Dans la première représentation de *Georgette*, elle chanta : *Voile béni* et *Fleurs animées*.

Les artistes engagent M. Bourdais, ténor au Grand-Théâtre de Bordeaux, qui chanta le 9 avril la *Favorite*.

Le 10, Mme Albert dans une *Dame de l'Empire* ; *Marie-Jeanne*.

Le 12, première représentation de *Ne touchez pas à la Reine*, opéra-comique en 3 actes de Scribe et Vaez. Mme Prevost (la reine), Ad. Legrand (Estrella), Martel (Fernand), Corradi (le régent), surent se faire applaudir.

Le 13, Mme Albert dans une *Nuit d'attente* et la *Meunière de Marly* ; le 15, dans l'*Ami Grandet* ; le 18, dans le *Troisième Mari*.

Le 19, la *Juive* chantée par Bourdais ; le 20, Mme Albert dans le *Gant et l'Eventail*. En plus, elle chanta la *Leçon de Danse du Petit François* et les *Trois Soldats Bretons*. Le 21, au bénéfice des pauvres, *Un Mari qui se dérange*, joué par Lavernos ; *Ne touchez pas à la Reine* ; *Deux Papas très bien*. Malgré la bonne composition du spectacle, il y eut peu de monde.

Le 22, Mme Albert dans les *Brodeuses de la Reine* ; le lendemain, elle donna sa dernière représentation à son bénéfice dans *Un Secret*, drame-vaudeville en 3 actes. Mme Albert est morte en 1860.

Le 25, *Marie ou l'Inondation*, drame en 5 actes par Anicet Bourgeois ; le 29, la *Baronne de Blignac*, comédie-vaudeville en 1 acte.

Le 30, clôture de l'année théâtrale et adieux des artistes sociétaires qui avaient adressé une lettre de remercîments au public. On joua la *Rue de la Lune*, *Baronne de Blignac* ; le *Chalet* ; le quatrième acte de *Robert* ; le *Code des Femmes* et le deuxième acte de la *Reine de Chypre*. Il y avait une belle salle. Mme Dubreuil, Prévost, Foignet, A. Legrand, reçurent couronnes et bouquets ; on acclama Martel, Corradi, Bourdais, Lavillier, Ferdinand, Ludovic, Lavernos et Mme Clara Richard.

Le 2 mai, les artistes donnèrent, au bénéfice de l'Association, *Polder ou le Bourreau d'Amsterdam*, dans lequel Loiret obtint un grand succès ; *Ne touchez pas à la Reine* ; *Histoire de Cendrillon* ; le *Soldat de l'Empereur*, scène en vers. Il y eut du monde

---

DIRECTION CH. PROVENCE

Année Théâtrale 1847-1848.

Provence reprend les rênes de l'administration, qu'il n'avait du reste quittée que nominativement, ayant prêté son utile concours à la Société des artistes.

Dans sa lettre au public, le directeur dément les calomnies qui ont couru sur son compte. Il avait pensé que l'ouverture des chemins de fer amènerait au Havre beaucoup d'étrangers et que ceux-ci, en venant au spectacle, auraient compensé la suppression de la subvention de la ville. Il a été déçu dans ses espérances et s'est trouvé dans des embarras financiers d'où il n'est sorti que par des arrangements honorables avec ses créanciers.

Le grand opéra étant trop coûteux pour ce qu'il rapportait, il n'a pas engagé d'artistes pour ce genre, qu'il ne jouera qu'incidemment par des artistes de passage ; mais tous ses soins seront reportés sur l'opéra comique, etc.

De cette époque date donc les premiers pas de la décadence de notre grande scène ; c'était la première année depuis l'ouverture de la salle, c'est-à-dire depuis 24 ans, où nous n'aurions pas de troupe de grand opéra. Voici le nom des artistes que M. Provence soumettait au jugement du public.

Administration

MM. Girard .... Régisseur général.
Signac .... régisseur parlant au public.
Dubois .... caissier.
Jules Wilde ..... peintre.
Henri Debouche.. machiniste.
Louis D......... souffleur.

Opéra Comique

Bonnamy .... premier ténor (Rouen).
Gobert .... deuxième ténor.
Sardou .... baryton (en juillet seulement, l'intérim sera rempli par Pauly, engagé au Théâtre-Lyrique).
Lemonnier...... première basse (en juin), intérim par Dunan.
Lavillier........ basse comique.
Dumenil .... trial.
Ducouret .... laruette.
Gambier........ troisième ténor.
Lorcet.......... deuxième trial.
Banville .... troisième basse.
Cramoisan ...... coryphée.
Samyn .... dito.
Mmes Noel........... première chanteuse.
Guyard......... deuxième chanteuse.
Martial .... première dugazon.
Bondois .... seconde dugazon.
Foignet......... duègne.
Signac .... coryphée.
Girard .... dito

Orchestre

Lemaire .... premier chef.
Neubert .... second dito.
Certain......... répétiteur.
Bourle.......... premier violon.
Sautreuil .... violoncelle.

Drame, Comédie, Vaudeville.

Debray	premier rôle.
Aubrée	jeune premier.
Gobert	dito dito.
Gambier	amoureux.
Duménil	premier comique.
Henry	jeune comique.
Ducouret	comique, des grimes.
Lorcet	deuxième comique.
Lavillier	père noble, des premiers rôles.
E. Loiret	deuxième rôle et des comiques.
Martial	financier.
Signac	dito.
Paul	amoureux.
Banville	convenance.
Cramoisan	dito.
Vercherain	dito.
Mmes Irma	premier rôle.
Valtin	jeune première.
Clara Richard	ingénue.
Bondois	déjazet.
Liotard	deuxième rôle marqué.
Foignet	mère noble.
Victorine	amoureuse.
Desgranges	dito.
Girard	dito.
Ernestine	dito.
Clotilde	utilité.
Signac	dito.

Le 1er juin eut lieu l'ouverture de la nouvelle campagne par les débuts de Bonnamy, Gobert, Mmes Noël et Martial, dans le *Domino* et le *Chalet*. Dès avant le lever du rideau, une opposition formidable s'élève contre la direction ; la police est obligée d'intervenir et d'inviter à entendre avant de juger ; le calme se rétablit. Mme Noël fit seule plaisir ; Gobert fut très faible. Lavillier, Loiret et Mme Foignet font une rentrée heureuse.

Le 3, seconds de Bonnamy, Mme Noël ; premier

d'Adrien, second amoureux. Rentrée de Clara Richard pour laquelle on demande trois débuts : l'*Article* 213, le *Barbier* ; Figaro, remplit par Pauly, qui est très fêté.

Le 5, *Don César de Bazan*, le *Maître de Chapelle*, *Vendetta* pour premier de Debray, qui fait plaisir, et Mlle Valtin et Duménil. Ce dernier avait remplacé Odry dans les *Saltimbanques*, à Paris. Second de Mlle Martial et rentrée de Ducouret. On demande les débuts de rigueur pour Mme Liotard, des rôles marqués et des coquettes.

Le 8, premiers d'Aubrée, Henri, Signac, Gambier, seconds de Dumenil, Adrien, Mmes Valtin, Clara Richard, dans l'*Apprenti*, *Meunière*, *Codes des Femmes*, *Miel et Vinaigre*.

Le 10 juin, Bonnamy est reçu dans les deux premiers actes de la *Dame Blanche* et dans les *Diamants*. Au 3e acte de ce dernier opéra, une opposition des plus persistantes s'élève contre Mme Sophie Noël ; les applaudissements y répondent et le commissaire de police prononce l'admission de cette artiste qui, blessée dans son amour-propre, ne tarda pas à résilier. Mlle Martial est reçue avec enthousiasme. Gobert, dans sa deuxième épreuve, ne fait pas plus plaisir qu'à sa première. Dans les *Petites Misères*, pour le 3e de Duménil, les uns veulent qu'il débute dans la comédie ; les autres n'en veulent pas comme trial ; un débat a lieu, on applaudit, on siffle et Duménil se décide à quitter la scène. On le rappelle et on le couvre de bravos, donc il est reçu. Mais le public était en train et demande que Victorine subisse trois débuts.

Le 12, premiers de Mme Bondois, de Victorine ; second d'Aubrée, Henri et Signac ; troisième de Mlles Valtin et de Clara Richard, qui sont admises : *Grâce de Dieu*, *Premières Amours*, vaudeville de Scribe, *Gants jaunes*. Mlle Sophie Noel résilie, mais elle consent à rester jusqu'à son remplacement. Le 14, troisième début de Gobert, dans *Fra Diavolo*, où il est tellement sifflé, qu'il résilie dès le second acte, qui n'est pas terminé ; Mme Bondois, deuxième, début ; Henri résilie également à son troisième, le 16, dans la *Sœur de Jocrisse*.

Le 17, premier de Mme Guyard, dans le *Pré aux Clercs*. Dans la *Dame de Saint-Tropez*, second de Debray et rentrée de Mme Irma ; cette dernière est refusée, ce qui la surprit désagréablement, elle qui avait été tant fêtée l'année dernière par ce même public. Le 19, la basse Lemonnier faisait son début dans le *Chalet* ; il y est si mal accueilli qu'il résilie. Seigne, professeur au Conservatoire se fait applaudir en jouant sur le violon : *Souvenirs de Bellini* et le *Caprice*, fantaisies.

Pour faire diversion à ces mauvaises soirées, Provence engage Ravel, qui paraît le 21 dans les *Ressources de Jonathas* et les *Secondes Noces* ; troisième début d'Adrien. Le 23, Ravel, dans le *Code des Femmes*.

Le 24, premier début d'une nouvelle chanteuse, remplaçant Sophie Noël, c'était Mlle Borés, sœur de Mme Marneffe, et la même dont nous avons constaté le succès sur notre scène. Elle chanta *Lucie* ; fort heureusement que Pauly chantait Asthon, ce qui permit d'entendre l'opéra, qui, sans lui, eut été impossible à laisser terminer. Gambier accomplit son second dans le *Mari de la Veuve*, dans lequel Aubrée est reçu.

Le 28, Ravel dans *Ravel en voyage*, le *Tourlourou* et la *Rue de la Lune*. Renvoi de Victorine et admission de Gambier ; second de Mlle Guymard dans la *Favorite*. Le lendemain, Ravel dans la *Chambre à deux Lits* et le *Caporal et la Payse*.

Le 1er juillet, M. et Mme Monplaisir, danseurs du théâtre de la Scala de Milan, dansent *Elena*, ballet en 2 actes, de Bartholomin, musique de Realinger ; le premier des auteurs parut dans son œuvre ainsi que M. Corly, Mme Bartholomin, avec le concours de nos danseurs Zing et Alexandrine.

Le 3, Debray faisait son troisième début dans un *Mariage sous Louis XV* ; il est refusé après lutte. Mlle Daloca, jeune première du Théâtre de Rouen, se fit applaudir dans le rôle de la comtesse ; M. Baron du même théâtre fut aussi très fêté. M. et Mme Monplaisir reparurent encore ce même soir, puis le 5, où ils dansèrent les *Contrebandiers espagnols*. Le 7, dans un *Songe d'Orient* ; le 9 et le 10, et chaque fois ils eurent du monde.

Le 7, premier début d'Auguste, nouveau deuxième rôle, dans *Bruno le Fileur*. Le 8, second de Mme Borés, dans les *Diamants* et premier de Worms, nouveau comique, dans l'*Image*, un des plus jolis vaudevilles de Scribe.

Le 9, Mme Jules Henry, voulant succéder à Irma, dans les premiers rôles, débute dans *Il y a seize ans*. Elle est si peu à la hauteur de son emploi, que le public rit bruyamment dans les passages les plus larmoyants du drame. A certain moment, l'artiste dit dans son rôle : « Ah ! c'est assez. » O oui, répond le parterre, c'est assez, c'est même trop. La débutante va son train, les sifflets commencent leur charivari. Alors on aperçoit s'avançant sur la scène, chapeau sur la tête, un Monsieur qui prend Mme Henry par le bras et la conduit aux coulisses en adressant aux spectateurs plusieurs épithètes peu polies, parmi lesquelles on distingue celle-ci : « Votre conduite envers cette dame est inqualifiable. » Le tapage est à son comble, le régisseur se présente et déclare que ce Monsieur est le mari de la débutante et prie d'agréer les regrets de la direction. Le lendemain, Mme Henry publia une lettre par laquelle elle certifiait que c'était bien son mari qui était venu la faire sortir de la scène. Elle tenait son acte de mariage à la disposition de ceux qui douteraient de la véracité du fait.

Encore une soirée orageuse le 11, après les *Premières Armes*, dans lesquelles Worms faisait son second ; on joue le *Domino* pour le troisième de Mlle Borés. Au deuxième acte, les les deux partis commencent la lutte ; les sifflets sont en majorité, la toile tombe, puis le régisseur vient annoncer que Mlle Borés, ayant résilié, ne veut pas reparaître et que la pièce ne peut être continuée ; c'était pourtant la même artiste qui avait été tant applaudie ici en 1841. (Voyez).

Mme Auguste, remplaçant Victorine, débute le 13, dans l'*Article* 213. Irma, qui voulait à toute force rester parmi nous, on se souvient qu'elle venait d'être refusée comme premier rôle, fait sa rentrée ce soir-là comme grande coquette dans la *Meunière de Marly*. Elle ne gagne qu'une bordée de sifflets ; aussitôt elle abandonne la scène en adressant au public un adieu qui n'était rien moins que gracieux.

Le 15, Seligny, un des meilleurs premiers rôles que nous ayons possédé au Havre, débute avec succès dans *Don César de Bazan*, drame qui sert aussi pour la réception de Mme Auguste ; Seligny accomplit son second, ainsi qu'Auguste. dans la *Justice de Dieu* (première représentation), drame en 5 actes, d'Anicet Bourgeois. Mme Bondois est admise sans opposition dans la *Marquise de Carabas*, vaudeville de Bayard et Dumanoire.

Le 20, premier début dans *Lucie*, de Sardou, baryton, et de Mme Place, chanteuse, sœur de notre concitoyen Certain, pianiste. Le rôle d'Edgard est chanté par un ténor de passage, M. Garras, qui parla plus qu'il ne chanta. Le public de bonne humeur ne se fâcha pas : il préféra rire et le ténor fit de même ; ses fausses notes, ses éclats de voix, arrêtés à moitié route au passage, le faisaient sourire malgré lui et sa franchise d'indiquer lui-même son incapacité désarma les spectateurs mais les débutants n'y gagnèrent pas ; on ne s'occupa pas assez sérieusement d'eux pour pouvoir les apprécier.

Le 21, premier de Mme Teuné, premier rôle, et admission de Seligny, dans la *Tour de Nesles*. Worms, comique, est renvoyé le lendemain dans la *Sœur de Jocrisse*. Exercices d'adresses et d'équilibre par Hemming et ses enfants.

Le 23, dans le *Barbier*, seconds de Sardou et de Mme Place et premier de Basso, première basse. Le 26, première représentation du charmant vaudeville : *Ce que Femme veut*, par Duvert et Duport, dans lequel Duménil était si amusant. Le *Moulin à Paroles*, vaudeville de Dupeuty.

Le 27, dans le *Maître de Chapelle*, Sardou est reçu malgré un peu d'opposition, mais Mme Place est refusée dans la *Dame Blanche*, cependant elle consent à rester jusqu'à son remplacement. Le lendemain, Mme Teuné fait son second dans *Pauvre Mère*, drame en 5 actes, de Cornu et Anger.

Le 2 août, reprise du *Comte Ory*, pour le deuxième début de Basso. Le 3, Mme Teuné est reçue dans *Tiridate*. Le 5, Basso, dans la *Dame Blanche*, accomplit son troisième. Lorsque le régisseur demanda le jugement du public, il n'y eut ni applaudissements ni sifflets ; il fut donc admis, mais devant un pareil résultat, il était à présumer que Basso ne resterait pas longtemps parmi nous, et c'est ce qui arriva. Dans les *Petites Misères*, troisième de Signac. Il est sifflé. En sa qualité de régisseur, il pouvait parler, aussi dit-il aux spectateurs : « Mais Messieurs je ne suis que la doublure de la doublure de M. Lavillier et porté le cinquième sur la liste des grimés. » Le public désarmé par cet aveu se mit à rire et l'artiste est admis. Bleaux, nouveau comique, débute dans le *Caporal et la Payse* et dans une chansonnette de mauvais choix ; *Les Remèdes les plus simples sont les meilleurs*. Le 7, reprise des *Visitandines*, succès pour Ducouret principalement.

Le 9, M. et Mme Taigny, du Vaudeville, jouent *Trop heureuse*, comédie en 3 actes d'Ancelot ;

Vouloir c'est Pouvoir, autre comédie du même ; ils firent plaisir.

Le lendemain, Bleaux accomplit son second début dans les *Saltimbanques*. Le 12, Taigny et sa femme, dans *Satan ou le Diable à Paris*, drame-vaudeville en 6 actes ; le 10, dans la *Somnambule*, le *Protégé*, la *Pénitence*, comédies-vaudevilles. Le lendemain, dans les mêmes ouvrages.

Le 16, Bleaux est reçu dans le *Maître d'Ecole*, sans opposition mais aussi sans applaudissements. Le 17, les époux Taigny rejouèrent *Satan*. On reprend le même soir le *Postillon de Longjumeau*. Le 19, dernier des époux Taigny et à leur bénéfice : *Les Petites Misères de la Vie humaine* ; la *Mère de Famille*, comédies-vaudevilles ; *Charles II*, comédie. Taigny, qui avait débuté au théâtre Comte, gagna ses premiers lauriers à Bordeaux, où il épousa la fille d'une actrice de mérite, Mlle Eriska. Tous deux rentrèrent au Vaudeville par *Vouloir c'est Pouvoir*. Taigny devint directeur des Délassements-Comiques, puis de la Gaîté. C'est dans ce dernier poste qu'il est mort d'une attaque d'apoplexie, en mai 1875.

Le 20, Moreau, fort jeune premier et deuxième ténor, débute dans *Clermont ou une Femme d'Artiste*. Le 22, Taigny et sa femme rejouent *Satan*, puis le *Fils de l'Empereur*, drame historique en deux actes.

Le 23, Mme Guyard est renvoyée après un long tapage dans la *Part du Diable*, où elle accomplissait sa dernière épreuve. Le 24, le *Chiffonnier de Paris* : Seligny est parfait dans le rôle du père Jean ; Mme Valtin dans Marie ; Auguste, dans le baron, est reçu avec un peu d'opposition ; Aubrée, Mme Richard et Teuné font également plaisir. Auguste décéda peu de temps après son admission.

Belle soirée le 25 : exécution, par 150 musiciens et chanteurs, de ***Christophe Colomb***, l'œuvre de Félicien David. Bonnamy réussit assez bien ses couplets de la rêverie du quart et les adieux ; Mlle Martial, la chanson du mousse ; Mme Place, l'élégie indienne ; Sardou, dans le rôle de Colomb, cria plutôt qu'il ne chanta. L'orchestre et les chœurs marchèrent avec ensemble. Le prix des places avait été augmenté. Loges fermées, 5 fr. ; premières et parquets, 4 fr. ; secondes et baignoires, 3 fr.; parterre, 2 fr. ; troisièmes, 1 fr. 25 ; quatrièmes, 75 cent. ; cinquièmes, 50 cent. La salle était loin d'être comble et à la seconde représentation, qui eut lieu le 2 septembre, il n'y eut pas plus de monde.

Le 26, second début de Moreau, dans *Bruno le Fileur*. Il fut renvoyé le 31, à son troisième, dans les *Trois Loges* et *Lettre de change*.

Le 2 septembre, premier début de Mme Cornélis, chanteuse en tous genres venant de Toulouse, une des cantatrices qui ait laissé ici le meilleur souvenir. Elle avait choisi la *Part du Diable*, et dès cette première audition, il fut reconnu que ses autres débuts ne seraient plus que pure formalité. Le même soir, première représentation de *Une Femme qui se jette par la Fenêtre*, comédie-vaudeville en 1 acte, si bien joué par Aubrée, Lavillier, Mme Vallin, Bondois et Foignet. Le 4, second de Mme Cornélis, dans le *Barbier*. Le 6, Desjardins, organiste de Paris, joue avec talent, sur l'harmonium, des fantaisies sur *Lucie* et *Guillaume*. Le 7, admission avec enthousiasme de Mme Cornélis, dans les *Diamants*.

Le 9, M. Rousseau, Lagrave, ex-artiste peintre se destinant à l'opéra, chante Fernand de la *Favorite*. Sa voix était belle et il chanta avec goût les premier et quatrième acte. Il fut plus faible au troisième. Le duo final : « Va dans une autre patrie » dut être bissé deux fois par lui et Mme Cornélis, qui furent rappelés tous les deux. Sardou se montra supérieur dans Alphonse. La salle était bien garnie.

Mme Halley, notre ancien premier rôle et

alors à la Porte St Martin, paraît le 10 et le 13 dans *Lucrèce*, le 16, dans la *Tour de Nesle*; ces trois représentations lui attirèrent des bravos sans fin ; mais le 20, *Jeanne-d'Arc*, tragédie en 5 actes et en vers de Soumet, fut si mal interprétée que Mme Halley elle-même se trouva déroutée.

Le 21, premier début dans Daniel, du *Chalet*, de Cornélis, mari de notre chanteuse. Basso, la basse qui avait été, on s'en souvient, reçu sans applaudissements ni sifflets, reçoit, ce soir-là, quelques marques de désapprobation ; il se retire immédiatement et refuse de reparaître dans la *Part du Diable*, et son rôle est rempli par Lavillier. Quelques jours auparavant, dans la *Dame blanche*, Basso avait été quelque peu inconvenant envers le public. Le 23, second de Cornélis dans le *Domino* ; reprise du *Chevalier de St-Georges*,

Le 27, un sieur Revert et Chenest, notre ex-choriste, devaient chanter *Guillaume*. Ce fut une soirée de déception. Dès les premières notes, Revert, dans Arnold, parle plutôt qu'il ne chante et par suite, Chenest, dérouté, perd son aplomb et ne chante pas non plus. On siffle, on se fâche, force est de baisser la toile et d'éteindre le gaz.

Le 28, Cornélis est admis sans opposition dans *Fra Diavolo*.

Le 30, représentation au bénéfice de Mme Halley ; la première de *Madame Tencin*, drame en 4 actes avec prologue, par Marc-Fournier ; le *Songe de Lucrèce* ; le *Protégé*, ouverture à grand orchestre. Peu de monde et pièce mal jouée ; en somme, insuccès complet.

Le 5 octobre, reprise de la *Comtesse du Tonneau* ; *Concert à la Cour*. On reprend aussi pendant cette période la *Closerie*, le *Maçon*, etc.

Le 14, première d'un drame, qui produit de bonnes recettes à la direction, qui, du reste, l'avait monté avec un soin tout particulier : *Le Chevalier de Maison rouge*, ce drame de Dumas, dont le « Mourir pour la Patrie » devait être tant chanté quelques mois plus tard pendant les journées de 48. Nos artistes furent parfaits : Geneviève (Mlle Valtin) ; Lorin (Seligny), Maurice (Aubrée) ; Dixmer (Lavillier) ; Rocher (Ducouret) ; le chevalier (Rosambeau) ; la femme Tison (Mme Teuné), etc., rivalisèrent entre eux pour cueillir des bravos qui ne leur firent pas défaut.

La mise en scène était soignée, les décorations assez fidèlement historiques, les forces militaires, garde nationale, ligne et artillerie assez nombreuse relativement à l'exiguité de la scène. Ce drame et celui de la *Closerie* furent certainement les deux ouvrages les mieux montés sous la direction Provence. Nous n'avons pas par exemple les mêmes éloges à lui adresser pour la reprise, le 22, du *Tableau parlant*, qui ne fut qu'une parodie ; en plus, les artistes ne sachant pas leurs rôles substituèrent au dialogue des plaisanteries d'un goût plus que médiocre qui leur attira des sifflets assez justement mérités.

Mme Cornélis chante le 23 à Rouen pour faciliter les débuts de Valgalier dans la *Juive*.

Le 2 novembre, Mme Doche, artiste du Vaudeville, où elle avait débuté en 1838, joue dans l'*Image*, les *Trois Loges*. Mme Doche est, on se souvient, née à Bruxelles en 1821 ; parmi ses créations, on cite surtout la *Dame aux Camélias*.

Une nouvelle basse, Audouin, remplaçant Basso, débute le 4 dans le *Barbier*.

Le 5, première du *Fils du Diable*, drame de Paul Féval, bien joué par Seligny (Otto) ; Frantz (Aubrée) ; Lavillier (le juif) ; Mme Teuné (Sarah) ; Valtin (Noémi). Le 9, deuxième début d'Audouin dans le *Comte Ory* ; rentrée de Renaudin, dans le *Réveil du Lion*, comédie-vaudeville, dans laquelle Lavillier obtint un grand succès dans le rôle du Lion. Le 11, vues aérophanes de M. Martoni ; effets de neige, sites, etc.

Audouin est reçu le 16 dans les *Mousquetaires de la Reine.* Le 18, le vaudeville *Amour et Biberon* est sifflé à l'unanimité.

Le 19, dans *Don Pasquale,* Bonnamy ayant passé un grand air, le tapage éclate ; le régisseur est appelé et déclare que ce morceau ne se chante plus à Paris ; cette explication ne satisfait pas le public qui empêche la continuation de l'opéra. Enfin, après quelques explications réconciliatrices du commissaire de police, on peut terminer le chef-d'œuvre de Donizetti.

Le 22, le *Pot aux Roses,* folie vaudeville en un acte.

Le 25, Lhote, pianiste, exécute un concerto de Hummel avec accompagnement à grand orchestre.

La reprise d'*Adolphe et Clara*, le 26, cause quelque peu de bruit, parce que le rôle de Clara, qui appartenait à Mme Martial, première dugazon, est chanté par la seconde dugazon, Mme Bondois. A la seconde représentation, le 30, le régisseur fut interpellé et promit de faire droit à la réclamation.

Le 2 décembre, on donne la première de le *Mousse et l'Esclave,* comédie-vaudeville en deux actes, d'Emile Souvestre, qui est sifflée. On rappelle le régisseur pour réclamer une seconde chanteuse ; il donne des réponses évasives qui font éclater le tapage et la police est obligée d'intervenir pour rétablir le calme.

Le 6, Hoffmann vient faire diversion aux mauvaises soirées en jouant la *Sœur de Jocrisse,* l'*Anglais en Voyage* et en chantant *J'si Garçon d'honneur,* puis le *Sapeur Troubadour.*

Le 7, au bénéfice de Loiret, *Deux Papas très bien,* première de *Qui se ressemble se gêne,* vaudeville de Marc Michel, le premier acte des *Trois Loges* et la reprise du *Philtre* ; mais Mme Cornélis étant atteinte de la grippe fut très faible et cet opéra ne fut que massacré.

Le 9, Hoffmann, dans les *Trois Dimanches, Christophe*, puis chante les *Bœufs*. Le 11, il chante *Suisse de Marly* ; le 13, le *Berger de Normandie* et joue les *Enragés*.

Le 16, Mlle Boisselet, seconde chanteuse, débute dans la *Dame Blanche*. Le 17, première de le *Premier Chapitre,* comédie de Léon Laya, jouée par Mlle Valtin, Mme Bondois, Aubrée et Ducouret. Le 27, la *Berline de l'Émigré*, drame en cinq actes.

Le 30 décembre, Mlle Boisselet devait effectuer son deuxième début dans le *Pré aux Clers*, où d'abord elle produisit une impression meilleure que lors de sa première épreuve ; mais on appela le régisseur pour lui signifier qu'on ne voulait pas que le début dans la *Dame Blanche* ne compta pas pour cette artiste. L'organe de la Direction se retire puis revient aussitôt déclarer que Mlle Boisselet n'accepte pas cette condition.

Alors le tumulte éclate : « Alors, Messieurs, dit le régisseur, si cette artiste ne vous convient pas, faites-la tomber. » Redoublement de tapage qui dure jusqu'au moment où le régisseur vient annoncer que Mlle Boisselet résiliait. Le même soir, première de *Didier l'honnête Homme*, comédie-vaudeville en deux actes de Scribe et Michel Masson.

Le 2 janvier 1848, *Faute d'un pardon*, drame en cinq actes par Paul Foucher.

Le 3, *Le Havre en 1847*, revue havraise en un acte par deux de nos concitoyens Cette revue était spirituellement écrite, et semée de calembourgs et jeux de mots assez bien amenés ; on y voyait défiler les monuments : le Musée avec ses statues *emplâtres* ; le Chemin de fer avec une maladie de *tranchée* ; les bateaux à vapeur qui n'avaient plus de *chalands*, mais qui *fumaient*.

La *Bourse ou la vie*, les portes dont la plus nou-velle conduisait au cimetière, le soldat de la ligne dont le vêtement est unique (tunique).

Les journaux de la localité étaient plaisantés par des couplets d'une bonne facture. La pièce eut du succès ; le nom des auteurs fut demandé, mais ils gardèrent l'anonyme. On sut bientôt que c'étaient MM. Billard et Farcis ; le premier donna plus tard à notre théâtre d'autres ouvrages plus sérieux, dont nous aurons à constater la réussite. La revue eut plusieurs représentations.

Le 11, l'*Enfant de quelqu'un*, comédie-vaudeville de A. Lefranc. Le 17, le *Canal St-Martin*, drame en cinq actes de Dupeuty et Cormon. Le 18, au bénéfice des pauvres, la *Justice de Dieu*, drame, et le *Domino Noir*, opéra. Le lendemain, reprise des *Deux Divorces*.

Le 25, Laborde, premier ténor à Bruxelles, jadis à la Renaissance, chante avec succès *Guillaume Tell* Mme Cornélis, Mme Martial, ainsi que Bonnamy et Sardou partagèrent les bravos du public.

Le 2 février, les *Paysans*, drame en 5 actes et 8 tableaux, par Cormon et Grangé, bien rendu par Séligny, Lavillier, Ducouret et Mlle Valtin. Le 3, Laborde, dans la *Favorite*, où il fut superbe. Le 4, reprise de *Vert-Vert*. Le 8, Laborde chante *Robert* ; Mlle Caud, seconde chanteuse, remplit pour son premier début le rôle d'Alice, où elle fit grand plaisir. C'était une élève de Panseron.

Le 10, la *Femme de quarante ans*, comédie en vers de d'Onquaire, n'obtient pas de succès, malgré sa bonne interprétation par Aubrée, Rosambeau, Duménil et Mlle Valtin. L'intrigue n'était ni neuve ni intéressante ; c'était une contre partie de la *Femme jalouse* et du *Jeune Mari*. Le 11, Laborde chante *Lucie* et le 14 la *Juive* ; le 17, il redonne la *Favorite* et toujours il attirait beaucoup de monde. Le 18, *La Voisin*, drame de Foucher et Alboise, demi-succès.

. Nous étions à la veille de la Révolution, les esprits étaient tendus vers les chants patriotiques. A Caen, le 20, le public demanda la *Marseillaise*; l'autorité défendit aux acteurs de la chanter et même aux musiciens de la jouer, alors les spectateurs la chantèrent en chœur. L'autorité requit la force armée qui fit évacuer la salle.

Au Havre, quelques jours après que les événements dont Paris avait été le témoin furent connus, on renouvela la manifestation qui avait eu lieu en juillet 1830 et que nous avons relatée dans la première partie de cet ouvrage.

On jouait ce soir-là les *Paysans* et la *Maîtresse de Langues*. Vers 11 heures, une foule immense envahit le théâtre, se précipite à toutes les places, voire même dans les loges, pendant que le public, qui était assez nombreux, lui cède la place. On demande à hauts cris la *Marseillaise*, et Lavillier, un drapeau à la main, vient sur la scène chanter l'hymne patriotique qui est répété en chœur par la foule. Aussitôt après le dernier couplet, la foule se retire et la salle est fermée.

Le lendemain, Laborde chantait la *Favorite*; la foule se présente à nouveau, et, sur demande, le charmant ténor, qui obtenait alors tant de succès sur cette scène, chante la *Marseillaise* A la suite, la ville fit fermer le théâtre jusqu'au rétablissement du calme.

Le théâtre rouvrit ses portes deux jours après, le dimanche 27, par la *Femme de quarante ans* le *Chevalier de Saint-Georges*, le *Concert à la Cour* et les danseurs espagnols : Mlle Doloris, MM Camprabi et Allemani. La municipalité avait pris des mesures pour éviter le renouvellement des scènes regrettables qui avaient eu lieu ces jours derniers, et un fort détachement de la garde nationale et de la ligne gardait la salle, mais on eut aucun désordre à réprimer, la soirée ayant été des plus calmes.

Le 1er mars, Laborde chante les *Huguenots*, dans lesquels Mlle Caud accomplit son deuxième début ; le 3, les *Couleurs de Marguerite*, comédie-vaudeville de Bayard, dans laquelle Aubrée et Mlle Vallin se font applaudir.

Les événements politiques préoccupant tous les esprits, il va sans dire qu'on ne s'occupait guère du spectacle, aussi la représentation donnée le 6, au profit des familles victimes de la Révolution, n'attira personne, bien qu'on joua le drame populaire le *Chevalier de Maison rouge*.

Le 9, première représentation de *Charles VI*. Ce superbe opéra d'Halévy et de Casimir et Germain Delavigne fut bien rendu. Laborde chantait le rôle du dauphin ; Sardou, le roi ; Mme Cornélis, Odette ; Mlle Caud, Isabeau ; ils y obtinrent de nombreux bravos. Audouin et Bonnamy méritèrent aussi des félicitations. Le chœur *Guerre aux tyrans* soulevait l'enthousiasme à tel point qu'un Anglais, placé aux galeries, crut devoir se couvrir pendant son exécution. Il va sans dire que les sifflets et les huées éclatèrent de tous côtés et que l'Anglais dut être expulsé ; il l'avait bien mérité.

Le 16, la *Part du Diable*, les *Couleurs de Marguerite*, *Six heures de Février*, cantate chantée par Sardou ; c'était le chant du cygne de la direction qui, le lendemain, suspendait ses payements. Peu de jours après, le Tribunal de Commerce du Havre prononçait la mise en faillite du directeur Provence.

LES ARTISTES EN SOCIÉTÉ

Les artistes réunis en Société jusqu'à la fin de l'année théâtrale réouvrirent la salle, le 20, par la seconde de *Charles VI* et *Vert-Vert* ; ils eurent du monde, mais par la suite, ils ne jouèrent plus que le dimanche.

Le 23, ils donnèrent : *Les 23 et 24 Février ou*

le Réveil du Peuple, tableau patriotique, *Marie-Jeanne, Indianna et Charlemagne, Rendez-Vous Bourgeois, Pot aux roses*. Ils donnèrent également des fêtes de nuit. Le 26, *Monte-Cristo*, première journée. Le 9 avril, le *Bravo et la Vénitienne, Qui se ressemble se gêne*, la *Cocarde Tricolore*.

Le 17 avril, une triste nouvelle se répand parmi les habitués du théâtre : Mlle Quaisain, cette charmante et gentille chanteuse que nous avions applaudie, venait de mourir à Brest, des suite d'une couche. On se souvient qu'elle s'était mariée au Havre au ténor Hyacinthe.

Nos artistes sociétaires, dont on doit reconnaître la persévérance et le zèle, donnent le 24 *Thérèse l'Orpheline de Genève* et l'*Auberge des Adrets*, la *Vendetta* et la seconde journée de *Monte-Cristo*.

Le 30, ils clôturèrent l'année théâtrale par le *Bravo et la Vénitienne, Auberge des Adrets*, le *Peintre*, scène en vers, et des fragments d'opéra.

A la suite et vu l'absence d'un directeur, le théâtre resta fermé jusqu'en juillet, c'est-à-dire pendant trois mois.

Au mois de mai, J. Louis Chevalier, qui pendant tant d'années avait occupé le poste de bibliothécaire du théâtre, décédait au Havre, âgé de 71 ans.

Rosambeau, ex-artiste de Provence, qui, à l'incendie de la rue Bernardin-de-Saint-Pierre, avait coopéré par son dévouement à organiser les secours, était alors à Rouen et se fit remarquer dans les rangs de la garde nationale, lors de l'assaut d'une barricade pendant les troubles qui désolèrent cette ville durant plusieurs jours.

On apprend la mort de Mlle Lemesle, première chanteuse à Bruxelles, ex-artiste de l'Opéra-Comique, décédée à Rouen le 7 juin.

Rouen n'était pas plus heureux que nous ;

son directeur, Breton, était tombé en suspension de payements, mais la ville le tira d'affaire et son théâtre réouvrit le 8 juin. Il avait parmi ses artistes : Derville, Mme Jannin et Valtin.

A la même époque, c'est-à-dire le 9 mai, le Conseil municipal du Havre refusa les propositions faites par une Société qui aurait exploité le théâtre, moyennant une subvention de trente mille francs. L'état des finances s'y opposant, la ville offrait de céder la salle gratuitement, ainsi que le matériel lui appartenant.

Il se trouva pourtant un homme qui osa entreprendre, dans d'aussi pénibles circonstances, la gestion de notre théâtre; cet homme audacieux, qui devait payer bien cher cette faute, c'était notre ancien ténor Wermelen. Il s'associait avec ses artistes et la ville l'agréa le 7 juin.

La nouvelle direction ne donnait que le drame, la comédie et le vaudeville provisoirement. Les débuts partiels étaient supprimés ; la troupe débuterait collectivement un certain nombre de représentations, après quoi le public prononcerait. Le sifflet était interdit ; on voterait par assis et levé. L'opéra comique était promis pour octobre.

DIRECTION WERMELEN

ARTISTES SOCIÉTAIRES

Année théâtrale 1848-1849.

Le 9 juillet 1848, le régisseur général Fillion adressa au public une véritable proclamation dont nous extrayons les passages suivants.

Après avoir rappelé la crise qui paralysait les industries, Fillion ajoutait :

« En effet, Messieurs, et vous le savez, qui fait

la fortune de l'art? quatre choses: le calme, la confiance, le bien-être, la prospérité du commerce.

» Où est le calme ? nulle part, ni dans la rue, ni dans les esprits. La confiance a quitté le seuil du citoyen, le comptoir du négociant ; *c'est une exilée* (sic). Le bien-être décroît avec la *stupeur* qui frappe les relations commerciales. Le commerce, *cette sœur de la fortune publique*, est lancé comme un *naufragé sur je ne sais quels rivages inconnus, où il risque de trouver la mort.*

» *Voilà la situation.* »

C'était déjà assez joli comme style, mais ce n'est pas fini. Fillion constate que le Havre supporte avec dignité la crise et termine par cette tirade, digne sœur de la précédente :

« Dans quelques jours, les artistes vous offriront des distractions aux soirées du moment. Bientôt, le ciel le voudra, la sécurité va renaître, la confiance va se rétablir et vous pourrez jouir en toute liberté des plaisirs du théâtre.

» FILLION.

Artiste dramatique et administrateur du théâtre du Havre. »

Wermelen avait passé son acte d'association devant notaire avec ses artistes pour une durée de trois ans. Les principaux articles portaient :

La nomination de trois commissaires sous la direction du président (Wermelen) ayant deux voix aux délibérations. Comité élu pour trois mois. Chaque année, assemblée générale pour la reddition des comptes. Abolition du sifflet pour les débuts qui seront collectifs. Les Sociétaires partageront les bénéfices au prorata de leurs appointements. Trois répartitions par mois. Le traitement du président sera égal au Sociétaire le plus payé, mais le plus rétribué ne pourra dépasser mille francs par mois. La Société n'a pas de dettes et ne peut en avoir, toutes dépenses et fournitures devant être payées avant toute participation.

Voici maintenant le tableau de la troupe qui allait ouvrir la campagne :

MM Fillion............ régisseur général.
    Karl............... premier régisseur.
    Olivier............ second régisseur.
    H. Lecouvreur.... secrétaire.
    Debouche......... machiniste.
    Hallman.......... bibliothécaire.
    Hippolyte......... souffleur.

Comédie, Drame, Vaudeville.

MM. Fillion........... premier rôle.
    Edmond.......... jeune premier.
    Pavie............. amoureux.
    Renaudin......... dito.
    Bourgeois........ père noble.
    Ducouret........ financier, grime.
    Loiret............ dito comique.
    Lefebvre......... premier comique.
    Karl............. jeune comique.
    Olivier,.......... troisième rôle.
    Lorcet........... deuxième comique.
    Banville......... second père.
    Bourgeois fils..... utilité.
    Cramoisan........ dito.

Mmes Edmond......... premier rôle.
    Clara Richard.... jeune première.
    Bondois.......... déjazet.
    Elisa Lefebvre.... ingénuité, 2e amoureuse.
    Perreymond...... soubrette.
    Foignet.......... duègne.
    Firmin........... grande coquette.
    Mordant......... deuxième duègne.
    Debehaigne...... utilité.
    Clotilde.......... dito.

Buziau fils, chef d'orchestre.

24 musiciens. — 18 choristes.

Abonnements :

Loges fermées, 250 fr. — Loges de Baignoires, 200 fr. — Stalles : Hommes (1 mois), 25 fr. ; Dames, 15 fr.

Prix des Places :

Loges fermées, 3 fr. — Premières et parquet, 2 fr. 50. — Baignoires 2 fr. — Secondes 1 fr. 75. — Troisièmes, 1 fr. — Quatrièmes, 75 cent. — Parterre 1 fr. 25.

L'ouverture eut lieu le 13 juillet 1848 et bien qu'on ait été privé de spectacles depuis près de quatre mois, il y avait peu de monde. On jouait *Kean*, dans lequel Fillion fut remarquable ; *Indiana et Charlemagne* ; le *Marchand de Chansons*, chanté par Bourgeois père ; Renaudin, Ducourel, qui fut acclamé, Loiret, Clara, Richard, qui reçut un bouquet, firent assez plaisir, ainsi que Mme Perreymond. Cette dernière venait de Bruxelles ; en quittant le Havre, elle a joué à Nice et à Liége, puis retourna à Bruxelles, où elle a créé le rôle de la Frochard, dans les *Deux Orphelines* ; elle y a été magnifique dans toute l'acception du mot (mai 1874).

Le 16, *Héloïse et Abeilard*, drame en cinq actes ; le *Brelan de Troupiers*, vaudeville de Dumanoir et Arago. Le 20, un *Changement de Main*, comédie de Ch. Lafont ; *Sans nom*, dans lequel Mme Foignet faisait sa rentrée et reçoit deux bouquets ; *Elle est folle*, drame.

Le 23, *Marie la Dentellière ou la Fille du Peuple*, drame en quatre actes par Fillion, artiste, et Arnaud Degeorge, ex-rédacteur du *Progrès du Pas-de-Calais*. La salle était comble, mais la pièce n'obtint qu'un demi-succès. Le dialogue était prétentieux, ce qui ne surprit pas d'après la proclamation rédigée par Fillion et dont nous avons donné des extraits ; quant à l'intrigue, elle n'avait rien de bien nouveau : Marie est séduite par un comte, grâce à l'entremise d'une courtière ; elle devint mère et naturellement son séducteur l'abandonne. Elle avait bien un protecteur, ce qui ne l'empêche pas de tomber dans la misère, d'être sans asile et enfin de mendier dans la rue. Un garde national la ramasse, et ce soldat citoyen est précisément son protecteur qui se trouve là par hasard. (Hasard Bizarre ! se serait écrié Joseph Prudhomme).

Toujours est-il qu'à cette rencontre imprévue, Marie est prise d'une telle honte, qu'elle en meurt. Fillion jouait le rôle principal, et comme en somme c'était un bon artiste, il reçut des applaudissements. Mme Firmin, notre ex-chanteuse, et alors jouant les grandes coquettes, fut également fêtée à sa rentrée dans ce drame.

Le 24 juillet, concert donné par J. Drescher, clarinette du théâtre de Breslau. Première représentation de *Un Mari charmant*. Reprise de *Don Juan d'Autriche*. C'était ce soir-là réception des artistes. Fillion sur la scène fit l'appel des noms en commençant par le sien, qui fut couvert d'applaudissements.

Il n'y eut aucune opposition pour les autres ; la troupe était donc définitivement formée.

Le 26, le 30 et le 1er août, exercices par la troupe Ravel déjà venue.

Le 3 août, les *Aristocrates*, comédie en 5 actes par E. Arago, pièce du Théâtre-Français comportant des épigrammes contre la noblesse, la banque et la finance.

Le 9, le *Maréchal Ney*, drame en 5 actes et 11 tableaux, qui procura de bonnes recettes à la direction Fillion (le Maréchal), Edmond (Eugène Beauharnais), et surtout Loiret (Louis XVIII), s'y créèrent un beau succès.

Wermelen publie la situation financière au 10 août.

Recettes.

Abonnements	F.	912 65
Représentations	»	7.902 65
Vente de programmes	»	16 65
	F.	8.831 95

Dépenses.

Frais généraux....... F.	2.787	40
En caisse............ »	1.419	90
Appointements........ »	4.620	65
Divers débiteurs...... »	4	—
Somme égale...... F.	8.831	95
La troupe coûtait...... »	12.173	85
La recette avait produit. »	8.831	95
Déficit........... F.	3.341	90

Le 20 août, le *Bourgeois de Gand*, drame en 5 actes de Fontan, le *Club champenois*, vaudeville représentant une image fidèle des réunions électorales de petites villes.

Le 24, *Duranda où les grandes Passions*, drame-vaudeville en 2 actes, bien joué par Mmes Bondois, Perreymond, Clara Richard, MM. Edmond et Lefebvre ; les *Petites Misères de la Vie humaine*. Le 28, l'*Homme au Masque de Fer* (reprise), *Une Fille terrible*, joué avec un succès dont on a gardé le souvenir par Loirel, Mmes Foignet et Elisa Lefebvre.

Le 29, la *Ciguë*, comédie d'Emile Augier, qui avait été jouée au théâtre provisoire par la troupe de l'Odéon en 1844.

Fillion donne sa démission d'associé et d'artiste et quitte aussitôt le Havre.

Le 3 septembre, *Madeleine ou l'Abîme de Bessac*, drame en cinq actes. Le 5, *Chabert ou le Mutilé d'Eylau* (reprise), les *Précieuses Ridicules*, de Molière. Le 8, la *Dot de Suzette*, vaudeville. Le 11, le *Facteur ou la Justice des Hommes*, drame en cinq actes.

Du 1er au 31 août, le déficit s'élevait à 6,645 fr. 17.

Il y avait eu dans cette période 10,823 personnes entrées au théâtre, se divisant ainsi : 287 loges, 1,004 premières galeries, 412 baignoires, 1,299 secondes, 3,927 parterres, 2,643 troisièmes, 1,251 quatrièmes. — Recette, 12,745 fr. 40. — Abonnements, 211 fr. 05. — Frais généraux, 1,268 fr. 63. — Fournisseurs, etc., 10,856 fr. 25.

Le 13 septembre, Dalia remplaçant Fillion dans les premiers rôles, débute dans la *Tour de Nesles* ; il fit son second, le 15, dans *Héloïse et Abeilard* et fut reçu sans opposition, le 18, dans Robin des *Mémoires du Diable*. Le 19, rentrée de Mme Bondois et première représentation de *Mme de Choisy*, vaudeville en deux actes ; *Riche d'Amour* Le 22, *Il faut qu'une Porte soit ouverte ou fermée*, comédie de A. Musset, jouée par Edmond et sa femme.

Le 29, *Horace et Caroline*, vaudeville en deux actes, dont le dernier se passe au Havre, à Frascati, dans lequel Georges, un nouveau venu, joua assez bien le rôle d'Ernest Martel. Le 30, concert par les 40 chanteurs montagnards qui exécutèrent 10 morceaux.

Au 30 septembre, la direction publie les résultats pendant le mois qui vient de s'écouler Le déficit sur appointements s'élève à 3,036 fr. 13. — Ils ont été payés : ceux à raison de 6 7 0/0, 6,164 fr. 27. Ceux de 33 0/0, 9,200 fr. 40.

L'abonnement a rapporté 621 fr. 30.

Le produit des places :

188 Loges............	Fr.	504 —
886 Premières.........	»	1.953 —
271 Baignoires.........	»	542 —
872 Secondes..........	»	1.308 —
2.203 Parterres.........	»	2.203 —
1.446 Troisièmes.........	»	1.084 50
830 Quatrièmes	»	415 —
	Fr.	8.009 50
Suppléments.......	»	228 —
Concert	»	125 —
	Fr.	8.362 50

En comparant ce résultat avec celui du

mois dernier, on voit que la situation ne s'était guère améliorée.

Mais l'opéra va débuter et le directeur conçoit l'espérance que son théâtre sera fréquenté davantage ; d'abord le prix des places et de l'abonnement vont être remis au même taux que par le passé et l'abaissement avait fait encaisser 5,306 fr. 10 en moins à la Société Wermelen.

Troupe d'Opéra comique

MM. Bury.................. premier ténor.
Galot................ deuxième ténor.
Soulié.............. deuxième ténor.
Karl................ ténor grime.
Beaugrand .... baryton.
Douvry... .... basse.
Perillé .... basse comique.
Ducouret .... laruette.
Lorcet.............. deuxième laruette.
Edmond............. philippe.
Bourgeois père ...... philippe marqué.

Mmes Marneffe............ première chanteuse.
Pansard .... seconde chanteuse.
Caroline Levy........ première dugazon.
Elisa Lefebvre....... seconde dugazon.
Bondois .... seconde dugazon.
Firmin .... mère dugazon.
Foignet............. duègne.

Albert Seigne, premier chef d'ochestre.

30 musiciens. — 24 choristes.

Abonnements :

Loges fermées, 275 fr. — Loges de baignoires, 225 fr. — Stalles : 1 mois, 30 fr. ; pour dames, 1 mois, 14 fr.; pour hommes, 20 fr.

Prix des Places :

Loges fermées, 4 fr. — Premières et parquet, 3 fr. — Baignoires, 2 fr. 50. — Secondes, 2 fr. — Parterre, 1 fr. 25. — Troisièmes, 1 fr. Quatrièmes, 60 cent.

La troupe débutera collectivement dans cinq opéras.

Le 2 octobre, premiers débuts de l'opéra dans *Lucie* ; Mme Marneffe est revue avec plaisir et acclamée. Bury fit assez bonne impression, mais Beaugrand et Galot ne furent que médiocres.

Le 5, la *Dame blanche* et le *Père Turlututu*, vaudeville en un acte. Dans l'opéra, Mme Pansard était une charmante Anna. Douvry, avait une belle voix ; il fut aimé ici. Il avait été choriste à l'Opéra et à St-Roch, chanta les basses à Rouen, La Haye et Nouvelle-Orléans. C'est le père de Mme Barbot, tant fêtée au Havre depuis, sous la direction Bernard.

Hyacinthe, notre ex-ténor, débute à Rouen, mais ne réussit pas. Mort à Paris de Maria Millanollo, âgée de 26 ans, que nous avions applaudie (voir 1839) avec sa sœur Térésa, aujourd'hui Madame Parmentier.

Le 8 octobre, *La Foi l'Espérance et la Charité*, drame en cinq actes de Rosier. Le 9, les *Deux Anges gardiens*, vaudeville en un acte. Le 12, la *Part du Diable*, *Caliste ou le Geôlier*, vaudeville. L'opéra qui servait aux débuts de la troupe fut assez bien joué. Mme Firmin, qui avait été dugazon ici en 1836, faisait sa rentrée dans les rôles de mère dugazon. Elle fut fêtée ; au surplus, c'était une très bonne comédienne.

Parmi les musiciens de l'orchestre, plusieurs faisaient partie de la musique de la garde nationale et un détachement de notre légion ayant été à Caen pour accompagner la première légion de Paris, le directeur voulut bien autoriser ses musiciens à se rendre à cette fête. Comme cela empêchait la direction de jouer l'opéra pendant quelques jours, l'état-major de la garde nationale du Havre versa à Wermelen une indemnité de 300 fr. Le directeur alors fit afficher, le jour où la première légion de Paris revint de Caen au Havre pour retourner à Paris, c'est-à-dire le 16 octobre : « Représentation offerte par la garde nationale du Havre à la garde-nationale de Paris. » On reproche à Wermelen d'avoir fait cette annonce; on lui contesta même le droit de se servir du nom de la légion havraise. Ensuite, les Parisiens partant par le train de six heures, il ne leur était guère possible d'aller au théâtre. En effet, une centaine de garde nationaux, qui pouvaient ne partir que le lendemain, purent seuls assister à la représentation. Wermelen s'expliqua par la voix des journaux, et déclara qu'ayant reçu 300 fr. de l'état-major havrais, il a cru ne pouvoir mieux remercier, qu'en offrant l'entrée de la salle à la première légion. Quoi qu'il en soit, l'effet fut manqué. On joua le *Père Turlututu*, le *Chalet*, et la première du drame les *Quatre Sergents de la Rochelle*. Pour cette dernière pièce, dont on connaît le sujet historique, se place un épisode intéressant l'histoire du Havre. Le 45e de ligne, colonel De Toustain, duquel faisaient partie les quatre sergents, tenait garnison au Havre avec son état-major; c'est même dans cette ville qu'il reçut son drapeau, qui fut béni par le curé Paris, le 23 janvier 1821. Le 18 avril, ce régiment quitta le Havre et Dieppe pour aller à Paris; mais déjà, dans notre ville, Bories avait, paraît-il, jeté les fondations de la Société secrète : *Les Chevaliers de la Liberté ou du Carbonari*, de laquelle devait surgir le complot de la Rochelle. Nous lisons dans les *Causes célèbres*, de A. Fouquier, que lors du procès des quatre sergents, Bories eut à répondre sur le fait d'avoir monté la Société au Havre, mais il repoussa cette allégation prétendant qu'il avait essayé de fonder dans le régiment une Société philanthropique pour créer une caisse de secours en faveur des sous-officiers malades; elle réussit, et chaque membre versait un franc par mois. La Société était secrète, et les sous-officiers prêtaient serment de tenir secret le nom des sociétaires. Il était secrétaire et trésorier; on a bien distribué des poignards, mais c'est Pommier qui est le coupable et non lui. Il est assez curieux de savoir que le complot de la Rochelle a pris naissance à la citadelle du Havre ; on sait qu'il se termina par la condamnation à mort des quatre sergents, qui montèrent ensemble à la guillotine, le 21 septembre 1822.

Le 16, dernier début de l'opéra dans la *Favorite*. Après le quatrième acte, le rideau est relevé et, assis gravement à un bureau placé sur la scène, se trouve le secrétaire de la direction prêt à enregistrer sur le procès-verbal les décision du public. A ses côtés, se tenait le directeur Wermelen, lequel, après avoir adressé un petit discours aux spectateurs, leur rappelle que le sifflet est interdit et les prie de se prononcer par assis et levé. Supprimons le sifflet, Messieurs, et l'avenir prospère du théâtre est assuré. Infortuné Wermelen, pouvait-il prévoir alors l'avenir qui était réservé non-seulement à son théâtre mais encore à lui-même ! Le directeur appela par intervalle, laissant ainsi le temps au public de se prononcer, les noms des artistes. Deux d'entre eux seulement furent renvoyés : le baryton Beaugrand et le second ténor Galot. Pour la dugazon, Caroline Levy, elle ne fut admise qu'avec opposition, et pour la basse Perillé, on exigea un quatrième début.

Le 22 octobre, une pièce d'à-propos, le *Voyage en Icarie*, fit plaisir, ainsi que le vaudeville *Un Petit de la Mobile*. Le 23, l'*Abbaye de Castro*, drame à grand succès. Perillé accomplit sa dernière épreuve, le 26, dans le *Domino* ; il est admis, mais l'opéra est mal rendu. Le 27, Elisa Lefebvre est charmante dans une *Poule*, vaudeville, sous le costume d'une naïve villageoise ; elle est bien secondée par Lefebvre Karl, Loiret et Renaudin.

Le résultat d'octobre se traduisait comme suit : frais généraux, matériel et en caisse, 21,392 fr. 70.

Recette.

Abonnements	F.	1.895 20
Représentations	»	12.789 65
Droit de vente du programme	»	16 65
Déficit sur appointements	»	6.691 20
Egal	F.	21.392 70

Le 3, Baille, nouveau baryton, un bon artiste qui malheureusement ne resta pas assez longtemps avec nous, fait avec succès son premier début dans la *Favorite*. Le 4, reprise de *Marie-Jeanne* : Dalia (Bertrand), Karl (Remy), Marie (Mme Edmond). Le 7, second de Baille, le *Barbier*. Le 10, *La République, l'Empire et les Cent-Jours*, drame historique en dix tableaux. Reprise de la *Fille du Regiment*, le 14, et première de le *Tyran d'une Femme*, vaudeville de Bayard. Baille est reçu, le 16, dans *Lucie*, mais Mme Marneffe étant malade, elle est remplacée par Mme Pansard, qui sait se faire applaudir. Bury réclame l'indulgence ; on le taquine pendant la durée de l'opéra et on réclame le régisseur, auquel on signifie qu'on ne veut pas que Bury ne chante que l'opéra comique. L'administration avisera. Le 21, un *Jeune Homme pressé*, vaudeville en un acte.

Le 10, le *Livre noir*, drame en six tableaux par Siraudin et L. Gozlan. Le 16, reprise de *l'Ambassadrice*. Le 18, *Bertram le Matelot*, drame en cinq actes de Bouchardy.

Bauche, notre premier ténor sous Provence, venait d'être engagé à l'Opéra-Comique, il voulut se rappeler à notre public qui l'avait tant choyé, et le 19, il chanta la *Favorite*. Il fut très fêté et rappelé surtout après le « Va dans une autre patrie. » On constata de grands progrès dans son jeu et une amélioration notable dans sa méthode.

Le 21, *Gentil-Bernard*, vaudeville de Dumanoir et Clairville. Mme Bondois fut charmante dans Bernard et fut bien secondée par Lefebvre, Ducouret, Loiret, Mmes Perreymond, Dalia, etc. Cette pièce, qui était nouvelle, obtint plusieurs représentations. Le 22, Bauche chante la *Juive*, mais étant pris d'enrouement, il dût demander l'indulgence entre les 3e et 4e actes. Il prit sa revanche deux jours après dans la *Favorite*. Le 28, le *Héros du Marquis de quinze sous*.

Le 29, au bénéfice des petits appointements, reprise de *Zampa*. Wermelen se fit très applaudir dans le rôle de Zampa, qui rentrait dans sa voix, et un de ses succès passés. Il fut bien secondé par Ducouret, Mme Marneffe et Firmin. Mme Pansard chanta le grand air du *Serment*, et Bury et Baille, le grand duo de *Guillaume Tell*.

Le 22, soirée intéressante, Lepareux, un de nos concitoyens se destinant au théâtre, se fait entendre dans la *Favorite*, rôle de Fernand. Il était en proie à la plus grande émotion, mais sa voix était puissante. Lepareux, s'il eut été poussé dans l'école musicale et dans les principes de la tenue sur la scène, eut pu arriver à la célébrité, mais la mort qui le frappa peu de temps après, brisa sa carrière. Il rechanta *la Favorite* trois jours après.

Le 23, les *Libertins de Genève*, drame en neuf tableaux de Marc Fournier, et le 24, reprise de *Don Pasquale*. Le 29, le *Petit-Fils*, vaudeville. Le 30, au bénéfice de la caisse de secours pour les petits appointements : *Robert le Diable*. Wermelen chanta exceptionnellement le rôle de Robert.

A la fin de ce mois, le déficit s'élevait à 6,769 fr. 43 c., et 8,423 personnes avaient assisté aux représentations.

Le 2 décembre, premier début dans *Fra-Diavolo* de Chevalier, nouveau second ténor. Il fit son second le 5, dans *Lucie*, et Lepareux chanta le rôle d'Edgard.

Le 10, la *Sirène*, chantée par Bury, Ducouret, Mme Pansard et Chevalier, qui est admis sans opposition.

Le 30, au foyer du Théâtre, concert donné par F. Croz, pianiste, avec le concours de Mme Pansard et MM. Bury et Douvry, avec accompagnement de M. Sautreuil, violoncelle.

La direction termine l'année 48 par la première représentation d'un vaudeville en un acte: *Un Vieux de la Vieille*.

La direction commence l'année 1849 en nous donnant une pièce d'actualité, la *Propriété c'est le Vol*, folie en 7 tableaux, par Clairville et Vanlabelle. La première représentation en eut lieu le 2 janvier et obtint du succès, Lefebvre, dans le rôle du Serpent tentateur, Karl (Adam), et Madame Bondois (Eve), s'y firent surtout très applaudir; on dut rejouer cette œuvre plusieurs fois. Le même soir, le *Mobilier de Rosine*, vaudeville de Siraudin et l'Herie.

Le 11, Poultier chante la *Favorite*, devant une salle comble, il est très fêté, ainsi que Baille, Douvry, Madame Marneffe et Bondois, cette dernière était charmante dans le rôle d'Inès. Le 13, Poultier dans la *Juive*. Le 14, le *Cuisinier Politique*, vaudeville. Le 15, les *Sept Péchés capitaux*, drame en 7 tableaux, par Anicet-Bourgeois. l'Avarice (Ducouret), Luxure (Dalia), Gourmandise (Loiret), Colère (Bourgeois), Paresse (Edmond), Orgueil (Mme Edmond), Envie (Mme Firmin). Le lendemain Poultier, dans *Lucie*. Le 23 dans la *Muette*, puis chanta *Loin de France*, *Jenny l'Ouvrière*, romances.

Le 25, *Une Nuit terrible*, vaudeville. Le 26, Poultier chante les romances *Jour et la Nuit*, *Jérôme l'Ouvrier*. Le 28, *Un Vieux de la Vieille*, vaudeville.

Le 31 Poultier, dans *Guillaume-Tell*; le succès qu'il obtint fut un peu effacé par les bravos adressés à Baille, qui chanta délicieusement le rôle de Guillaume, Madame Marneffe et Douvry.

La direction publie sa situation pour le mois de janvier.

Bauche a été payé 558 fr. 05; Poultier 6,544 fr. 50, le total des frais s'élève à 29,091 fr. 50.

Il y a eu 13,189 personnes entrées, ayant produit 20,856 fr. 75. Avec le solde en caisse, le déficit sur les appointements atteint 4,416 fr. 20

Le 2 février, *Fualdès*, drame de Dupeuty et Grangé, deux romances chantées par Mme Firmin, et *Don-Sébastien*, chanté par Poultier. En plus, Huertas, sur sa flûte, et Seigne, sur le violon, firent applaudir plusieurs variations exécutées avec le talent qu'on sait.

Le 4, les *Fumeurs*, vaudeville de Paul de Kock et Varin.

Le 6, Poultier dans la *Reine de Chypre*, la salle était comble, Baille, magnifique surtout au 5ᵉ acte. Douvry, Soulié, ce dernier se tira aussi bien du petit rôle de Moncenigo, Madame Marneffe. Poultier, le 8, chanta le 2ᵉ acte de *Guillaume*, le 4ᵉ de la *Muette* et le 4ᵉ de la *Favorite*. Pour ses adieux, il chanta le 11 la *Reine de Chypre*.

A Poultier succéda une cantatrice qui faisait alors avec raison les délices des Rouennais, Mme Widmann ancienne artiste de l'Opéra. Née à Marseille le 11 juin 1815, Anna Jung Widmann possédait une voix de contralto d'une grande puissance, un physique des plus agréables et un jeu bien posé. Elle est morte en mars 1864, âgée de 49 ans, mais elle avait perdu sa voix depuis plusieurs années.

Elle donna sa première représentation sur notre scène, le 13 février, par *Charles VI*; on se souvient de l'effet qu'elle y produisit ; ses éclats de voix, semblables à ceux que Renard devait plus tard nous faire entendre, produisirent sur l'auditoire une impression des plus favorables ; l'artiste fut rappelée, accablée de fleurs. On a fait depuis cette réflexion : « Si Renard et Mme Widmann eussent chanté ensemble, bien sûr la salle aurait craqué ». Ce soir-là, Wermelen remplit assez bien le rôle du dauphin. A l'issue de l'opéra, Mme Widmann sur la demande du public, chanta la *Marseillaise* et nous n'exagérons pas en ajoutant que pendant que la cantatrice chantait à pleine voix l'hymne national, le public se soulevait sur les banquettes.

Le 15, la *Veuve de quinze ans*, vaudeville.

Le 16, Mme Widmann chante la *Favorite* avec Wermelen, dans le rôle de Fernand. Le 18, elle redonne *Charles VI*, suivi de la *Marseillaise* et le 22, la *Reine de Chypre*.

Le 23, les *Mystères du Carnaval*, drame en cinq actes de Michel Masson et Anicet Bourgeois ; le 25, *Charles VI*, par Mme Widmann.

Situation du théâtre pour le mois de février 9,575 personnes entrées, 15,442 fr. 90. — Supplément, 332 fr. 40. — 115 Abonnés, 2,095 fr. 60. — Total avec le solde en caisse, 23,468 fr. 70. — Les frais généraux s'élevaient à 6,103 fr. 02. — Poultier, pour treize représentations, a reçu 8,636 fr. 50 ; Mme Widmann, pour sept soirées, 3,307 fr. 40.

Le 2 mars, Mme Widmann chante deux romances, la *Vieille de Champaubert* et la *Vengeance corse*, le grand air de *Roméo*, le second acte de *Charles VI* et le grand air de *Sémiramis*. Douvry chanta : *Stances à l'Eternité*. Il y avait beaucoup de monde. On demanda que Mme Widmann chante la *Marseillaise*, mais le régisseur répondit que l'artiste était fatiguée, qu'elle chanterait le lendemain et que certainement le public viendrait l'entendre, nul doute que cette dame pourrait alors satisfaire les vœux du public.

Cette représentation du lendemain était consacrée au bénéfice des petits appointements, et, en effet, Mme Widmann chanta la *Marseillaise*, puis deux romances et l'air de *Sémiramis* ; Douvry et Mme Marneffe le duo des *Huguenots* ; on joua le *Héros du Marquis de Quinze sous*, et, ce qui fut plus intéressant, la première représentation d'un charmant vaudeville dû à la plume d'un de nos concitoyens, *Jeunesse et Malice*, par M. G. Labottière, rédacteur puis gérant du *Courrier du Havre*. Cette pièce, qui servait de début à l'auteur dans le genre dramatique, était écrite sans prétention, mais n'en a pas moins fait son tour de France d'abord, puis de l'étranger ensuite. L'intrigue en est spirituelle, mais comme nous disons plus haut sans prétention. La scène se passe à Caen. Darcy, un officier, possède une charmante jeune fille, Elisa, qu'il veut marier à un de ses vieux amis, Durandeau, un épicier retiré, qui, ainsi que Dupont d'éternelle mémoire, ne peut prononcer une phrase sans y mêler les expressions de son ancienne profession. Mais Durandeau n'est ni beau ni spirituel, et puis il a cinquante ans et Elisa n'en a que dix-sept. Celle-ci, au surplus, aime et est aimée par un jeune et charmant garçon, Edouard Bremont, sur lequel Cunégonde, sœur de son père, a porté de trop tendres regards. Le cas est grave ; Elisa, grâce à son intelligence, agit si bien de ruse et de malice, tant près de Durandeau qu'auprès de sa tante, qu'elle fait marier ceux-ci ensemble et amène son père à consentir à son union avec celui qu'elle aime, c'est-à-dire Edouard. Il y avait là sujet à des scènes des plus amusantes et bien conduites, rehaussées par de charmants couplets, dont nous citerons comme échantillon celui adressé au public par Elisa à la chute du rideau :

> Grâce à l'amour, aidé d'un peu de ruse,
> J'ai réussi, j'ai fait bien des heureux,
> En toutes choses, il faut que chacun use
> De ces ressorts puissants, bien que très vieux.
> Mais ce bonheur ne sera que factice
> Et s'enfuira comme un rêve insensé
> Si vous jugez que *Jeunesse et Malice*,
> A l'avenir ne puisse être affiché.
> Au répertoire faites qu'il soit classé.

Le public applaudit l'essai de notre concitoyen comme il le méritait à tous égards et *Jeunesse et Malice* fut joué souvent et surtout, ainsi que nous allons avoir à le constater, le jour des représentations données par les grandes célébrités lyriques. Les artistes méritèrent aussi des éloges. Bourgeois (Darcy), avait bien compris son rôle de vieux soldat, joignant la brusquerie des camps à la bonté paternelle ; Loiret, très drôle dans Durandeau, l'ex-marchand de moutarde ; Renaudin, un amoureux de bon ton ; Mme Foignet, la lectrice passionnée de Balzac, fut superbe de coquetterie dans Mme Darcy, et peignit bien la femme de quarante ans mais au cœur de dix-huit pour la tendresse et les sentiments. Quant à Elisa Lefebvre, pour laquelle la pièce avait été écrite, elle fut on ne peut plus charmante, gracieuse et pétillante de jeunesse et malice.

M. Labottière composa d'autres ouvrages dont nous aurons bientôt à parler et le succès qu'ils obtinrent font regretter que ses nombreuses occupations ne lui aient pas permis de poursuivre une carrière dans laquelle il avait si heureusement débuté. M. Labottière est mort en 1875, usé par le travail.

La première représentation du charmant opéra d'Auber, *Haydée*, qui eut lieu le 6 mars, attira à peine une demi-salle. La direction avait cependant fait des frais assez importants pour monter cet ouvrage. Les décors, le pont du navire dû à Hubert et la vue de Venise due à Jules Wild étaient d'une bonne exécution. Les artistes firent plaisir : Bury (Loredan), Douvry, Chevalier, Ducouret, Mmes Pansard et Marneffe, reçurent de nombreux applaudissements. Aux représentations suivantes, *Haydée* fut joué devant un public plus nombreux.

Le 9, Joseph Kelm nous donne une nouvelle série de représentations. Ce soir-là il chanta *Don Quichotte*, *Au Diable les Leçons*, *La Distribution des Prix* et joua dans les *Enragés*, ainsi que Couturier de *Bruno le Fileur*. Il y avait peu de monde. Le 12, il chanta le *Père Tranquille*, *Miss Clariss*, et joua la *Permission de dix Heures*. Le 15, il rejoua le même répertoire.

Le 19, ce fut Baroilhet, déjà venu en 1842 (voyez), qui se fit entendre dans *Charles VI* ; la direction ayant eu la fâcheuse idée d'augmenter le prix des places, loges et stalles 5 fr., premières et parquets 4 fr., baignoires 3 fr., secondes 2 fr. 50, parterres 1 fr. 50, troisièmes 1 fr., quatrièmes 60 cent., il n'y eut que très peu de monde, ce qui froissa l'artiste, qui cependant n'en chanta pas moins bien pour cela.

Le 20, les *Orphelins du Pont Notre-Dame*, drame en 8 tableaux.

Le 21, Baroilhet chante la *Favorite*, dans laquelle il fut bien secondé par Douvry, *Retour de Camoens*, chanté par Baroilhet. On donna, au début de la soirée, le vaudeville de M. G. Labottière, *Jeunesse et Malice*, ce qui dut flatter l'amour-propre de l'auteur et ce qui prouva la valeur de l'ouvrage, car, à cette époque, le public était difficile à l'excès pour les levers de rideau. Au surplus, ce qui parle le plus en faveur de *Jeunesse et Malice*, c'est que, contrairement à ce qui a lieu ordinairement, l'auteur fut reçu membre de la Société des Auteurs dramatiques, bien qu'il n'ait pas encore été joué à Paris.

Baroilhet chanta le 23 la *Reine de Chypre*, dans laquelle Baille voulut bien remplir le rôle de Moncenigo.

Ils furent applaudis ainsi que Mme Marneffe. Baroilhet ayant chanté un boléro, le public demanda le *Muletier de Castille*; le régisseur répondit que Baroilhet le chanterait demain; toujours la réclame.

En effet, Baroilhet chanta le *Muletier* le 24 et rejoua *Charles VI* : on rejoue ce même soir *Jeunesse et Malice*. Le prix des places avait été remis au tarif ordinaire et la salle était bien garnie.

Le 26, la *Foire aux Idées*, folie vaudeville en un acte de Leuven et Lherie, peinture assez exacte des doctrines socialistes alors en vogue.

Le lendemain, Baroilhet chante les troisième et cinquième actes de la *Reine de Chypre*, le grand air de Figaro du *Barbier* et le *Muletier de Castille*, qu'il dut bisser.

Le 29, représentation au bénéfice des pauvres, par le *Cuisinier politique*, *Haydée*, le 2ᵉ acte de *Guillaume-Tell*, chanté par Lepareux, Buziau, baryton, qui s'était fait applaudir quelques jours à la salle de bals, Douvry et Madame Firmin. Le même soir, on joue une pièce du cru qui tomba à plat, un *Dernier Bal masqué*, par *deux Pierrots havrais*, disait l'affiche. Loiret, Edmond et Madame Bondois firent ce qu'ils purent pour sauver la pièce, qui aurait à peine été admise sur un théâtre forain ; elle ne reçut qu'une ample moisson de sifflets.

Situation fin mars :

Recettes.

Baroilhet, deux représentations	F.	2.296 20
80 Abonnés..................	»	1.324 90
Représentations..............	»	9.841 50
Total avec solde en caisse etc.	»	17.854 14

Dépenses.

Payé à Madame Widmann....	F.	628 35
» J. Kelm................	»	285 60
» Baroilhet, 5 représental.	»	2.698 85
Somme égale avec frais, etc.		17.854 14

Le 1er avril, un drame nouveau, le *Pasteur, l'Évangile et la Charité*, en 6 tableaux, certes l'œuvre était très morale, mais était-ce bien avec des pièces aussi larmoyantes que Wermelen espérait ramener le public au théâtre, qu'il semblait avoir complétement abandonné. Nous citerons comme preuve de ce que nous avançons qu'en deux premières représentations d'opéra, la recette atteignit 98 fr. par soirée. Un certain soir on jouait la *Sirène* et deux vaudevilles ; on devait commencer à sept heures; cinq minutes avant le lever du rideau, il y avait *une personne* dans la salle, et les artistes jouèrent devant 50 personnes y compris les abonnés et les entrés gratuites.

Nous garantissons l'exactitude du fait, l'ayant constaté de visu.

A l'exemple de son prédécesseur, Wermelen fit effectuer la rentrée de ses artistes avant la fin de la campagne. Le 2 avril, Loiret fut très fêté, et Madame Foignet reçut deux bouquets ; mais lorsque Elisa Lefebvre se présenta, les spectateurs, qui étaient en bien petit nombre, déclarèrent qu'ils ne voulaient pas accepter cette artiste comme dugazon, mais bien comme ingénue. Ces rentrées avaient lieu dans une *Fille terrible*. Le régisseur vint aussitôt annoncer que Elisa Lefebvre et son père venaient de résilier.

Le lendemain, un *Jeune Homme pressé*, puis dans *Ne touchez pas à la Reine*, rentrée de Ducouret, qui est acclamé, et de Madame Pansard, qui est sifflée. Cette gentille et intelligente artiste, qui était alors la victime d'une méchante vengeance, eut le courage de rester pendant longtemps, car le régisseur ne se décidait pas à venir. Enfin il fit cesser le martyr de l'artiste en prononçant son renvoi ; et chose triste à constater, l'opéra ayant été continué, le public n'eut pas assez de mains pour applaudir Madame Pansard.

Le 9, rentrées de Dalia, Bourgeois, Mme Edmond, Mme Bondois, et Mme Karl, dans l'*Abbaye de Castro*. Dès le lever du rideau, le tapage commence ; le commissaire invite à attendre la fin du drame, ce qui a lieu. Au moment de se prononcer, la lutte éclate entre les siffleurs et les applaudisseurs. Enfin, Karl et Mme Bondois sont admis malgré une forte opposition. Quant à Mme Edmond, ainsi que Dalia et Bourgeois, ils sont déclarés refusés. A la suite, il se passa un acte des plus regrettables. Edmond ayant cru voir un spectateur du parterre adresser à sa femme des gestes insolents descendit au parquet et y souffleta ce spectateur. Nous croyons qu'Edmond, qui était un homme de bon ton, dut regretter de s'être laissé emporter à un mouvement irréfléchi, car le fait eut-il réellement existé, il y avait des moyens plus convenables pour en demander réparation.

Le 10, première représentation donnée par Mlle Mequillet, première chanteuse du Grand-Opéra, la *Favorite* ; en lever de rideau, *Jeunesse et Malice*. Mlle Mequillet, appartenant à une honorable famille du Havre, était née en 1814, elle avait perdu sa voix à l'âge de 16 ans, mais elle la recouvra grâce aux soins de son professeur, M. Banderelli. En 1835, elle parut dans un concert du Conservatoire, puis voyagea en Italie et débuta en 1839 dans *Bélisaire*. L'année précédente, elle s'était fait applaudir au Havre dans un concert à la salle de bals.

Le 23 août 1842, Mlle Mequillet débuta au Grand-Opéra dans Valentine des *Huguenots*. C'était, dit l'*Annuaire Dramatique*, une charmante femme, une délicieuse comédienne et une excellente chanteuse.

Mlle Mequillet fut applaudie au Havre, comme elle le méritait. Elle donna sa seconde représentation le 12, dans la *Reine de Chypre*, et reçut couronnes et bouquets et avec Baille l'honneur du rappel.

Le 17, représentation au bénéfice de Ducouret le *Petit Fils*, les *Huguenots*. A part Mlle Mequillet, Mme Pansard et Douvry, l'opéra fut horriblement massacré.

Le 19, la *Jeunesse des Mousquetaires*, drame de Dumas, qui obtient du succès. Les rôles étaient ainsi distribués : Bourgeois (Le Cardinal), Ducouret (Bonacieux), Lefebvre, qui faisait sa rentrée (Planchet), Dalia (d'Artagnan), Edmond (Athos), Renaudin (Aramis), Mme Edmond (Milady), Bondois (Anne d'Autriche), Loiret (Porthos).

Le 22, Mlle Mequillet dans *Charles VI*.

Le 25, nous revîmes notre ancienne et aimée basse, Hermann Léon, qui se fit applaudir et rappeler dans les *Mousquetaires* et dans une mélodie le *Lévite*. Mlle Mequillet chanta le 27, *Norma*, où elle fut rappelée, ainsi que Mme Pansard, celle même qui avait été sifflée à sa rentrée.

Le 28, bénéfice des petits appointements, un *Jeune Homme pressé* ; Douvry fait sa rentrée en chantant un fragment du second acte de *Don Pasquale*, Lefebvre chante : *Titi à la représentation de Robert le Diable* ; Baille, trois romances, le deuxième acte de *Charles VI* et la soirée est terminée par *Deux Papas très bien*. On demande au régisseur si Baille est engagé pour la prochaine campagne, mais il répond que la direction ne peut encore l'assurer.

Le lendemain, Baille expliqua par lettre qu'étant payé 225 fr. par mois, tandis que ses prédécesseurs recevaient 600 fr. ou au moins 450 fr., il a demandé 400 fr. et n'a pas reçu de réponse de Wermelen.

Le 30, a lieu devant un public très restreint la clôture de l'année théâtrale par *Jeunesse et Malice*, *Haydée* et *Foire aux Idées*. A son entrée en scène, dans *Jeunesse et Malice*, Elisa Lefebvre est encore sifflée et toujours on déclare qu'on n'en veut pas pour dugazon. Le régisseur rappelle que cette artiste ayant résilié ne fait plus partie de la troupe, donc la manifestation n'a pas sa raison d'être. La pièce continue et Elisa est applaudie et même redemandée à la chute de la toile.

Mme Marneffe reçoit des bouquets et tous les autres artistes sont fêtés.

A Rouen, l'orchestre s'était mis en grève, et pour une représentation de l'Alboni, la direction fit venir 16 musiciens du théâtre du Havre. La presse rouennaise fut unanime pour féliciter nos concitoyens sur la bonne exécution de la *Favorite*.

Voyons maintenant quel était le résultat obtenu par Wermelen, pendant cette campagne de juillet 1848 à avril 1849. Comme nous l'avons fait pour les autres directions, nous donnerons le tableau des recettes et des dépenses ; le lecteur pourra se rendre compte de ce que coûte l'exploitation d'un théâtre, au Havre.

Administration.

Wermelen..................	F.	4.238 63
Helmann, caissier..........	»	1.423 97
Lecouvreur, régisseur.......	»	624 34
Karl, régisseur............	»	1.305 52
Lorcet	»	931 04
	F.	8.523 47

Artistes.

Bury, 2,444 fr. 41. — Douvry, 1,743 86. —

Baille, 1,155 07. — Lefebvre, 1,980 06. — Ducouret, 1,631 35. — Dalia, 1,187 35. — Loiret, 1,359 94. — Bourgeois, 1,252 70. — Edmond, 1,087 45. — Renaudin, 1,058 05. — Perillé, basse renvoyée, 965. — Chevalier, 696 35. — Banville, 660 98. — Olivier, 756 97. — Soulié, 523 17. — Georges, 458 14. — Clarisse, 453 32. — Mmes Marneffe, 3,487 16. — Bondois, 2,523 83. — Pansard, 1,743 86. — Edmond, 1,631 35. — Foignet, 1,533 81.—Caroline Levy, 1,395 06. — Firmin, 1,087 45. — Clara, 1,196 24. — Lefebvre, 815 67. — Peyremond, 815 67. — Mordant, 680 42. — Ernestine, 408 68. — Dalia, 384 30. — Total, 37,114 fr. 64.

Orchestre.

Seigne chef, 1,046 fr. 35.— Buziau fils, deuxième chef, 741 07.— Certain, répétiteur, 733.— Marneffe dito, 538 81.— Bourle, 751 67.— Gauzieu (Elie), 694 70.— Gauzieu (Henri), 585 71.— Shumacker, 646 64. — Bruneau, 617 51. — Huertas, 833 22. — Ripert, 724 91. — Gauzieu père, 425 36. — Baud, 617 51.— Leroux, 644 49. — Blève, 572 63. — Noel, 537 20. — Mouton, 506 77.— Osmont, 587 09.— Olivier fils, 585 96.— Olivier père, 620.— Couldet, 644 49.— Gouget, 641 10.—Flichié, 317 20.— Adam, 312 60.— Hamon, 434 30. — Sautreuil, 428 71.— Total 16,454 fr. 34.

Chœurs.

Alexandre, 517 fr. 34.— S. Amant, 517 33.— Samyn, 571 82.— Cramoisan, 721 09.— Francis, 517 33.— Bourgeois fils, 348 76.— Duchesne, 289. — Vercherin, 289 11. — Barbeil (1 mois), 33 32.— Mme Baudin, 396 28.— Debehaigne, 626 08.— Clotilde, 535 31.— Esther, 348 67.— Saillot, 462 95.— Bernard, 348 69.— Banville, 517 32.— Alexandre, 462.— Total, 7,503 fr. 44.

Employés.

Lagarde, souffleur, 606 fr. 63.— V. Hain, accessoire, 446 11.— Vautier, balayeur, 514 25.— Vautier fils, garçon pour deux mois, 71 55.—

Coutey, 384 98.— Vauchelet, 419 25.—**Menard**, coiffeur, 462 96.— Debouche, chef machiniste, 719 61.— Michel, machiniste, 557 33. — Abdey, dito, 530 25.—Henry Louis, dito, 530 25.— Roussel, dito, 530 25.— Homerville aîné, 530 25.— Homerville cadet, 530 25. — Margeot, garçon (3 mois), 163 75. — Cramoisan père, concierge, 838 25.— Mme Lorcet, magasinière, 547 32.— Mme Miraux, ouvrière, 186 88.— Jules, employé, 324 14. — Picard, choriste, 146. — Honoré, 216 14.— Total, 9,226 fr. 37.

Artistes en représentation.

Ravel, payé 761 fr. 30. — Bauche, 558 05. — Poultier, 8,636 50. — Joseph Kelm, 285 60. — Mme Widmann, 3,307 40. — Baroilhet, 2,698 85. — Mlle Mequillet, 871 60. — Lepareux, 361. — Hermann Léon, 191. — Wermelen, 1,900. — — Total, 19,572 fr. 20.

Frais généraux.

Divers débiteurs, 9 fr. 20. — Objets mobiliers en magasin, 3,718 60. — Gaz, 6,306.— Affiches, 5,765 50. — A la garde, 1,333. — Chauffage, 2,339 91. — Location du matériel Provence, 4,700. — Figuration, 827. — Droits d'auteurs, 4,090. — Artistes tombés, 1,105 22.— Contrôle, 4,397 25. — Au gaz pour le compteur, 188. — Miller, éclairage à l'huile, 4,034. — Afficheur, 920 25.—Annonces dans le *Journal du Havre* (1), 203 06. — Habilleuses, 476 20. — Modérateur du gaz, 915.— Location de meubles, 572. — Victor Hain, fournitures d'accessoires, 550 20. — A Wermelen, débours particuliers, location, musique, costumes, décors, musiciens pour les bals, etc., 809 02.

Recettes.

87,343 Personnes entrées comme suit :
Prix des places réduit, 13 juillet au 30

---

(1) Le *Journal du Havre*, par suite de ses articles, s'était vu retirer ses entrées, et alors, payant sa place, il faisait également payer les annonces du spectacle ; c'était judicieux.

septembre. — 602 Loges, 1,806 fr. — 2,443 Premières, 5,496 fr. 75.— 797 Baignoires, 1,594 fr. — 2,686 Secondes, 4,029 fr. — 8,335 Parterres, 8,335 fr. — 5,373 Troisièmes, 4,029 fr. 75. — 2,863 Quatrièmes, 1,431 fr. 50. — Total, 26,722 fr.

Places augmentées pendant les représentations de Baroilhet. — 115 Loges, 575 fr. — 105 Premières, 420 fr. — 43 Baignoires, 129 fr. — 36 Secondes, 90 fr. — 584 Parterres, 870 fr. — 137 Troisièmes, 137 fr. — 116 Quatrièmes, 19 fr. 30. — Total, 2,296 fr. 30.

Places au tarif nouveau pour l'opéra, 30 septembre au 30 avril. — 229 Loges, 11,960 fr. — 4,802 Premières, 14,406 fr — 2,237 Baignoires, 5,592 fr. 50. — 5,825 Secondes, 11,650 fr. — 24,154 Parterres, 30,192 fr. 50. — 12,863 Troisièmes, 12,863 fr. — 9,147 Quatrièmes, 5,488 20. — Suppléments, 3,185 50. — Subvention pour représentation offerte à la garde nationale de Paris, 300 fr. — Total, 97,641 fr. — Remise du gaz par la ville à titre de secours, 506 fr. 64. — Droits sur concerts, 509 fr. 90. — Erreur sur un compte, 10 fr. — Buffet, 200 fr. — Vente de sucreries dans la salle, 41 fr. 75. — Droit de vente du programme, 149 fr. 85.— Produits des bals, 7,055 fr. 90. — Bassin pour une représentation à bénéfice, 133 fr. 25. — Somme égale, 149,633 fr. 35.

De cette balance, il résulte que les appointements furent payés à 75 0/0 ; les artistes reçurent 76 935 fr. 62, mais Wermelen, loin de bénéficier, dut verser de sa fortune personnelle le chiffre assez respectable de 5,040 fr. On voit l'agrément que l'on gagne à être directeur.

Wermelen avait reçu en plus de ses appointements de président de la Société, qui étaient de 4,258 fr., une somme de 1,900 fr. que lui avaient attribuée les artistes en représentation, tels que Baroilhet, etc., pour avoir chanté la partie de ténor. Wermelen distribua cette somme et plus à son personnel. Il donne 272 fr. 43 à

Mme Marneffe, 714 fr. à Mme Pansard, 714 fr. à Douvry, 528 fr. 85 à Seigne, 186 fr. 50 à Baille, 50 à Perillé, 128 fr. 65 à Chevalier, 321 fr. 67 à Certain, 621 fr. 74 aux machinistes. 1,104 fr 04 à l'orchestre, 224 fr. à Henry Lecouvreur et 175 fr. à divers. — Soit 5,020 fr. 94, comme nous le disons plus haut.

L'année qui allait s'ouvrir verra Wermelen entreprendre la gestion du théâtre à ses risques et périls sans aucune association ; mais loin de regagner ce qu'il venait de perdre, il se trouvera dans une position des plus critiques, dont il ne sortit que complétement ruiné.

ANNÉE THÉATRALE 1849-1850

MM. Duprat........ régisseur général parlant au public.
    H. Lecouvreur.. régisseur.
    Hellmann...... caissier, contrôleur.
    Lorcet......... bibliothécaire.
    H. Lagardère .. souffleur.
    Debouche...... machiniste chef.

Opéra comique.

MM. Altairac....... premier ténor.
    Gaspard........ deuxième et philippe.
    Soulié......... troisième, massol.
    Lefebvre....... trial.
    Lorcet......... deuxième trial.
    Ducouret...... laruette.
    Baille......... baryton.
    Douvry........ première basse.
    Emile......... deuxième basse.
    Banville....... troisième basse.
    Cramoisan..... utilité.
    Francis........ utilité.
    Samyn........ utilité.
Mmes Laurent........ chanteuse légère.
    Marneffe....... forte chanteuse.
    Lacroix........ première dugazon.

Mmes Bondois .... deuxième dugazon.
Fay........... deuxième dugazon.
Firmin .... mère dugazon.
Foignet......... duègne.
Mordant....... seconde duègne.
Debebaigne.... utilité.
Prosper........ utilité.
Dumas........ utilité.

Orchestre.

MM. Libert......... premier chef.
Borsal....... . deuxième chef.
Certain. .... chef des chœurs.
Ravenel .... répétiteur.
Marneffe....... répétiteur.
Bourle .... violon solo.
Sautreuil ...... violoncelle.

Ballet.

MM. Alexandre...... danseur.
Honoré........ danseur.
Mme Julie Dabbas ... danseuse.

Drame, Comédie, Vaudeville.

MM. Max .... premier rôle.
Renaudin...... jeune premier.
Gaspard .... jeune premier, deuxième amoureux.
Prosper........ père noble, grand premier rôle.
Emile .... troisième rôle.
Ducouret...... financier grime.
Loiret......... financier comique.
Lefebvre....... premier comique.
Karl........... jeune comique.
Lorcet......... deuxième comique.
Clarisse........ utilité.
Olivier .... utilité.
Francis........ utilité.
Mmes Duprat .... premier rôle.
Fay........... jeune première.
Bondois .... déjazet.
Elisa Lefebvre.. ingénuité.
Peyremond..... soubrette.

Mmes Max........... seconde déjazet.
Dumas .... amoureuse.
Prosper......... amoureuse.
Foignet......... duègne.
Firmin .... grande coquette.
Mordant .... utilité.
Guenée........ utilité.
30 Musiciens, 24 choristes.

L'ouverture eut lieu le 14 juin 1849 par le *Postillon*, pour rentrées de Mmes Marneffe et Firmin, les premiers débuts d'Emile et d'Altairac. On se souvient que nous avions déjà eu cet artiste dans l'emploi des ténors, en 1838-1839 (voyez). Ouverture pastorale, composée par notre chef d'orchestre, M. Libert ; le *Petit Fils*, pour rentrées de Lefebvre et de sa fille, lesquels à peine en scène sont accablées de sifflets dont les vengent de nombreux bravos ; ils sont admis. Le régisseur vient annoncer que Mme Bondois ayant quitté la ville, Mme Lacroix prendra l'emploi des premières déjazet.

Le 15, premiers débuts de Max, Renaudin et de Mme Duprat : *Un Duel sous Richelieu*, *Mémoires du Diable*. Le 19, premiers de Gaspard et de Mme Lacroix dans le *Châlet* et *Premières Armes de Richelieu*.

Le 21, seconds de Gaspard, Mme Lacroix ; premier de Mlle Laurent. Altairac avait été pris d'enrouement le jour de l'ouverture et avait demandé que le *Postillon* ne lui comptât pas comme début ; il accomplit donc son premier ce soir-là avec les artistes cités dans les *Mousquetaires de la Reine*, Mme Peyremond fait sa rentrée dans le *Brelan de Troupiers*. Le 22, seconds de Max, Renaudin et Mme Duprat, dans les *Enfants d'Edouard*.

Le 26, Saint-Denis, ex-baryton du Grand-Opéra qui possédait encore une belle voix, chante le *Barbier*, dans lequel Altairac, Emile et Mme Laurent accomplissaient leur deuxième épreuve. Prosper accomplit son premier et Mme Duprat est admise dans *Arthur ou seize Ans après*.

Le 28, troisième de Gaspard qui est reçu, d'Emile qui est refusé, de Mme Lacroix admise sans opposition, et d'Altairac dans *Fra Diavolo*. Pour ce dernier, un tapage épouvantable dure pendant près d'une demi-heure; il est déclaré reçu par l'autorité et les opposants protestent. Nous avons déjà rapporté des incidents, à propos de ce ténor, à l'année 1838-39.

Le 29, second de Prosper, troisièmes et admissions de Max et Renaudin dans le *Sonneur de Saint-Paul*. Le dernier est reçu avec enthousiasme, pourtant il n'était qu'un jeune premier très ordinaire. Le même soir, on donne *Madame Larifla*, vaudeville qui est sifflé à l'unanimité; nous verrons cette pièce applaudie lorsqu'elle sera jouée par Hoffmann.

Le 2 juillet, Mme Laurent est reçue dans la *Part du Diable*, mais chaque fois que l'on veut applaudir Altairac, les sifflets font taire les partisans. La police ayant invité les opposants à se taire, l'artiste ayant été admis, ceux-ci changent de tactique, ils applaudissent avec ironie le malheureux Altairac, après chaque morceau lui adressent des éloges railleurs, lui jettent même des fleurs qu'il était loin de mériter, imitent son dialogue désagréable, jusqu'à la fin de l'opéra.

Après le spectacle, des groupes se formèrent aux abords de la salle et quelques coups furent échangés entre les deux partis. Altairac prit sagement la décision de résilier peu de jours après cet incident.

Le 5, *J'attends un Omnibus*, charmant vaudeville de Gabriel et Guinet. Le 8, Saint-Denis chante dans la *Muette*.

Baille étant engagé à Lille veut résilier. Wermelen l'attaque au Tribunal de Commerce, qui envoie les parties devant un arbitre, M. Mignot. Il est décidé que Baille donnera gratuitement trois représentations avant son départ.

Le 9, admission avec un peu d'opposition de Prosper et premier début de Mlle Lara, jeune première, qui n'avait aucune des qualités de l'emploi, dans *Un Drame de Famille*, drame en 5 actes de Beraud et Ch. Potier. Le 12, concert par M. Sibon, hautbois du théâtre de Hay-Market, avec concours de Baille, **Mme** Laurent et Mme Lacroix; cette dernière chanta la *Lisette de Béranger*; M. Sibon est très applaudi; les *Manteaux*, comédie d'Andrieux.

Le 15, reprise de *Gaspardo* ; Baille dans les 2ᵉ et 4ᵉ actes de *Charles VI* ; Mme Marneffe étant malade, le rôle d'Odette est chanté par Mme Félix Delisy, forte chanteuse, élève de Picceni, qui fit une bonne impression sur l'auditoire.

Le 19, Neuville du Palais-Royal, joue dans *Jacquot*, vaudeville en 1 acte, et *Mathias l'Invalide ;* il parut le 23 dans *Ma Femme et mon Parapluie* ; l'*Ouvrier*, couplets de Dumersan; l'*Affiche de Nanterre*.

Le 25, Mme Stolz, la célèbre cantatrice que nous avions tant fêtée deux ans plus tôt, assistait à la représentation, en compagnie de M. Léon Pillet, directeur du Grand-Opéra. On donnait ce soir-là la première de *Marceau ou les Enfants de la République*, drame en 10 tableaux par Anicet Bourgeois et Michel Masson. Max se tira avec avantage du rôle de Marceau et Mme Duprat fut charmante dans celui de Geneviève, la jeune fille dont, suivant l'histoire, le général sauva la vie en reprenant le château qu'elle habitait des mains des Vendéens.

Le 26, Neuville dans *Passage Vendôme*, *Suite de la Chambre à deux Lits* et *Famille improvisée*, qui furent autant de succès pour l'amusant comique.

Le 29, représentation donnée par Gueymard, ténor, et Boucher, basse, tous deux du Grand-Opéra, dans *Robert le Diable*. Ils obtinrent du succès ainsi qu'Attairac, Mmes Marneffe et Laurent. Tell, danseur de Rouen, était venu renforcer les danseurs de notre troupe. Gueymard avait débuté à l'Opéra-National, le 12 mai 1848, dans cet opéra même. Il est né dans l'Isère en 1822; c'est Levasseur qui le poussa et le fit entrer à notre Académie. Le 31, Gueymard, Bouché et Saint-Denis, baryton du Grand-Opéra, chantèrent la *Favorite*. Le 2 août, ils parurent dans le *Châlet*, *Lucie* ; Bouché chanta le grand air du *Comte Ory*.

Le 3 août, deuxième début de Mlle Lara dans le *Livre noir*. C'était une jeune première de nom et rien de plus ; tout son jeu consistait à lever et à baisser les bras, suivant les besoins de la cause. Elle ne recueillit ce soir-là que des sifflets.

Le 6, Gueymard et Bouché redonnent *Robert*. Le 8, la *Jeunesse des Mousquetaires*. Le rôle de Milady fut rempli par Mme Persont, du Théâtre-Historique ; les autres rôles furent bien distribués. Prosper, Ducouret, Gaspard et Renaudin, entre autres, y furent convenables. Les répétitions avaient été surveillées par Alexandre Dumas.

Le 9, on devait jouer la *Part du Diable*. L'orchestre exécute l'ouverture, on frappe les trois coups, mais le rideau ne lève pas. Le public s'impatiente, enfin la toile se lève, mais c'est le régisseur qui se présente et qui déclare que Mme Laurent refusant de chanter, on allait rendre l'argent, ce qui eut lieu.

Le 10, Mme Persont et Dumaine jouent *Antony*. Le 12, Louis Napoléon, Président de la République, étant en visite au Havre, assiste, dans la salle de spectacle, au bal qui lui était offert par la garde nationale. Pendant le bal, il fut tiré, sur la place de la Mâture, un joli feu d'artifice. On se souvient quel incident marqua cette fête : une loge, réservée à une personne de la suite du prince, se trouva occupée par suite d'un malentendu, tandis que la personne en question dut alors regagner son hôtel; si bien que le Président, prétextant une indisposition, se retira presqu'aussitôt. Les danses continuèrent en dépit du froid jeté dans la foule.

La garde nationale versa 1,200 fr. d'indemnité à la direction ; les frais du bal s'élevèrent à 4,065 fr. 05, ceux du feu d'artifice à 1,024 fr. 45. Le produit des souscriptions, 4 fr. pour homme et 2 fr. pour dame, furent versés : 1,009 fr. pour le bureau de Bienfaisance du Havre, 504 fr. 75 pour celui d'Ingouville et 504 fr. 75 pour Graville. Le total des recettes atteignit 8,308 fr. sur lesquels furent déduits les frais ci-dessus énoncés.

Poultier et Mlle Delagrange, cette dernière des théâtres de Milan et de Naples, chantent *Lucie* le 17 ; ils y obtinrent un grand succès, mais Altairac dut demander l'indulgence du public, et, quant au baryton Leseigneur, qui accomplissait son premier début, c'était un jeune homme sortant du Conservatoire, qui n'avait aucune idée de la scène et ne sachant pas diriger sa voix. Mlle Delagrange fit entendre l'air du 5e acte du *Prophète*, et en italien, l'air des *Puritains*. Notons que la salle était comble. Le 20, Poultier et Mlle Delagrange chantent le *Barbier*, dans lequel Leseigneur faisait son deuxième début ; ce pauvre jeune homme est tellement sifflé, chuté ou applaudi ironiquement qu'il résilia. Altairac, qu'on tracassait toujours, résilia également. Quant à Mlle Laurent, son refus de jouer dans la *Part du Diable*, tel que nous l'avons rapporté, lui coûta une indemnité de 900 fr. à la direction.

Poultier et Mlle Delagrange jouent, le 23, *Robert* ; les deux rôles d'Alice et d'Isabelle furent chantés par cette charmante cantatrice dont le talent et le zèle furent récompensés par la remise de deux couronnes. Lord Normanby, qui a publié, sous le titre de : *Une Année de Révolution*, un journal si intéressant sur les faits dont il avait été témoin en 1848 à Paris, assistait à la représentation dans une loge d'avant-scène.

Le 24, Mme Delagrange chanta le grand air de *Norma* ; *Ah! vous dirais-je Maman*, la scène de folie de *Lucie*. Le même soir, premier début de Mlle Restout, jeune première, dans les *Jeux de l'Amour et du Hasard*, où elle est très applaudie. C'était une bonne actrice qui joignait la beauté au talent.

A Rouen se passait un incident curieux. La direction étant arriérée avec les artistes, les musiciens refusent de jouer s'ils ne sont payés d'avance, bien que Poultier et Mlle Julienne, dont nous parlerons tout à l'heure, aient proposé de chanter gratuitement. La représentation n'eut pas lieu, artistes et musiciens ne s'étant pas rendus à leur poste. Traduits en simple police, les musiciens sont condamnés à 1 fr. d'amende chacun, et Poultier et Mlle Julienne à 5 fr.

Le 26, reprise du *Mannequin de Bergame*, opéra en 1 acte.

Un théâtre d'amateurs est fondé par des jeunes gens de notre ville, dans la rue de l'Hôtel-de-Ville ; son succès fut tel, qu'une seconde Société ouvrit une autre salle dans la même rue. Les deux Compagnies rivalisaient entre elles, corsaient à qui mieux leur programme, donnaient des représentations au bénéfice des pauvres : vaudeville, comédie, drame, etc. Chaque soir, les deux salles étaient pleines, et, tandis que le Grand-Théâtre était obligé par économie de supprimer les hommes de garde, les théâtres d'amateurs s'offraient la fantaisie d'avoir des sentinelles de la ligne pour maintenir le bon ordre. La durée des théâtres d'amateurs se prolongea assez longtemps, puis, par suite de réclamations du directeur du Grand-Théâtre, ils durent fermer. Ces salles occupaient l'emplacement actuel des maisons nos 8 et 10 de la rue de l'Hôtel-de-Ville. D'autres salles d'amateurs s'ouvrirent dans les différents quartiers de la ville, rue de la Halle, rue de la Corderie (à l'ancienne prison), etc., mais aucune ne furent fréquentées comme l'avaient été les précédentes.

Le 29, Poultier et Mlle Julienne, dont nous parlions plus haut, chantent avec succès la *Fa-*

vorite, qui servait de premier début à un nouveau baryton, M. Lyon.

Le 30, premier début de Julian, jeune premier, remplaçant Renaudin, de Mlle Leblanc, amoureuse, dans les *Mémoires du Diable* ; second du baryton Lyon dans le *Maître de Chapelle*. Le lendemain, Poultier et Mlle Julienne, dans la *Juive*, où ils sont rappelés tous les deux et couverts de fleurs. Notre basse Douvry est également rappelé, mais par contre Mme Laurent est faible.

Le 2 septembre, Mlle Julienne, dans le duo du 3e acte des *Hugunots* et les 2e et 4e de *Charles VI*. Le 3, exercices par une troupe d'Arabes et troisième début de Mlle Leblanc dans les *Premiers Amours*. Résiliation du ténor Altairac ; second début de Julian dans le *Code des Femmes*.

Le 6, nouvelle représentation par les Arabes. Kermarec, nouveau ténor, remplaçant Altairac, débute dans la *Part du Diable*.

Le 7, au bénéfice des choristes, Poultier et Mlle Cécile D'Harcourt, artiste parisienne, chantent des fragments d'opéras, le premier est très applaudi dans la romance *Vivre c'est aimer*, paroles de notre concitoyen M Victor Fleury. Mlle Restout accomplit son second début dans Hortense de l'*École des Vieillards*, où elle a du succès, mais Julian est renvoyé dans la même pièce.

Le 9, les Arabes ; le 10, réception de Mlle Restout dans le *Protégé*.

Le *Journal du Havre* critiquait trop sévèrement l'artiste Karl ; celui-ci publia dans ce journal une lettre dictée plutôt par la colère que par la raison ; nous en citerons quelques passages pour prouver jusqu'à quel point peut se laisser aller un artiste froissé dans son amour-propre :

« *A propos de Pitre, de Perruque et de Queue rouge.*

» En réponse à vos attaques grossières contre moi, je viens vous donner un bon conseil. Certains critiques comme certains comédiens se trompent sur leur vocation ; peut-être suis-je un des derniers, mais vous êtes un de ces critiques. C'est une mission très honorable que la vôtre, mais pour la remplir, il vous manque deux qualités essentielles : l'instruction pour juger, l'éducation pour formuler votre jugement.

» Le pédantisme est souvent l'apanage de la sotte ignorance !

» Que vous me trouviez mauvais, je ne m'en plains pas, au contraire, j'en suis flatté.

» Devant un jugement sévère, je m'incline, mais en face d'un outrage je relève la tête. Le critique je le respecte, l'insolent je le châtie.

» Je vous fais l'honneur de vous saluer.

KARL,
Artiste du théâtre du Havre.

Les autres journaux ayant refusé d'insérer cette lettre, il l'a fait imprimer à deux cents exemplaires.

M. R. Viau, auquel s'adressait cette lettre, répondit dans le *Journal du Havre*, repoussa l'intention d'avoir été injurieux. Par sa critique, il n'a fait qu'user de son droit. « Oui, dit-il à Karl, vous confondez la farce avec le comique ; voilà pourquoi j'ai dit qu'il vous manquait une perruque d'étoupes. Non, n'ayez pas honte du paillasse, car j'en demanderais pardon à Debureau, car lui en était un spirituel paillasse. »

M. Karl se le tint pour bien dit et cette regrettable polémique en resta là fort heureusement.

Le 11, premier début de Lavergne, seconde basse, dans les *Diamants*. C'est le même artiste qui, plus tard, fut tant aimé ici dans les rôles de financier et de comique. Il fit son second, le 13, dans la *Sirène*. Le 14, concert donné par Mlle Guénié, pianiste du Conservatoire, et Lanza, violoniste de Londres.

Le 16, reprise du *Maçon*. Les rôles furent distribués comme suit : Roger (Kermarec), Baptiste (Ducourel), Henriette (Mme Lacroix). L'exécution de cet opéra fut assez bonne. Le même soir : *E.-H.*, vaudeville qui fit obtenir à Loiret un de ses plus beaux succès dans le rôle de Becquet ; on s'en souvient toujours.

Le lendemain, premier début de Barbe, premier ténor, troisième et renvoi de Lyon dans *Lucie*. Le 20, exercices de Paul, hercule. Le 21, premier d'un nouveau et excellent baryton, Tholler, le même que nous avons vu figurer comme deuxième basse dans la troupe Bernard, campagne 1873 à 1875 ; il fut très applaudi dans la *Favorite*, qui servait au second de Barbe. A cette époque, Renaudin débutait sans succès, à Rouen, comme jeune premier. Le 22, au bénéfice des pauvres, nouveau concert donné par Lanza, avec le concours de plusieurs amateurs et de la musique du 1er léger. Le 24, l'*Huluberlu*, vaudeville de Veyrat et Masselin, est sifflé à l'unanimité.

Le 25, encore une bonne acquisition, Themine-Morel, jeune premier, qui fait son premier dans les *Mémoires du Diable* ; troisième et réception de Barbe, dans les *Mousquetaires de la Reine*, opéra, dans lequel Mme Laurent chanta d'une façon délicieuse.

Mme Foignet résiliant, Wermelen engage notre ancienne connaissance Mme Jannin.

Le 27, intermède par Mme Garcia de Torrès, qui chante la cavatine du *Barbier* ; Demunck, violoniste du Conservatoire. Lavergne faisait son troisième dans le *Panier fleuri* ; il est reçu avec opposition. Mme Lacroix chantait Angélique et Kermarec, Beau-Soleil. Vers le milieu du premier acte, ce ténor, qui restait en partage d'emploi avec Barbe crut devoir allumer sa cigarette avec une allumette chimique ; ce procédé luminaire n'étant pas encore connu à l'époque où se passait la scène, c'est-à-dire sous Louis XV, le public protesta contre ce sans gêne ; l'artiste dut se retirer et on baissa la toile. A la reprise de l'opéra, Kermarec revint armé du traditionnel briquet et de cette fois fut applaudi.

Le 28, second de Tholler dans *Lucie*, première représentation de la *Marquise d'Aubray*, drame en 5 actes de Lafont et Fournier. Le 29, poses plastiques par Keller ; elles n'obtinrent pas de succès. Le 30, nouvelle représentation donnée par Mme Garcia ; première de la *Poésie des Amours*, comédie-vaudeville en deux actes.

Le 1er octobre, second début de Themine-Morel dans le *Sonneur de Saint-Paul*. Le lendemain, Tholler est reçu à l'unanimité dans le *Barbier* ; nous avons déjà dit que c'était une excellente acquisition.

Le 4, nous revoyons Hoffmann ; l'amusant comique joue ce soir-là *Lord Spleen*, *Jobin et Nanette* et chanta le *Sapeur Troubadour*.

Le 5, grande représentation au bénéfice de Lepareux, le ténor amateur havrais ; le 2e acte de *Guillaume Tell*, chanté par Lepareux et Mlle Douvry, la fille de notre basse, devenue Mme Barbot, que nous avons plus tard tant fêtée sous ce nom (Direction Bernard), elle affrontait les feux de la rampe pour la première fois ; elle eut du succès grâce à sa belle voix : duo de la *Reine de Chypre* ; la *Lanterne de Diogène* scène en vers, jouée par Karl ; 3e acte de la *Juive* et première représentation du *Traité*, comédie par M. Billard, du Havre. Voici l'intrigue de cette dernière pièce : Dangeville et Amélie vivent en désaccord après quelques mois de mariage ; malgré les efforts d'un oncle conciliateur, Amélie agit de ruse ; elle se fait envoyer une lettre de rendez-vous par un amant supposé, lettre que la femme de chambre remet au mari. Ce dernier est furieux et il s'ensuit un traité d'union et d'amitié indissoluble, qui est signé par les deux époux. Ducouret et Mlle Lefebvre principalement y obtinrent du succès. Il y avait quelques bonnes scènes dans cette pièce qui n'était que le début sérieux de l'auteur, qui fit beaucoup mieux plus tard, ainsi que nous le rapporterons en temps et lieu.

Le 7, Hoffmann dans le *Marquis de Carabas*, *Deux Anges gardiens*, *Robert le Diable*, chansonnette, et le lendemain dans *Un et Un font Un*, *Mme veuve Larifla*, et la *Fille du Tyrol* romance.

Le 9, reprise de l'opéra *Robert le Diable*. Barbe, qui, en réalité, ne possédait qu'une voix de ténor d'opéra-comique, fut plus que faible dans le rôle de Robert.

Themine-Morel est reçu le 11 dans *Bruno le Fileur*, dans lequel jouait Hoffmann. Le 12, Hoffmann chante les *Tribulations d'un Choriste* et joue dans les vaudevilles où il avait déjà paru. Le 14, il parut dans le *Congrès de la Paix* et chanta le *Portier ou le Jour du Terme*. Le 15, *Ma Vigne*, chanson de Pierre Dupont (Hoffmann).

Le 16, Mme Halley, notre ex-pensionnaire (voir 1841), et alors premier rôle à la Porte-St-Martin, paraît dans la *Folle de la Cité*. Le même soir, Paul Julien, violoniste, âgé de huit ans, se fait applaudir dans un air varié de Beriot, et Lefebvre chante avec talent l'*Histoire de Cendrillon*, racontée par le caporal Gobin ; *Napoléon II*, ode de Victor Hugo, récitée par Mme Halley ; variantes dédiées à Paganini par Mayseder, jouée par Paul Julien ; la *Marquise d'Aubray*, drame en cinq actes de Fournier. Le 26, *Gatibelza ou le Fou de Tolède*, drame lyrique en 3 actes de Maillart, chanté par Barbe, qui fut au-dessous de sa tâche, Tholler, qui remporta tout le succès, Mme Lacroix et Laurent ; *Un Caprice*, comédie de Musset, jouée avec talent par Mme Duprat, Elisa Lefebvre et Themine-Morel.

Le 21, Mme Halley, dans *Marie-Stuart*. Le 23, premier début et rentrée de Mme Jannin, dans la *Sirène*.

Le 30, Mme Widmann nous redonne une représentation dans *Charles VI*, où elle est rappelée, ainsi que Tholler. On appelle le régisseur ; il se présente, mais personne ne prenant la parole, il se retire. Kermarec reprend son chant ; on redemande le régisseur, même silence de la part du public. Enfin, on le demande une troisième fois pour lui exprimer le désir que Mme Widmann chante la *Marseillaise,* ce qui eut lieu à la fin de l'opéra.

Le 1ᵉʳ novembre, Mme Widmann obtint un grand succès dans la *Favorite*. Le 3, on donna la première du *Lait d'Anesse,* vaudeville qui, malgré la désinvolture de Karl et le bon jeu de Mme Firmin, n'en fut pas moins sifflé Le même soir, Mme Widmann dans *Charles VI*. Le 6, le *Juif-Errant*, drame en seize tableaux par Eugène Sue. Wermelen avait fait de grandes dépenses pour monter cet ouvrage, dont les décors nouveaux, surtout la Mer de Glace et la Vallée de Josaphat, étaient splendides. Les rôles étaient heureusement partagés. Lefebvre était un Rodin accompli, et aucun artiste, même à Paris, ne fut plus parfait ; Prosper (d'Aigrigny), Gaspard (Gabriel), Loiret (Couche-tout-Nu), Karl (Gringalet), Ducouret (Dagobert), Themine-Morel (Agricol), Mmes Elisa Lefebvre et Dalia (Blanche et Rose), Mme Duprat (Céphise), Mme Restout (Adrienne de Cardoville), Mme Jannin, femme Baudouin), Lacroix (la Mayeu), cette dernière fut superbe. Ce drame, qui coûta plus de 10,000 fr. à monter à la direction, eut de nombreuses représentations.

Quelques mois plus tard, c'est-à-dire en avril, le *Juif-Errant,* joué à Rouen, causa des troubles ; on dut faire évacuer la salle par cent hommes de la ligne et des charges de dragons eurent lieu dans les rues autour du théâtre ; le lendemain, on joua *Tartuffe*, de nouveaux troubles eurent lieu et on décida de fermer le théâtre pendant quelque temps.

Mme Jannin effectue son second début, le 8, dans la première de *Gilles Ravisseur*, opéra de Grisar. Kermarec se tira assez bien du rôle de Gilles ; Tholler remplit Crispin ; Gaspard, Léandre ; Mme Lacroix, Isabelle ; Ducouret, Loiret, Lefebvre, Mme Firmin, participèrent pour leur bonne part au succès de cette création.

Le 26, représentation au bénéfice des machinistes et troisième de Mme Jannin ; l'*Italien et le Breton*, vaudeville ; la *Pension alimentaire*, vaudeville en deux actes de Rosier, dans lequel Themine-Morel, rôle d'Achille Dubriant, Loiret (Dumoulin), Mme Jannin (la mère Pivoine), font plaisir ; celle-ci est admise avec enthousiasme. Première des *Monténégrins*, opéra ou plutôt drame lyrique en trois actes, de Linandier, et qui avait été joué à Paris le 31 mars dernier, par Mme Ugalde et Lemercier. Notre ancien ténor Bauche avait rempli le rôle de Sergis à la place de Roger, qui venait d'entrer à l'Opéra, et celui de Ziska avait été chanté par Hermann-Léon, également ex-artiste de notre théâtre. Ici, ce soir-là, il ne fut que mal chanté. Le 30, le *Roman d'une heure*, comédie en un acte et en vers.

Le 6 décembre, dans une seconde des *Monténégrins*, Hermann-Léon vient chanter le rôle qu'il avait créé à Paris ; il fit un plaisir extrême et fut rappelé. Nos artistes, stimulés par ce succès, se tirèrent bien d'affaire. Mme Marneffe se fit rappeler aux premier et troisième acte, et Barbe et Mme Lacroix firent plaisir.

Le 13, bénéfice de Mme Duprat : *La Sonnette du Diable*, drame en 5 actes, d'Anicet Bourgeois, d'après le roman les *Mémoires du Diable* de Soulié ; le *Chaperon de Société*, vaudeville de Scribe, joué par Mme Duprat et Lefebvre, Themine-Morel et Lefebvre ; *La Perruche*, opéra de Clapisson, chanté par Kermarec (Bagnolet), Ducouret (Champignolles), Mme Lacroix (Caroline) et Firmin. Danses par Tell et Mlle Petiti, du théâtre de Rouen.

Le 17, bénéfice des pauvres : *Le Chaperon, la Perruche, Pension alimentaire*. Le produit atteignit 1,208 fr. 75.

Le 18, Massol chante *Charles VI*, rôle du roi ; il fut rappelé par une salle comble. Massol, né en 1802 à Lodève (Hérault), rentra à l'Opéra en 1825, d'où il se retira en 1858. L'*Univers illustré* du 18 septembre 1858 rapporte que dans la *Reine de Chypre*, en chantant dans le rôle de Moncenigo le couplet :

> Puisqu'il faut que l'on meure,
>   Comment
> N'attendre pas son heure
>   Gaiement.

Massol faisait un signe fatal à quelques parties de la salle. Un soir, il gesticula du côté de l'avant-scène occupée par la famille Aguado, et quelques semaines plus tard, le célèbre banquier expirait on sait comment. Une autre fois, il désigna la loge du duc d'Orléans et ce fils de roi périt aussi misérablement ; successivement les avants-scènes perdirent leurs propriétaires : le général Claparède et M. Scikler, un crésus prussien. Je n'ai pas été seul, ajoute le chroniqueur, à faire ces remarques, et le docteur Véron sortait brusquement de sa loge après le deuxième acte et n'y rentrait qu'au commencement du quatrième. Quant à M. Thiers il n'assista jamais à la représentation de la *Reine de Chypre*.

Nous laissons au chroniqueur la reponsabilité de son dire, si ce n'est qu'une fantaisie de sa plume, elle est au moins assez spirituelle pour mériter d'être reproduite. Pour le Havre, nous n'avons pas été à même de constater si Massol avait fait son signe fatal. Reprenons notre récit.

Mlle Restout a un différend avec la direction ; elle refuse de jouer le rôle de Blanche du *Roi s'amuse*, se trouvant âgée, trop âgée, pour représenter une jeune fille. Le directeur persiste, s'adresse à l'administration municipale, qui pense que la préfecture ne permettra pas que la pièce soit jouée.

Le 20, au bénéfice de Loiret : *La Perruche* le *Tigre du Bengale*, avec Loiret si amusant dans Pont-aux-choux, bien secondé par Karl et Mme Duprat ; romances chantées par Barbe,

Gaspar ; ouverture à grand orchestre composée par M. Libert, nouveau chef ; le *Vétéran*, scène comique jouée par Lefebvre ; enfin on donne la première représentation du *Roi s'amuse*, de Victor Hugo ; mais il n'y eut que Dumaine (François 1er), Max (Triboulet), et Prosper (Saint-Vallier), qui furent passables, les autres dépassèrent à peine le médiocre.

Le 24, Massol chante avec succès la *Favorite* et le 2e acte de la *Muette*.

Le 31, pour la fin de l'année, la direction Wermelen se distingua en donnant la première de la féerie en 24 tableaux : *La Poule aux OEufs d'Or*, les costumes et décors étaient très beaux. Karl, dans Babylas ; Loiret, Lefebvre surtout surent s'y faire applaudir. Quatre danseurs de la Porte-Saint-Martin dansèrent les ballets ; la pièce eut de nombreuses représentations.

Le 10 janvier 1850, représentation au bénéfice de Claire Benier, danseur de la Porte St-Martin ; les *Meuniers*, avec le concours de Mlle Petit, Perniet et M. Olivier, danseur. On donne la *Poule aux OEufs d'Or* ; Fleury, du théâtre de Rouen, chanta le *Tambour du Village*, *Jérôme Blocquet* et le *Grand Dadais*. Le 13, le *Gascon à trois visages*, vaudeville.

Le 15, *Napoléon et Joséphine*, drame en 5 actes, par Dalieri ; Max remplit assez bien le rôle de Napoléon ; Prosper (Foucher), Mme Duprat, (Joséphine), Restout (Reine Hortense), firent assez plaisir.

Le 17, belle et bonne soirée, au bénéfice de Ducouret, l'artiste tant aimé. A cette occasion, la direction donna la première du charmant opéra le *Caïd*, chanté par Kermarce, Lavergne (le Caïd), Tholler (le Tambour-major), Mme Laurent et Lefebvre ; *Trois OEufs dans un panier*, vaudeville ; *Croque Poule* ; le *Tyran peu délicat*, mélodrame burlesque, dans lequel le fils de Ducouret, âgé de 5 ans, montra de l'intelligence dans le rôle de l'enfant muet. La salle était comble et le bénéficiaire fut très fêté.

Le 18, soirée de tapage, dont on a eu récemment le pendant lors de la représentation d'*As-tu vu Kéco* ? On donnait la *Chasse au Canard*, revue mêlée de couplets, par Lahire, commis de courtier, et Karl, artiste. On prétendit que la pièce insultait l'Assemblée nationale. On ne laissa pas jouer une scène sans siffler, le tout entremêlé de : « A bas les Aristots, etc. » Le Commissaire veut rétablir l'ordre. Messieurs, dit-il.— Appelez-nous Citoyens, répond-on. Le tapage dure 2 heures, on demande le nom des auteurs, qui est prononcé et couvert de huées. Enfin, on prend le parti de ne pas terminer la revue et d'éteindre le gaz. Le public se disperse en chantant la *Marseillaise*. L'autorité défendit une seconde représentation.

Il y avait du bon et du mauvais dans la *Chasse aux Canards* ; ce couplet, par exemple, pouvait passer.

L'Industrie disait au Travail et à la Propriété :

> Oui, dans l'état où nous sommes,
> Il faut songer à sauver le pays ;
> Que le devoir réunisse les hommes,
> Et réunisse après tous les partis.
> Poursuivons donc tous trois avec constance,
> Le bonheur de l'humanité ;
> Que le travail sauve la propriété,
> Et, moi, je sauverai la France.

Mais celui ci-dessous n'était pas de très bon goût et suscita avec juste raison la colère des spectateurs :

> Représentants des cantons et des villes,
> Si l'on voulait mettre un grelot d'argent
> Au cou de ceux qui sont des imbéciles,
> Plus d'un de vous pourrait faire en votant,
> Drin, drin, drin, etc.

Ce n'était pas très riche d'idée, mais très inconvenant, et on fit bien de donner une leçon aux auteurs. La pièce fut imprimée et vendue à un grand nombre de curieux plutôt que d'amateurs. Le 22, la *Croix de Saint-Jacques*, drame en 6 tableaux de Bouchardy et reprise de l'*Omelette fantastique*.

Au milieu et malgré toute cette variété de répertoire et de représentations données par des artistes de passage, le directeur Wermelen était loin de faire des affaires prospères. Le 2 février, le Conseil municipal vota, sur la demande du directeur, qu'un secours de 7,000 fr. lui serait versé, mais à titre de prêt seulement, par fractions échéant à la fin de février, mars et avril de la présente année.

Le 5, Hermann-Léon nous redonne une soirée dans Crispin de *Gilles Ravisseur* et Zisca des *Monténégrins*, deux rôles créés par lui à Paris, avec tant de succès. Il fut bien fêté ici.

Le 7, bénéfice de notre amusant comique Lefebvre et de sa fille Elisa. On donna la première de *Pas de fumée sans feu*, vaudeville ; la *Jeunesse dorée*, drame en 9 tableaux de Lockroy et Léon Gozlan ; le *Moulin des Tilleuls*, opéra de Maillard, lequel fut mal chanté. Il y eut beaucoup de monde. Le 10, *Monsieur de Pourceaugnac*.

Le 14, Neuville, comique, reparaît dans *Jacquot, Famille improvisée, Ma Femme et mon Parapluie*. Il attira peu de monde.

Le 19, représentation donnée par M. Bordes, ex-ténor de l'Opéra-Comique et des Italiens et alors au théâtre de la Reine à Londres ; il chanta la *Favorite* ; le 22, la *Reine de Chypre*, qui lui valut le rappel ; le 24, *Lucie*.

Le 25, un *Mousquetaire gris*, comédie en 2 actes jouée par Themine-Morel et Mme Janüin.

Le 26, Hermann-Léon chante le *Caïd*, rôle du tambour-major. Il est rappelé, mais la salle était peu garnie.

Le 1er mars, M. Louis, un compositeur qui ne put réussir à Paris, se fit l'apôtre de la décentralisation et se rendit de ville en ville pour y faire jouer ses opéras ; c'est ainsi qu'à la date précitée ci-dessus, il fit jouer sur notre scène les *Deux Sergents*, en 2 actes, paroles de Cormon. En voici l'intrigue. Un chef de principauté fait voyager son fils avec le sergent Michel, qu est chargé de son instruction. Les réceptions, l'étiquette à suivre ennuient le prince, qui se fait remplacer par Michel. Il y a là motifs à de drôles de quiproquos, soutenus par une agréable musique La pièce, qui avait été reçue à l'Opéra-Comique, mais pas jouée, obtint du succès au Havre, à Amiens, Lyon, Abbeville et Rheims, lieu de naissance de l'auteur. M. Louis avait déjà fait jouer à Marseille et à Lyon *Marie Thérèse*, grand opéra en 4 actes, qui a laissé un bon souvenir et dont un des rôles avait été créé par Mme Widmann.

Le même théâtre lui devait déjà : *Un Duel à Valence*, opéra-comique. M. Louis est mort en 1858.

Le 4, au bénéfice de Mlle Restout, la *Vie de Bohême*, drame, et *Un Drame de Salon*, comédie en 1 acte, due à M. Spinelli, du Havre. Le style de cet ouvrage était convenable et sans prétention ; mais l'intrigue n'était pas nouvelle ; il y eut des applaudissements plutôt en faveur de notre compatriote que pour le mérite de l'œuvre. M. Spinelli, frère de l'opticien de ce nom, après avoir collaboré à l'*Echo du Havre*, rentra au *Figaro*, où, sous le pseudonyme de Bury, il donna plusieurs articles spirituels.

Le 5, Gueymard chante *Robert*.

Le 7, première cavalcade havraise, dont la création et l'organisation sont dues au directeur Wermelen, qui figura dans le cortége avec tout son personnel. La recette au profit des pauvres atteignit 3,545 fr. 75, ce qui était très beau pour une première fois. Le cortége recueillit en plus 42 kilog. de viande, 25 kilog. de pain et 3 kilog. de café.

Le 10, Gueymard chante *Lucie* et le 4º acte des *Huguenots*.

Le 14, représentation au bénéfice de Karl, avec le concours de Victor Henry, notre ancien pensionnaire, et qui avait dû, en 1846, se retirer à la suite d'une cabale montée contre lui. Cet artiste parut dans le *Mari à la Campagne*, rôle de Colombet ; les spectateurs lui firent un accueil enthousiaste qui le vengea bien de l'injustice que l'on avait commise quatre ans plus tôt à son égard. On donna aussi l'*Avare*, mais le chef-d'œuvre de Molière ne fut que parodié, la *Peruche*, *J'ai mangé mon Ami*, vaudeville qui, sans Loiret, n'aurait pas été jusqu'au bout.

Le 18, représentation donnée par les 48 Danseuses viennoises. Le prix des places avait été augmenté : loges, 5 fr. ; premieres, 4 fr. ; baignoires, 3 fr. ; secondes, 2 fr. 50 ; parterre, 1 fr. 50 ; troisièmes, 1 fr. 25 ; quatrièmes, 75 cent., ce qui fit qu'il y eut peu de monde. Les danseuses exécutèrent l'*Allemande*, par 32 personnes, et le *Pas hongrois*, par 24.

Le 19, seconde des Danseuses et première de *François le Champy*, comédie de Georges Sand. Dumaine remplit convenablement le rôle de François ; Victor Henry fut un excellent Jean Bonnin ; Mlle Lefebvre joua Mariette ; Mme Duprat, Madeleine ; Firmin, Ernestine, complétèrent le bon ensemble.

Le 21, troisième des Danseurs et première du *Val d'Andorre*, opéra comique d'Halévy, qui attira une telle affluence de monde, qu'on dut en refuser faute de place. Cet opéra marcha assez bien. Kermarec (capitaine Lejoyeux), Gaspard (Saturnin) ; Barbe, Tholler, Mme Lacroix, Laurent et Firmin surent s'y faire applaudir. Il signor Giovanni chante un morceau de baryton, puis un air de prima dona ; c'était un véritable tour de force.

Le 23, au bénéfice de Mme Lacroix, une des artistes les plus aimées du public : *Les Enragés*, rôle de Christophe rempli par Fleury, dont nous avons déjà parlé : intermède par Il Signor Giovanni et Mme Firmin ; le *Val d'Andorre*.

Le 24, clôture de la campagne par les Danseuses viennoises, *François le Champy* et le *Val d'Andorre*.

Le 31, réouverture provisoire par l'exhibition

du nain Tom-Pouce. Les débris de la troupe donna quelques soirées, joua la *Grâce de Dieu*, fit venir des jongleurs, etc.

C'est à cette époque que Mme Marneffe abandonna la scène pour ouvrir une école de chant ; sauf une absence d'un an, elle était ici depuis 1836.

M. Libert, chef d'orchestre, prenait également sa retraite.

Les représentations provisoires continuent.

Le 2 avril, première d'*Adrienne Lecouvreur*, drame. Mme Duprat se fit applaudir dans le rôle d'Adrienne, Le 5, *Lully ou les Petits Violons de Mademoiselle*, succès pour Mme Lacroix dans le rôle de Lully.

Le 7, séance donnée par M. Leprevost, improvisateur ; il lui fut proposé environ 150 rimes auxquelles il répondit sans hésiter.

Le 14, première de l'*Une après l'Autre*, vaudeville en un acte de notre regretté concitoyen G. Labottière. Cette pièce, écrite avec esprit, verve et entrain, disait le *Journal du Havre*, a été bien accueillie ; le public a demandé le nom de l'auteur, qui refuse de se faire connaître : Modestie et talent, ajoutait le journal. L'intrigue est celle-ci : Fumichon, un épicier retiré, qui parle avec emphase et mêle des citations historiques, dans tout ce qu'il dit, citations biscornues, comme : les *Oies qui ont sauvé la Capitale*; *je parle comme Dumas, quand il écrit; Moïse faisant monter Rebecca sur son bûcher ; comme dit Racine, plus on est de fous plus on rit*, etc. Ce Fumichon a trois filles, l'une de 40 ans, l'autre de 30 et la dernière de 18 ans. Il a décidé de les marier l'une après l'autre en commençant par l'aînée. Charles aime la jeune, et pour l'obtenir. il fait la cour aux deux autres ; celles-ci étant alors demandées en mariage, le père ne peut refuser à Charles la main de la jeune. Les deux autres sont indignées, le père est ébahi, mais la promesse est donnée et

Charles épouse la jeune. Fumichon adres se au public le couplet final suivant, qui fut très applaudi.

> L'auteur, qui tremble en ce moment,
> (Et sa crainte est aussi la nôtre),
> Nous dit : parlez très humblement
> Au parterre l'un après l'autre.
> Comme ici chacun de nous sait
> Quelle bienveillance est la vôtre,
> Avec ensemble, s'il vous plaît.
> Applaudissez l'*Une après l'Autre.*

Loiret fut superbe dans Fumichon ; Themine-Morel, dans Charles ; Mme Firmin, la fille de quarante ans ; Peyremond celle de trente, et Elisa Lefebvre, celle de dix-huit, enlevèrent leur rôle avec le plus grand entrain.

Ce vaudeville obtint un grand nombre de représentations, non-seulement ici, mais sur les principales scènes de France.

Plus tard, M. Labottière ne fut pas peu surpris de voir sa pièce jouée sur un théâtre étranger, Bruxelles, croyons-nous, sur l'inspiration d'un ancien artiste du Havre, mais qui avait eu l'aplomb de s'en déclarer l'auteur.

Le 15, Falbert, ténor d'opéra comique, Mmes Fleury-Joly et Omont du Théâtre-des-Arts de Rouen chantent le *Caïd*. Il y eut peu de monde ; ce même soir, seconde représentation de *l'Une après l'Autre.*

Le 16, au bénéfice des pauvres, *le Chalet*, *François le Champy* et la première de *Rose et Marguerite*, pièce en 3 actes.

Le 18, Monrose, du Théâtre-Français paraît dans trois pièces nouvelles : *Figaro en Prison*, comédie en 1 acte ; *En bonne Fortune*, 1 acte, et la *Coupe enchantée* ; en 1 acte. On donna la troisième de *l'Une après l'Autre.* Monrose, qui était venu en 1844 au théâtre provisoire (voyez), fut encore très fêté ce soir-là. Le lendemain, les artistes de Rouen chantèrent *Lucie*, dans lequel le fort ténor Gaubet fut très applaudi.

On apprend que notre ex-ténor, Altairac, qui avait dû résilier, vient d'être condamné à Marseille, à six jours de prison pour injure envers un critique théâtral.

Le 21, première représentation du *Moulin joli*. opéra-comique en 1 acte. Monrose reparaît dans la *Coupe enchantée*, puis dans *Un Comique du Théâtre-Français*.

Le 25, a lieu une belle et bonne représentation au bénéfice de Mme Jannin, l'artiste aimée. Mme Henri Monnier, sœur de la bénéficiaire, était venue prêter son concours à cette soirée qui cependant n'attira qu'une demi-salle.

Dans la première du vaudeville *Matelots et Matelottes*, Mme Jannin et Lefebvre obtiennent un succès énorme dans la danse des sylphes. On joua le *Courrier de Lyon*; le rôle de Lesurques fut rempli par Prosper et celui de Chopart par Lefebvre. Dans la première du *Marquis de Lauzun*, le rôle du marquis fut rempli par Mme Henri Monnier, qui fut très fêtée. Ducouret, Loirel, Lavergne, Mme Peyremond et Jannin coopérèrent à la bonne réussite de cette pièce.

Mme Henri Monnier nous donna le lendemain une représentation d'adieu dans le *Marquis de Lauzun*, *Une Femme qui se jette par la Fenêtre*. Ou joue aussi l'*Une après l'Autre*, d'où il s'ensuit que la pièce de M. Labottière faisait toujours grand plaisir.

Le 29, représentation donnée au bénéfice des victimes de la catastrophe du pont d'Angers : *François le Champi*, le *Moulin joli* et *Lully*, *Pas de Fumée sans Feu*.

Le 30, a lieu la clôture définitive de l'année théâtrale par par *Gilles Ravisseur*, le charmant opéra dans lequel parut Hermann Léon, qui en plus chanta l'air du tambour-major du *Caïd*. Dans *Gilles*, Wermelen chanta Léandre, Kermarec, Gilles et Hermann-Léon Crispin, rôle qu'il avait créé comme on s'en souvient. Le complément se composait de *Matelots et Matelottes, J'attends un Omnibus* et de l'*Une après l'Autre.* Sans la fin de la campagne, on ne peut prévoir combien de représentations aurait atteint la pièce de M. Labottière.

Le théâtre de Rouen engage nos anciens artistes, Tholler, Baptiste, Derville, Mmes Adèle Legrand, Restout et Fay.

La campagne qui venait de se terminer avait été déplorable pour la direction, malgré tous les efforts faits par Wermelen pour varier son répertoire. On ne vint point ou l'on vint peu au théâtre et on reprochait au directeur d'avoir des artistes faibles. Un état que nous avons sous les yeux et qui provient des livres de la direction nous donne la situation de l'entreprise au mois de mai 1850, c'est-à-dire après la fin de la campagne. Il se résume par un déficit de 33,422 fr. 33 cent. Il y avait en caisse à cette époque 1896 fr. Avec les appointements des artistes et employés, les fournisseurs, la garde, etc., cela représentait pour l'année une somme de dépenses montant à 191,197 fr. 55.

Les 205 représentations avaient produit avec les prix augmentés 124,409 fr. 85 ; les bals 7,897 fr. ; les abonnés 19.106 fr. 30.

En somme, depuis que Wermelen avait pris les rênes du théâtre, il en était arrivé à manger sa fortune personnelle, puis à devoir à différents créanciers, fournisseurs, effets à payer etc., une somme de 33,422 fr. 33 cent.

Il n'avait pour faire face à ce déficit que 1896 fr. en caisse et le matériel estimé à 2,508 fr. 30 ; c'était toujours 29,018 fr. 03 à trouver pour payer l'arriéré avant de penser à lui-même.

Nous l'avons déjà dit, on accusa la gestion de Wermelen, mais a-t-on bien réfléchi à toutes les charges qu'il avait. Citons-en quelques-unes : la troupe et les artistes, 106,989 fr. 45 ; — les artistes en représentation, 23,224 fr. 77 ; — les artistes tombés, 3,577 fr. 25 ; — le bureau de bienfaisance, 1,166 fr. 20 ; — location des décors de Provence, 5,325 fr.;— droits d'auteurs, 4,444 fr. ; — la garde, 987 fr. 45 ; — les habilleuses, 592 fr. 50 ; — les machinistes, 729 fr. 70, etc.

Malgré tout, Wermelen ne se découragea pas ; il resta directeur et lutta jusqu'au jour où la plus inique cabale le chassa de ce théâtre, ruiné et presque sans pain et le contraignit quelques temps plus tard à terminer sa pénible existence par le suicide.

ADDITIONS ET CORRECTIONS

―――∘∘⧸∘⧹∘∘―――

Première Partie

Page 12. — Mme Saint-Aubin, sujet de l'Opéra et non de l'Odéon.

Page 16. — La première pierre du théâtre de la Citadelle avait été posée le 6 décembre 1778 par le duc de Buzançois, gouverneur du Havre, et par MM. J. Rohner, Duval, Bunel et Delahaye, échevins, assistés de MM. J.-B. Oursel, procureur syndic, Ameline, greffier, et Collet de Cantelou, receveur municipal.

Page 26. — Trial Latour était commis aux expéditions à la douane du Havre ; il figure encore sur la liste des employés de cette administration en 1849.

Page 28. — Malgré la défense expresse de pénétrer sur la scène, un officier du génie (6 Nivôse an X) veut monter sur le théâtre. Il frappe la femme qui lui barre le passage et est arrêté par Walter, commissaire de police, mais il cherche à s'évader. La garde est appelée. Les officiers veulent s'opposer à l'arrestation de leur camarade. Le commandant de place fit arrêter le coupable et mit les autres officiers aux arrêts.

Page 32. — Le 3 juillet 1807, c'est un officier de marine qui persiste à rester la tête couverte, malgré l'avis du commissaire de police et de M. Hamelin, capitaine de frégate. Le tumulte éclate. D'autres officiers prennent parti pour leur camarade et envahissent le parterre l'épée à la main.

Il n'a fallu rien moins que l'intervention de la municipalité pour arrêter l'effusion du sang.

Page 42. — Le théâtre du quai Lamblardie a été inauguré le 5 janvier 1812, et non le 19 avril.

Page 81. — Saint-Ernest est mort à Metz en février 1827.

Page 158. — A la suite de la scène du 15 mai, Collignon, deux jours plus tard, se présenta sur la scène d'après la demande du public ; la Mairie voyant là une contravention aux règlements, fit conduire en prison l'infortuné directeur.

Page 159. — Boussigue, ayant été sifflé et trop critiqué par le rédacteur du *Phare du Havre*, souffleta celui-ci dans le parterre. Tous deux furent conduits en prison, puis traduits en simple police.

Page 179. — Duchesne chanta ensuite le couplet suivant :

> Je souhaite aux Havrais
> Toujours de bons vents frais,
> De quel côté qu'il souffle.
> Aux dames bonnes nuits
> Avec de bons maris.
> Et cœtera pantoufle.

Page 186. — Mme Pradher est morte à Gray (Haute-Saône), en novembre 1876, âgée de 79 ans.

Page 191. — Honoré est mort en 1858.

Page 257. — C'est la valse de *Faust*, de Piccini et non celle de Gounod, que dansa Frédérick Lemaître.

Page 281. — Valgalier est mort professeur de chant, le 1er juin 1875.

Page 290, *ligne* 17. — A 2 janvier, ajoutez 1835.

Deuxième Partie

Page 324, *ligne* 29. — Après le 9, ajoutez janvier 1837.

Page 333, *ligne* 25. — Chatelet est mort à Bordeaux en novembre 1852 ; il faisait partie du théâtre de cette ville depuis son départ du Havre, c'est-à-dire depuis 12 ans.

Page 384. — Sainville est mort à Pau et non à Paris.

Page 398. — Léontine Fay-Volnys est morte à Nice en août 1876.

Page 409, *ligne* 42. — Lisez : Chollet revint parmi nous avec Mlle Prevost.

Page 411. — Dans le tableau de la troupe, lisez Boussigue, régisseur général.

Page 439, *ligne* 18. — Le 3, lisez le 3 septembre.

Page 517, *ligne* 16. — Le 21, au lieu de premier début de Mme Jannin, lisez premier début de Mme Irma, premier rôle.

L'abbé Trupel fit donner par ses élèves, une représentation sur le théâtre du Havre ; voici le mémoire qu'il présenta à la municipalité, en septembre 1792.

Deux répétitions à la lumière.	36 liv.	— sols
Grande répétition............	42	—
Représentation	60	—
Une livre de bougie..........	3	—
Dix-sept carreaux cassés.....	17	—
Un quart d'hypocodium.....	4	10
Esprit de vin................	—	10
Étoupe......................	1	—
Ficelle	—	10
Carreau cassé...............	3	—
Au personnel et machinistes .	83	—
Aux ouvreuses..............	23	—
Total....	270 liv.	30 sols

Le 4 ventôse an IV, une représentation au bénéfice des pauvres, sur la salle de la Citadelle, donna le résultat suivant :

Frais.

12 Liv. huile à 145 liv. la livre	1.740 liv.	— sols
13 1/2 liv. chandelles à 160.	1.690	10
300 Petites affiches	150	—
300 Grandes affiches pour la Ville	100	—
Buralistes, ouvriers, gardes.	164	—
Aux Afficheurs	10	—
Poste extraordinaire de trois hommes	81	—
Distributeurs de petits billets	50	—
Total....	3.985 liv.	10 sols

payés en assignats.

Recettes.

109 Premières à 80 liv. la place	7.720 liv.	— sols
48 Galeries à 60 » »	2.880	—
95 Secondes à 40 » »	3.800	—
48 Troisièmes à 30 » »	1.440	—
224 Parterres à 20 » »	4.480	—
60 Quatrièmes à 10 » »	600	—
Suppléments	764	18
22 Billets de militaires à 20 liv.	440	—
Total....	22.436 liv.	10 sols

La recette ayant atteint 22,436 livres 10 sols et les dépenses 3,985 livres 10 sols, il s'ensuit que les pauvres eurent 18,351 livres pour eux.

Que diraient aujourd'hui les amateurs s'il leur fallait payer une première 80 livres ou un parterre 20 livres. Il nous faut ajouter que cette soirée avait eu lieu à l'époque de la dépréciation des assignats. On payait alors 280 livres pour faire réparer sa montre ; une robe et un éventail 20,000 livres, etc.

Une soirée donnée à l'Opéra rapporta, en assignats, le 6 juin 1795, le chiffre respectable de 1,071,350 livres.

En l'an VII, un artiste qui occupait une position modeste au théâtre, était imposé à 81 livres

02, se divisant ainsi : cote personnelle, 8 livres 15 sols ; cote mobilière, 55 livres 87 ; centimes additionnels, 16 livres; frais de perception, 1 livre. Il avait payé pour les années V et VI, 148 livres 9 sols. Il gagnait peu et avait à sa charge sa femme, trois jeunes enfants et son beau-père infirme. Il pétitionna en dégrèvement, mais nous ignorons s'il réussit dans sa demande.

Dans le règlement de police pour le théâtre de la Citadelle, en date du 12 Prairial an II, nous remarquons les articles suivants :

Le spectacle devra commencer à cinq heures trois quarts pour finir à neuf heures trois quarts, sous peine de 50 livres d'amendes. Les bureaux ouvriront à quatre heures et demie et l'ouverture en sera annoncée par trois sonneries de cloche : la première, à cinq heures ; la dernière, un quart d'heure avant le lever de la toile.

L'orchestre jouera des airs en attendant le lever du rideau et à chaque acte.

Tout musicien en retard paiera 3 livres d'amende et le double en cas de récidive. Le chef de musique est responsable de ses musiciens.

Pour assurer le respect des bonnes mœurs, les loges grillées seront supprimées. Personne ne sera admis sur la scène, ni même à l'orchestre. Défense de jeter des billets sur la scène sans l'autorisation de l'officier de service. Défense de *siffler*. Défense de *fumer*. Toute insulte envers un acteur sera réprimée, etc.

Certains couplets, qui seraient assez d'à-propos aujourd'hui, et dus à la plume d'un de nos concitoyens, ont été chantés sur le théâtre du Havre, après le 9 Thermidor. Nous les avons publiés dans le premier volume de l'*Histoire des rues du Havre* ; ils sont assez curieux pour que nous engagions nos lecteurs à les parcourir dans l'ouvrage précité.

Le 18 août 1793, l'artiste Dupuis demande à chanter des couplets patriotiques. Au troisième couplet, on siffle ; d'autres spectateurs applaudissent. Le capitaine Hébert, des grenadiers, et qui n'était pas de service, invite le public paisible à arrêter les *polissons* qui troublent la représentation. L'autorité fit mettre dehors les siffleurs ou plutôt les polissons.

———

En Brumaire an VII, Beauval, artiste du Théâtre-des-Arts, à Rouen, vint chanter sur la scène du Havre : *La Nouvelle de la Paix*, qu'il avait composée, à propos de la paix qui venait d'être signée avec l'Autriche.

Pendant l'exécution de ces couplets, des marins d'un corsaire de Dunkerque demandent à l'artiste qu'il chante le *Chant du Départ*. L'autorité refuse l'autorisation. Le tumulte éclate et on doit faire évacuer la salle.

Tous ces renseignements ont été pris dans les archives municipales.

TABLE DES MATIÈRES

Contenues dans les deux Parties de cet Ouvrage

PREMIÈRE PARTIE

	PAGES
Introduction. — Les petits théâtres	1
La salle des Piliers de la Halle	6
— de la rue de Paris	7
— de la porte d'Ingouville	7
— de la rue des Remparts	8
— de la rue de la Halle	10
— de la Citadelle	15
Période révolutionnaire	16
Incendie de la salle	34
La salle d'Ingouville	38
— du quai Lamblardie	41
— de la rue de la Comédie	51
Direction Corréard	53
Année théâtrale 1815-1816	53
— — 1816-1817	58
— — 1817-1818	65
— — 1818-1819	72
— — 1819-1820	80
Direction Vanhove	96
Année théâtrale 1820-1821	96
— — 1821-1822	103
— — 1822-1823	108
Direction Morel	115
Année théâtrale 1823-1824	115
La salle de la place Louis XVI	121
Direction Collignon	138
Année théâtrale 1824-1825	138
— — 1825-1826	148
— — 1826-1827	156
Direction Leroux	160
Direction Tenar	169
Année théâtrale 1827-1828	169
— — 1828-1829	183
— — 1829-1830	195

	PAGES
Direction Tenar et Renaut	213
Année Théâtrale 1830-1831	216
Direction D'Harmeville	232
Année théâtrale 1831-1832	232
— — 1832-1833	247
— — 1833-1834	264
Direction Lemerre	278
Année théâtrale 1834-1835	278
— — 1835-1836	293

DEUXIÈME PARTIE

Année théâtrale 1836-1837	313
Direction Ch. Fortier	327
Année théâtrale 1837-1838	327
— — 1838-1839	348
— — 1839-1840	364
Direction Mangin 1840-1841	388
Les artistes en Société	407
Direction Boisge dit Mutée	411
Année théâtrale 1840-1841	411
— — 1841-1842	411
— — 1842-1843	428
Les artistes en Société	447
L'incendie de la salle	452
Théâtre d'Ingouville	457
Direction Derville	457
Théâtre provisoire	458
Direction Derville et Lecacheux	458
Année théâtrale 1843-1844	458
Les artistes en Société	465
La salle actuelle	469
Direction Provence	471
Année théâtrale 1844-1845	471
— — 1845-1846	489
— — 1846-1847	510
Artistes en Société	523
Direction Ch. Provence	526
Année théâtrale 1847-1848	526
Artistes en Société	542
Direction Wermelen	544
Année théâtrale 1848-1849	544
— — 1849-1850	570
Additions et Corrections	598

Imp. J. BRENIER et Ce, rue Be uverger, 2.

www.ingramcontent.com/pod-product-compliance
Lightning Source LLC
Chambersburg PA
CBHW071138160426
43196CB00011B/1937